日本とフランスのカワイイ文化論

なぜ私たちは「かわいく」なければならなかったのか

高馬京子 著
KOMA KYOKO

明石書店

はじめに――なぜ私たちは「かわいく」なければならなかったのか

一九七〇年代から今日に至るまで、国内のメディアで頻繁に使われてきた「かわいい」。私たちの身近であまりに目にするこの「かわいい」という言葉は、時代や場所によって、かわいい／カワイイ／kawaii と様々に表記を変え、そして様々な意味合いで使われてきた（表記の違いはあるものの、これら三つの表記の違いも含意し「かわいい」を総称して論じる場合、本書では「かわいい」と表記することとする）。目上の人が目下の人に対して使う言葉であった「かわいい」という言葉（なだ 一九六九）は、「かわいい」と言われていた少女たちによって一九七〇年代以降自由に使われるようになったことが論じられる（山根 一九八六、増渕 一九九四、大塚 一九九七、宮台 二〇一〇、Kinsella 1995）。また、一九八二年七月二日号の『anan』において「いい女からかわいい女へ」という特集が組まれたことも一つのきっかけとなってか、「かわいい」が日本のファッション誌において女性たちの追従すべき「規範」の一つとして構築されていく。

そして、この「かわいい」の基準は、女性だけではなく、昨今では男性を形容する言葉としてもより顕著に用いられている様子が窺える。また、国外に目を向けても、フランスでは、一九世紀後半、ジャポニスムの動きがあり、また、二一世紀初頭からは日本のポップカルチャーの祭典である「ジャパン・エキスポ」が開催されるなど、日本文化を受容し、独自の解釈で「kawaii」が発信されてきた。このようなフランスにおける「kawaii」の受容の経緯は、フランス語の辞書である『ル・プチ・ロベール』に「kawaii」がフランス語として「日本発祥の美学であり、幼少期の世界を想起させる（パステルカラー、空想上の人物の表現など）もの」というフランス独自の定義で二〇一八年に登録されていることにも現れているといえるだろう。

このような状況から、日本の「kawaii」が海外で隆盛していた、と「喜ぶ」前に、一歩立ち止まって考えてみよう。このように、古今東西、いつの時代も、また、日本女性のみならず、日本男性、そして日本は、日本国内のみならずフランスでもなぜ「かわいい」人、「かわいい」国として描かれなければならなかったのであろうか。私たちは、国内外で、何を求められ、なぜ「かわいく」なければならなかったのだろうか。また、フランスのメディアで「かわいい」に相当するフランス語の形容詞「mignon」という言葉が使われるにしても、「かわいい」という日本語が含有する「未熟」は含まれないこともある。本書では、フランスを手鏡に、フランスとの関係性における日本の視点から、フランス、そして日本においていかに「かわいい」が日本独自の文化として未熟性を含有するのか、一体その未熟性はいかに私たちに要請されてきたのか、「かわいい」という語が指示する様々な記号現象について言語文化学、超域文化論、言説分析の観点から検討していく。

言語文化学とは、様々な解釈があるだろうが筆者の解釈では文化を、言語とは切り離して考えられるものではない、その関係性としての言語文化を研究する学問といえる。本書でも、かわいいという現象がどのような文脈でいかなる言説によって語られてきたのか言説分析の視点から明らかにすることで、いかに日仏の関係性の中で、私たちに「かわいい」が課されてきたのか、「かわいい」とは何であったのか、について通史的に検討する。

また、超域文化論という視点から「かわいい」を考察するというのは、どういうことなのだろうか。「超域」という言葉は、ここでは二つの意味合いで使われることになる。「域」というのは、「土地の境界」「限られた広さの場所」「範囲」である(『岩波国語辞典第七版』)。

まず一点目は、そのような様々な複数の「域」を横断して形成、伝達される文化現象について検討するということである。最初に挙げられるのは、地域であろう。本書で扱うような日本文化、フランス文化という各地域文化は、他者の影響を受けながら形成されてきたものである。現代のように、加速するグローバル化社会、高度情報社会の到来の中、──たとえどのような時代でも個別の地域文化は残るにせよ──、これは日本文化、これはフランス文化、というように、地域の境目、だけでその文化を限定することはもはやできないだろう。さらには、このような一つの地域のみならず、時代、そして、ジェンダー規範、民族、年齢、次元(物理空間と非物理空間)など、個人のアイデンティティを規定する様々な既存の枠組み、超えることができないと以前思われてきた枠組みを超えて形成される超域文化としての「かわいい」について、フランスを基軸にファッションとジェンダーに焦点をあてて本書では考察する。この研究を通して、「かわいい」というきわめて現代情報社会の「超域文化」の性質を帯びる一記号現象を分析することで、現代の超域文化とは何か、について検討するきっかけとしたい。

また、超域文化論という視点で検討する、という二つめの意味として、学際的に文化現象を研究するということを指す。かつてないほど複雑に高度に発展した現代情報社会で出現する社会現象、記号現象を読み解く際に、従来の一つの学問分野から検討するだけでは諸課題を明らかにすることは難しく、やはり、一学問分野を超えた複数の学問分野の枠組み、規定を超えて検討する必要がある。そのような現代の高度情報社会における文化現象、記号現象について考察する、という意味での超域文化論という視点で検討するとしたい。

言説分析という視点からは、「かわいい」という言説が様々な時代、場所などコンテクストに条件づけられ、従来の「かわいい」から異なる意味が付与され構築されてきた表象、すなわち記号現象としての「かわいい」について検討する。私たちが課せられてきた「かわいい」とは何であったのかについて「かわいい」という表象を構築してきた様々な立場、アクターによる「かわいい」をめぐる諸言説の考察を通して論じていく。

本書の章立ては以下のとおりである。

第1章『日本における「かわいい」の変遷』では、主に、日本で「かわいい」と言われてきた少女たちがあらゆるものを指し示すために自らその言葉を発し始めた一九七〇年代以降の「カワイイ」（1.）、また、フランスを中心とする海外で流行した日本のポップカルチャーやファッションを指示する言葉として二〇〇〇年代から二〇一〇年代前半に用いられた「kawaii」（2.）、そしてそのような大きなブームが落ち着いた今日、二〇二〇年代は、どのような文脈で「かわいい」は使用されているのか、もしくは否か（3.）を、論考、新聞、政治言説を通して俯瞰的に考察する。これらの通史的考察を通して、日本社会において「かわいい」という記号表象はどのように形成されていったのか、また、この三点にも通底する日本社会における「かわいい」の位置づけについて明らかにする。

第2章では、海外における日本のポップカルチャー隆盛時の二〇一一年、二〇一二年当時、日本文化を勉強していたフランス人大学生によるフランスにおける日本の「kawaii」についてのコメントを考察する（1.）。そのうえで、日本政府がパブリックディプロマシーの一環として「kawaii」を紹介する以前、そして、クールジャパン戦略における「kawaii」熱の終焉の後、二〇二〇年代にフランスで独自に「kawaii」がいかに世論として展開していったかフランスの新聞の言説を通して分析する（2.）。

第3章では、フランスにおける「kawaii」ファッションの展開について概観し（1.）、その実践者のインタビュー（2.）、ファッションメディアの言説（3.）、そして「kawaii」ファッションからインスパイアを受けたファッションデザイナーの作品に対する言説（4.）について考察する。

第4章では、「かわいい」日本人女性を形容する際に、最初にそれらが確立したフランスでジャポニスムが隆盛していた時期から今日に至るまで用いられてきた「kawaii」について、新聞以外のメディア言説を通して検討する（1.～3.）。そのうえで、フランスにおいて「kawaii」ファッションや「kawaii」女性像が受容される背景を知るために、日本のファッション雑誌のプロトタイプともいわれる『anan』におけるかわいい女性像の変遷について（4.（1）～（3））、フランスのメディアにおける女性像の変遷を俯瞰するため、日本で一九七一年の『anan』の創刊時姉妹誌であったフランスの『ELLE』における女性像の変遷について考察する（4.（4）～（5））。

第5章では、第1章から第4章の分析で得た結果をもとに、なぜ私たちは日本のみならずフランスでもかわいくなければならなかったのか、について、現代社会でファッションに触れる際に私たちが直面する課題である①アプロプリエーション（占有）、②ルッキズム（特に若さ信仰）とＳＤＧｓ（特にジェンダー平等）の観点から明らかにし、最後に、日本独自の側面でもある「かわいい」を通してみる超域文化としての現代「日本」文化とは何かについて明らかにする。フランスにおける「kawaii」の受容を事例に、「かわいい」を通して今の私たちが直面する現代日仏社会の諸問題について考察していく。「かわいい」は様々な表記で日仏ともに描かれてきたが、本書では、「かわいい」の引用の表記は、原則、出典元の記述に準じる。

　また、筆者自身が議論する際の「かわいい」の標記としては、国語辞典での定義、および、そこから派生し一九七〇年代以降の少女が独自に使用し始めたとされるもの、そしてすべての表記の総称を「かわいい」、海外に普及した日本のポップカルチャーを示す「kawaii」、この海外に普及した「kawaii」を日本独自の「かわいい」文化の系譜に据え置いた「kawaii《かわいい》」の三つの表記でそれぞれの「かわいい」／「kawaii」／「kawaii《かわいい》」を用いることとする。

目次

第5章　なぜ私たちはかわいくなければならなかったのか……277

第1章
日本における「かわいい」の変遷

日本で長きにわたり様々なものや人を形容するのに使われてきた「かわいい」。「かわいい」の表記も、またこの「かわいい」が形容する対象、しいては「かわいい」が内包する意味も、時代や社会状況の変遷とともに変化していった。

本章では、まず、これらの変化について、辞書、論考、新聞、政治等の言説を通して考察し、世論としての「かわいい」がいかに様々な言説によって構築されていたのか、その変遷について、特に、「かわいい」が世論として取り沙汰された一九七〇年代、二〇〇〇年代以降、二〇二〇年前後に焦点をあて考察する。

1．二〇世紀末の「かわいい」論――卒業すべき「かわいい」

(1) 一九九〇年代までの「かわいい」論――「かわいい」文化の発見と否定的評価

一九八〇年代後半から、「かわいい」が少女文化のキーワードとして日本で議論されるようになる。それ以前、日本の心理学者であるなだいなだは、雑誌『思想』一九六九年八月号に「ある、こども観――カワイイ存在から美しい存在へ」という記事を寄稿し、以下のように記している。

カワイイという言葉は、私達の心象世界の中で、「おさなご」と、結びついているのです。(中略)カワイイという人間と、カワイイといわれる人間は、対等な人間関係を有していません。そこには、上下関係の秩序があるのです。(中略)だからこそ、こどもはカワイイものから美しいものへと変わらなければなりません。一方的な人間の美学から、対等な人間関係の上に成り立つ美学へとその美学的な観念を変化させなければならないのです。(なだ 一九六九：七三、八〇)

ここで、なだはカタカナ表記の「カワイイ」を用いているが、従来の「かわいい」の意味として認識し論じていることが読み取れる。

山根一眞が著した『変体少女文字の研究』(一九八六年)は、一九七〇年代中頃から少女たちが使用していた丸文字などの「変体少女文字」について論考したものである。ここで、変体少女文字を書く少女を読み解くキーワードとして「かわいい」があるとし、山根はこの「かわいい」の構造について、以下のように記している。

少女たちは、子猫も、タモリも、幼稚な絵柄付きの文房具も、一様に「かわいい」で通している。「かわいい」は、きれいだ、面白い、美しい、素敵だ、素晴らしい、見事だ、楽しい、やさしい、といった多くの意味に使われている。(中略)「かわいい」は、きれいな姿かたちを備えた弱者を受容する言葉である。そういう弱者に愛おしさを認め、それを容認するのが、「かわいい」である。「かわいい」ものは、安全なのである。「かわいい」ものは、自分より弱い。楽々と自分に取り込める見込みがある。これを反転させると、力の強いもの、あくの強いもの、自分より上のものは受け入れないという構造がみえてくる。受け入れないというより、避けたい、歯が立たない、相手にするのが面倒くさい、怖がる、といった方がよい。(中略)これが「かわいい」の

基本構造である。（山根 一九八六：二一二、二一四－二一五）

山根は、「変体少女文字を使うことによって、誰もが『かわいい』の構造をもった仲間となり、理解者となる」（同前書：二一八）とし、少女たちがあらゆるものを「かわいい」と称することを一つの文化＝「かわいい」文化として論じた最初の人物のうちの一人といえよう。彼は、さらに「かわいい」文化について、次のように述べている。

［男性にまで追従されているこの］「変体少女文字」に象徴される新しい文化は、弱々しく幼稚な社会を到来させる芽をはらんでおり、（中略）このままいけば、二一世紀の日本人は、誰もが「かわいい」の価値観をもち、誰もが変体少女文字を書いている可能性はきわめて高い。（同前書：二二〇）

二一世紀の今日、パーソナルコンピュータやスマートフォンの発達によって字を書く行為は以前と比べると少なくなっているといえよう。しかし、この「かわいい」という言葉は、二一世紀でも使われ続けていることからも、この山根の考察は的中しているといえるだろう。そして、ここで山根は、変体少女文字に象徴される新しい「かわいい」文化を、弱々しく幼稚な社会を到来させる可能性のあるものとして、否定的にとらえているのである。

『変体少女文字の研究』の出版の翌年、増渕宗一は、リカちゃん人形と少女文化について論じた

『リカちゃんの少女不思議学』を一九八七年に著した。その中で、戦前、一人前の働き手として少女には「けなげさ」や「大人っぽさ」が求められたのに対し、戦後社会の現象としてようやく少女の分身としての「かわゆい」人形が登場した（増渕 一九八七：一六八）と指摘する。その流れを汲みつつ、増渕は、『かわいい症候群』（一九九四年）を上梓し、「日本独特の『かわいい現象・かわいい文化』について」「かわいいとは何か」について次のように論じた。すなわち、ここで増渕は、次のように「かわいい」を「美しい」とは相対する「B級文化概念」として使用される言葉だとしている。

「かわいい」という言葉が年齢性別を超えて使われ、また「かわいいグッズ」が広く愛好されていることは、昔では到底、不可能だった。また、たぶん、将来でも不可能であろう。これはまさに、高度成長期の昭和四〇年代に端を発し、平成にいたるまでの現代日本社会が可能にした独特の文化現象である。（中略）「美」は高級価値概念、A級価値概念である。決して無難なB級概念ではない。これに対して「かわいい」は、たいていの人やものに対して、幅広く使える言葉である。無難であり、大衆的なB級言語なのだ。（増渕 一九九四：一二、一八－一九）

このように「B級文化」現象として「かわいい」文化を論じた増渕は、同書の中で、「かわいい文化からの決別」について次のように述べている。

われわれは、このかわいい文化からいつ決別できるのだろうか。私は、遠からず決別の時期がやってくると思う。もし、若い女性たちが「かわいい」という言葉と「かわいいグッズ」から早期卒業すれば、かわいい文化は、自然、青春の通過儀礼のひとつとなり、女児や少女の固有の文化に戻ることになるだろう。学園や職場で、あるいは家庭や電車の中で、「かわいい」という言葉が飛び交わなくなれば、そのときがかわいい文化の終焉となるだろう。(中略)だが、このようなことが可能なのだろうか。「大人の女、大人の男」の時代、あるいは俗に言われる「成熟化社会」は、いつ到来するのだろうか。(増渕 一九九四:二一二-二一三)

B級文化として、否定的に「かわいい」について論じた増渕は、本の終わりで、「成熟化社会」の到来のための「かわいい文化からの決別」を提言していた。一九八七年の山根の「かわいい文化」への否定的評価がここにもみられるのである。

一九八九年、大塚英志は『少女民俗学』の中で、少女文化が連想させるものとして「少女まんが、DCブランドなどのファッション、アイドル、ファンシーグッズや少女雑貨、着せ替え人形といった少女を対象とした商品群」(大塚 一九九七:四八)を挙げる。近代とともに成立した〈少女〉が消費社会の中心的存在として認知された一九七〇年代にあたる昭和四〇年代後半から五〇年代初めに隆盛した「少女文化」を「かわいいカルチャー」(大塚 一九九七)として考察し、論壇に、「かわいいカルチャー」、少女文化の存在を知らしめたのである。山根、増渕同様、大塚も、本の最後のエピローグ「『少女』はわれわれをどこへ連れていくのか」で、以下のように締めくくる。

（前略）〈かわいい〉とは少女たちを現実、あるいは外の世界から保護するバリヤーの役目なのである。（中略）考えてみれば近代とは、日本人が〈子供〉から〈大人〉になる過渡期としての〈少女〉期だったといえるのかもしれない。柳田民俗学は、日本人が〈子供〉の時代を終えるのに立ち会うためにつくられた学問だったといえる。とすれば、日本人の〈少女〉時代にピリオドを打つための「少女民俗学」が、今度は必要になってくる。ぼくたちは、〈少女〉から〈大人〉になれるのか。なれなければ滅びるだけの話だが。（同前書：二四七ー二四九）

ここでも、昭和四〇年代後半から五〇年代前半に隆盛した少女文化としての「かわいい」文化から卒業する必要性が提示されている。

宮台真司は、サンリオのキティちゃんのような「個々のモノ、こと、人に関する、ある種の『子供的』な属性――愛らしさ、無邪気さ、明るさ、活発さ、無垢、文脈からの自由など――を志向する」（二〇〇七：一二一）キュートなかわいさの機能とは、「本当の〈私〉を詮索するのをやめにして、『みんな同じ』であることを巧妙に先取りしてしまうコミュニケーション」（同前書：一二六）とした。そして、「その『私』の『内的確かさ』を置き去りにした浮遊するコミュニケーションは退潮するどころかますます増殖を続けている。（中略）『かわいい』の到達点の意味を――それが『ツケ』なのか『成果』なのかを――改めて問い直すべき段階にきているのではないか」（同前書：一二九）と提示する。このように、「かわいい」文化に明確な否定的評価を与えてはいないものの、その判断をする必要性を述べているのである。

ここまでを総括すると、「かわいいカルチャー」は、一九八〇年代後半から一九九〇年代半ばで、若干の違いはあるにせよ、「乗り越えるべき何か」「卒業すべき何か」、そして、「B級文化」として検討されてきたといえよう。

(2) 九〇年代の海外研究者の「かわいい」論

一九七〇年代後半、一九八〇年代にかけて形成されたとする日本の「かわいい」文化に関して、海外の研究者も関心を寄せていた。Sharon Kinsella（シャロン・キンセラ）は一九九五年に発表した「Cuties in Japan（日本のキューティーたち）」（Kinsella 1995: 220-254）において、現代の日本のポップカルチャーブームが起こる前の一九七〇年代から一九九〇年代初頭にかけての日本における「かわいい」を紹介し、分析している。英語で書かれたということもあり、外国で二一世紀の日本のポップカルチャーの様相としての「kawaii」現象を分析する論考においても、研究者などに多く引用されている。[1]

この論考において著者は、「変体少女文字」「スラング」「ファンシーグッズ産業」「かわいい服」「かわいい食べ物」「かわいいアイドル」「かわいいロマンス」「大人と個人主義」「かわいい女性」「かわいい消費」「アンチかわいい」といった一九八〇年代の日本の大衆文化を支配したとする「子供っぽいかわいいスタイル」を考察している。それによると、「かわいい」とは、「愛らしい、とてもチャーミング、無垢な、純粋な、シンプルな、やさしい、傷つきやすい、弱い、社会的に未熟な」行動と容貌とされている。この「かわいい」は、一九七〇年から一九九〇年代に急速に広がり、一九八〇年代初頭にピークに達し（同前書：二一〇）、マルチメディア、消費、およびサービスを過剰供給するものとして日本の若者が享受したとする。このような日本の若者の「かわいい」を享受する欲望について、キンセラは、小此木啓吾の『モラトリアム人間の時代』（一九八一年）や土居健郎の『「甘え」の構造』（一九七一年）を引用しながら、以下のように結論づけている。

子供っぽく行動することによって、日本の若者は、社会に恩返しをするために努力する（義理、恩）一方、遠慮、責任、我慢、苦労などを実践するという保守的道徳的要求から逃れようとする。（中略）「かわいい」文化に反映された一九八〇年代の日本人若者の圧倒的な欲望は、出来るだけ完全に現実社会から逃避することであった。結局、日本の若者にとって、シド・ヴィシャスにとってそうだったように、未来はなかった。実際、現在すらもなかったのだ。（同前書：二五一－二五二）

キンセラは、幼稚なものとしての「かわいい」文化に対する否定的見解を引用しながらも、日本の若者が追従した「かわいい」文化を日本社会からの逃避としてみなしている。また、キンセラは、日本固有の文化現象としての「かわいい」文化を日本人若者の日本社会からの逃避欲望と結びつけることで、「かわいい」文化を、日本社会の厳格さ、すなわち、日本社会の諸制限の厳しさによって生じた日本特有の文化表象として構築するのである。

以上みてきたように、「かわいい」については、日本において八〇年代後半から九〇年代にかけて議論され始めた。こうした「かわいい」論は、二一世紀の「kawaii」文化に対して議論が行われる際に多かれ少なかれ引用され、「かわいい」の「系譜」として形成されていく。

次節では、二〇一〇年前後に「世界で受容される日本のポップカルチャーのありよう」としての「kawaii」がどのように論じられてきたのか検討する。

2. 二〇一〇年前後の「kawaii」をめぐる論考――否定されるべきものから肯定されるものへ

二〇一〇年前後に入ると、日本のメディアでも「『kawaii』が世界を席巻している」と言われ始め、それを様々に分析、紹介する書籍、論文が出版された。実際それらの論考の中で、「kawaii」についていかなる議論が繰り広げられたのだろうか。以下、（1）では、日本の「かわいい」文化の系譜の中に位置づけられる「kawaii《かわいい》」文化表象が、（2）では、「世界を席巻する文化」としての「kawaii」文化表象が、一般読者もターゲットに含まれる書籍、また学術論文においてどう構築されていったかを考察する。そして、（3）～（5）では、「世界を席巻する文化」としての「kawaii」文化表象が伝播していった中、「かわいい」を「成熟」と「未熟」の西洋近代的二項対立でとらえ、議論している日本人研究者の論考を考察する。

（1）二〇〇〇年以降の日本の「かわいい」の特質を原点としてもつ「kawaii《かわいい》」——「かわいい」から「kawaii《かわいい》」に至る「系譜」構築

二〇世紀後半から二一世紀初頭にかけて、「kawaii」という言葉は、海外への日本のポップカルチャーの普及に伴い、フランスを中心に海外にも普及しているとされてきた。そもそも日本語の「かわいい」という語は、『広辞苑第七版』で、「①いたわしい、ふびんだ、かわいそうだ。②愛すべきである。深い愛情を感じる。③小さくて美しい」と定義づけられている。海外への日本のポップカルチャーと関連するものとしての「kawaii」を、日本で一早く現代用語として提示した辞典類の一つとして、現代用語に関する情報・知識辞典『イミダス』が挙げられる。そこでは、二〇〇五年にローマ字で表記された「kawaii」が次のように紹介されている。

> 日本のアニメやマンガ文化の人気を背景に、日本語の kawaii が外国語圏に輸出され定着している。インターネットで kawaii を検索すると、数多くのページがヒットする。[2]

このように『イミダス』は、「kawaii」を日本のポップカルチャーの流行と関連づけて外国で使用されている借用語として紹介していた。さらに、二〇一三年、『現代用語の基礎知識』はこの「kawaii」をカタカナ表記、「カワイイ文化」として以下のように『イミダス』よりさらに詳細に定義した。

キティちゃんに象徴される、相対的にみて日本に独特なポピュラー文化のありよう。欧米の研究者が指摘し始めた。日本の消費社会には、マンガやアニメからファッション小物、ケータイストラップ、軽自動車のインテリアまで多様な領域で、丸っこくて、小さくて、子どもっぽくて、思わずカワイイ！と言いたくなるような事物が氾濫している。それらはメディアに媒介されて、国内のみならず、東アジア人の共感を呼びつつ、欧米人を驚愕させつつ、グローバルに流通している。日本の華奢《きゃしゃ》で可愛いものを愛でる伝統文化に通底してもいる。ロリコン、幼稚さへ自閉する危険性もはらんでいる。[3]

「小さい」という『広辞苑』の「かわいい」の定義を残すものの、ここで「kawaii」／「カワイイ」が示すものは「海外で流行している日本のポップカルチャー」へと変化している。さらに『イミダス』と異なり、『現代用語の基礎知識』では「日本に独特なポピュラー文化のありよう」としての「カワイイ」が東アジア、欧米にも流通しているとしている。また、海外での評価と並列させながら、「カワイイ」とは「日本の華奢で可愛いものを愛でる伝統文化に通底」するものとして日本固有の文化との関連性も強調され、定義づけられているのである。

「kawaii」をめぐる議論の最初の焦点として挙げられるのが、日本の「かわいい」の特質を原点としてもつ「kawaii《かわいい》」についての考察である。特に二〇一一年、二〇一二年頃は、海外で隆盛する日本のポップカルチャーという意味での日本の「kawaii」文化が海外から注目を集め、また、日本政府もそれを外交、経済政策等のソフトパワーのツールとして利用し始めた時期でもある。

これに伴って、「kawaii」とは何かを問いつつ、海外で隆盛していた「kawaii《かわいい》」文化を日本固有の文化である「kawaii《かわいい》」として説明するべく、「かわいい」から「kawaii」への系譜を形成しようとする論考が発表され始めた。その原点として依拠されるものは、大きく分けて次の三つである。

①『枕草子』を原点とする系譜

②竹久夢二や中原淳一のような抒情画といわれるもの、もしくは少女マンガを発端とする「かわいい」の意匠としての連続性や変化に焦点をあてる系譜

③「機能」としての連続性に関する系譜

いずれも、各時代の様々な「かわいい」の特徴を、連続的なものとしてつなげて系譜とすることで、日本独自の文化を原点とし発展した、海外で隆盛する「kawaii《かわいい》」として正当化し、再形成しなおそうとする傾向がみられる。

①枕草子を原点とする系譜

前述の増渕も一九九五年にすでに『枕草子』を起源とする「かわいい」について論じていた。四方田犬彦も、二一世紀以降の「kawaii」ブームの中、『枕草子』において「小さいものを可憐に思うさま」としての「うつくし」（四方田 二〇〇六：三三）が二〇世紀初頭、アーサー・ウェーリーによって「pretty」と訳されたことを指摘する（同前書：三二）。さらに四方田は、「かわいい」は、江戸歌舞伎や大衆文学、太宰治の小説などを通して小さなモノ、か弱いモノ、保護が必要なものへの感情という日本人特有の美意識が発展したものとして提示する（同前書：三三－三六）。

世界に流通している「kawaii」文化に関しては、同書の中で、「日本から世界に発信しているものの大半は、近代以降、欧米文化との接触によって生じたハイブリッド化した大衆文化が発展したもの」としている。一方、先に挙げた「小さなモノ、か弱いモノ、保護が必要なものへの感情という日本人特有の美意識」としての「かわいい」との連続性、関連性については特に言及はしていない。しかし、同時に、「ハローキティ」「セーラームーン」「ポケモン」など日本のポップカルチャーの海外進出について論じている第九章の「海外に進出する『かわいい』文化の実態」という章タイトルで「かわいい」という表記がそのまま使われていることが指摘できる。このことから、海外で隆盛する日本のポップカルチャーとしての「kawaii」を、ここでは著書の中で四方田が論じた『枕草子』からつながる「かわいい」文化とし、意図的か否かは別として、系譜としての連続性を構築する結果となっているとみなすことも可能であろう。

四方田のこの『枕草子』を「かわいい」の起源とする言及は、二〇一一年、二〇一二年頃の「kawaii」に関するいくつかの論文で引用され、「kawaii」が日本の伝統につながる正統性をもつという「事実」の「論拠」として使用されていったといえるのではないだろうか。

② 「かわいい」の意匠としての連続性や変化に焦点をあてる系譜——抒情画、昭和四〇年代 少女マンガ、「かわいい」カルチャー

一方で、「kawaii」を「『かわいい』の意匠としての連続性」や変化につなげる系譜形成もみられた。

二〇一二年、東京の弥生美術館で開催された展覧会にあわせて出版された『日本の「かわいい」図鑑』は、「kawaii」文化の代表的キャラクターとして、世界各国に広がる「ハローキティ」を取り上げている。そして同書で、西洋文化を異文化として受容しつつ、自国で独自に開発、発展したファンシーグッズを通して形成された日本の「かわいい」が、「kawaii」という世界共通の価値観になっていると指摘されている（中村 二〇一二：四-五）。

さらに、その本では、現在西洋に逆輸入され、西洋化した「kawaii 商品」の起源は、竹久夢二によって制作、販売された抒情画つきのレターセットなど西洋テイストの商品、中原淳一の抒情画にみつけることができる、とも述べられている（同前書）。

同様に、古賀令子も、「かわいい」は明治後期、大正初期に花開いた少女文化を起源とみなす。「かわいい」とは、戦前は、「清く、正しく、美しく」をモットーとする少女文化や中原淳一によって提案された西洋的な若い女性のスタイル、戦後は、自由と消費を謳歌する若者文化によって形成されているとし、「かわいい」の意匠としての連続性を基とする系譜を提示する。また、そうした「かわいさ」を記号化するキティちゃんのような「キャラクタービジネス」が芽生え、日本独自の「かわいい」が姿をみせ始めた、と論じている（古賀 二〇〇九：三四）。

以上示したように、ここで「かわいい」の意匠としての連続性に基づく「kawaii《かわいい》」文化としてその系譜が明示されるのである。

また、「kawaii」が「世界を席巻する」という評価を受け始めた後、二〇一一、一二年にかけて、「kawaii」に言及した論文数の増加傾向がみられた。ここでも書籍同様、「世界を席巻する」という評価を受けた後、日本の「かわいい文化」の系譜に位置づけ「kawaii《かわいい》」を議論する傾向がみられるのである。例えば、「カワイイファッションの系譜：源流からメディアミックスまで」と題した論文を提示した常見美紀子（二〇一二）は、ミニチュア化、キャラクター化を「カワイイ文化」の特徴とし、その起源を江戸時代の根付《ねつけ》から始まる（常見 二〇一二：一八、二六）[4]とする。また、神野由紀も、『『カワイイ』の中に、『エロカワイイ』『キモカワイイ』のように、言葉だけが形骸化して用いられるものもあるにせよ、［戦前から今日まで使われている少女的文様が］普遍的特性として継承されている価値もみられる」と「カワイイ」の普遍性を継承、系譜としても提示している（神野 二〇一二）[5]。

それまでみられなかった「海外で隆盛する『kawaii』文化」を日本文化としての正当性を構築する「系譜」の中に位置づける論文が見受けられるようになっていくのである。

③機能としての連続性に関する系譜

意匠の連続性でなく、機能面に焦点をあてて形成される「かわいい」の系譜を指摘する論考も登場した[6]。

それは、中原淳一の『ひまわり』『それいゆ』の考察を通して、「かわいい」の意匠としての連続性を否定し、二一世紀初頭の「『kawaii』文化」流行を射程にいれた宮台真司の論考「『かわいい』の本質」である。宮台は、「かわいい」文化の系譜を改めて振り返る際に、意匠（デザイン）としての連続性ではなく、機能としての連続性を論じたが、その論拠として「かわいい」とは、「コクーニング化」「社会的文脈の無関連化機能」（宮台 二〇一〇：七三－九一）であることを提示する。[7]「かわいい」は、急速な近代化、西洋化によって喚起された本物志向であり、成熟から逃れる、守られた一種の「コクーン」として機能している、とする。そしてそれは、「社会的文脈の無関連化機能」、すなわち、社会規範と切り離された場に身を置くことを可能にする文化として、日本のみならず、世界でも必要とされている人が存在しているとしている（前掲書：二五二）。

このように、主に三つの視点から「kawaii」の系譜を形成し考察する論考が生まれている。

確かに、二一世紀初頭の「kawaii」隆盛現象以前の「かわいい」をめぐる議論においても、『枕草子』を起源とするもの（増渕 一九九四）、抒情画からのかわいい意匠の連続性という一種の系譜をみるという視点もあった。しかし、それは「かわいい」への否定的評価を前提としたものであり、「かわいい」文化と関連づけ、正統な日本文化として再定義するためではなかったといえるだろう。また、先に挙げた宮台も指摘するように、当時増渕も、抒情画のかわいい少女は「かわいい」ではなく、幼児っぽさを卒業したけなげな少女であり（増渕 一九八七：一六六）、抒情画の作家中原淳一の少女雑誌『ひまわり』の表紙絵は、実に創刊（昭和二二年）から終刊（昭和二七年）まで、すべて「面長の顔で横長の目」の少女顔ばかりであった（同前書）と指摘する。このように、増渕もかわいさの特徴として目に注目しながら、「かわいい」について意匠面における連続性については言及していない。

しかし、二一世紀の「kawaii」現象をめぐって書かれた論考については、語源、意匠、および機能の連続性といった様々な観点に基づく「kawaii」をめぐる系譜を形成しようとする動きがみられるようになっている。

つまり、二〇世紀の「かわいい」論では、いかに「かわいい」から早く卒業すべきかに焦点があてられ、固有の日本文化として正当化するための系譜づくりがなされていなかった。二一世紀に入り「kawaii」文化がフランスのジャパン・エキスポ来場者を中心とする日本文化ファンにおいて広く受け入れられ、日本では、彼ら一部の若者の支持が「フランスをはじめとする西洋の評価」として認められるようになる。そして、それらを受け、後章で考察していくように、日本国内のメディアや日本政府がクールジャパンを謳い始めたのである。そのような背景のもと、日本の文脈において海外で隆盛しているとする「kawaii」文化を正当な日本文化の起源をもち発展した「kawaii《かわいい》」として新たに定義し、再発信していこうとする試みがなされたのではないだろうか。

(2) 世界を席巻する「kawaii」文化表象の構築

二点目に挙げられる「kawaii」に関する言及として、当時の論文では、いかに「kawaii」が世界で受け入れられているかを説明するものが多い。まずは、このブームの前後二〇〇六年から二〇一四年の間に出版された「kawaii」に関して論じた書籍四冊を考察してみよう。

①書籍における「kawaii」の構築

(ア)「かわいい論」四方田犬彦――「kawaii」は文化無臭なのか日本独自の美学なのか

二〇一一年から二〇一四年という期間は、日本のポップカルチャーや、そのキーワードである

「kawaii」がいかに海外で隆盛しているかを評価する方向が関連書籍において顕著にみられていた時期といえる。それに先駆けて、「かわいい」文化を論じた四方田犬彦は、二〇〇六年に出版した『「かわいい」論』を書き始めるきっかけとして、日本の「かわいい」とされるハローキティなどのキャラクター商品が世界中を席巻したことを述べている。そして、日本を「世界に冠たる『かわいい』大国」と評しながら、二一世紀の美学として「かわいい」の構造を通時的かつ共時的に分析するとする（四方田 二〇〇六）。すでに考察したように、『枕草子』からつながる「かわいい」の系譜を提示する一方、著者は、第九章「「かわいい」、海を渡る」において、「「かわいい」は日本独自の美学なのか」という問いを立てている。この問いは、海外、特にアジアにおける日本のポピュラー文化を分析した岩渕功一の「グローバル化した状況に乗じて外国へ出ていく日本の文化商品は「文化的無臭性」を属性として帯びることになる」（同前書 二〇〇六：一八二－一八七）という議論を前提としたものである。すなわち、四方田は「かわいい」とは「日本独自の特殊の美学であって、それがグローバル化の状況を受けて、日本が世界を先導し、世界は日本に追従すべきであるという、グローバルパワー理論を『かわいい』論に適用し、このかわいい美学が全世界に普及することになったのか」、それとも「どこまでも人類に普遍的な美学であって、たまたま日本でそれをめぐる言説が生じ、文化商品の開発が進んだというのに過ぎないのか」と、世界に流布している「kawaii」とは日本独自の美学か否かについても問題を提起しているのである（四方田 同前書）。

また他にも、以下に示す外務省で「カワイイ文化大使」が一年間設置された二〇〇九年に出版された「カワイイ」に関する三冊の本にも注目しておきたい。建築プロジェクトプランナーである真壁智治およびチームカワイイ（建築研究ユニット）による『カワイイパラダイムデザイン研究』、先に挙げた古賀令子の『「かわいい」の帝国――モードとメディアと女の子たち』、外務省アニメ文化外交に関する有識者会議委員であった櫻井孝昌の『世界カワイイ革命』がそれである。

（イ）『カワイイパラダイムデザイン研究』真壁智治、チームカワイイ――海外での「kawaii」流行を一発端とし研究された日本のカワイイ完成価値研究

『カワイイパラダイムデザイン研究』は、二〇〇五年、共立女子大学家政学部生活美術学科建築学科（当時）で開催された演習をベースに「カワイイ」感性価値研究の結果をまとめたものとされている。そこでは、「カワイイ」は世界に広がりつつある日本のポピュラーカルチャーとの関連づけではなく、デザイン、建築、都市分野における「カワイイ」の感性価値について議論されている。ここでは、二〇〇六年一月一日付『朝日新聞』に掲載、フランス、ロシア、タイなどで隆盛している「kawaii」現象を紹介する「『カワイイ』世界に風」の記事に触れていることからも、「kawaii」の「世界」的ブームが席巻している中でこそ「カワイイ」感性を考察したといえよう。[8]

（ウ）『「かわいい」の帝国――モードとメディアと女の子たち』古賀令子――「『kawaii』ファッション」「kawaii」の明確な定義づけ

この著作では日本の「かわいい」について論じると同時に、世界で流行している「kawaii」、「『kawaii』ファッション」について定義を行い、「『かわいい』モードの現在」の中の一部として「世

界に広がる『kawaii』とハローキティ」について言及している。ハローキティは日本の「kawaii」キャラクターとして、日本の「kawaii」ファッションは、「二〇〇六年にジャパン・エキスポの一環としてパリで『トーキョースタイルコレクション』が開催され（中略）日本の女の子が作りだした「かわいい」リアル・クローズのファッション」（古賀 二〇〇九：一八二）とする。

（エ）『世界カワイイ革命』櫻井孝昌――「みんなが日本人になりたい」と叫ぶほど人気のロリータファッション、ファッションとしての「原宿」「kawaii」ファッション

世界における「kawaii」受容について、著者自身の文化外交活動を通して以下のように紹介している。

二一世紀にはいって世界にもっとも広まった日本語は何か。それはまちがいなく「カワイイ」。ロリータ服で地下鉄に乗るフランス人に、なんちゃって制服に身を包んだタイ人と、世界中の女の子が「原宿ファッション」をカワイイと支持し始めた。日本に集まる羨望のまなざし。「東京は聖地」と断言するものから、「日本人の鼻はかっこいい」「黒髪がうらやましい」と語るものまで、日本がこれほどまでに愛されていることを、当の日本人だけが知らないでいる。目の前に転がっているビジネスチャンス。不況脱出のカギは「カワイイ」にあり。（櫻井 二〇〇九：裏表紙）

この本は、当時外務省アニメ文化外交に関する有識者会議委員であった著者による、二〇〇八～二〇〇九年当時世界各地で展開された「『kawaii』ファッション」についての報告である。ここでは、いかに「『kawaii』ファッション」が世界で大人気かを、自身の文化外交経験から指摘し、また「『kawaii』ファッション」をめぐるビジネスチャンスを提言する。櫻井は特にフランスにおける「『kawaii』ファッション」受容について「アニメとマンガが切り開いて花を咲かせた、日本人が知らないＪａｐａｎ熱と日本に対する妄想」（同前書：一六九）とする。また、同時に「カワイイ」は世界に確実に定着した「文化」になっていて、「世界が日本の『カワイイ』ブランドを待っている」と述べる。そして、「『カワイイ』を定義づけること自体がその本質からかえって遠ざかる」のであり、「カワイイ」は、「なんだかわからないから『カワイイ』」と指摘する（同前書二〇〇九：一八九）。

このように、内容が著者の立場や時代によって変化していくにしても、二〇〇六年以降、特に「kawaii」を用いた政府の文化外交戦略が本格化し始めた二〇〇九年以降、「世界で隆盛する『kawaii』」というテーゼのもと「kawaii」また「『kawaii』ファッション」について議論する書籍が出版された様子が見て取れる。これらの二〇〇九年に出版された書籍では、「『kawaii』ファッション」について扱われていたが、それら以外で「『kawaii』ファッション」についていかに定義づけられてきたか、第三節で詳しくは考察する。

（3）日本の学術論文における「kawaii」をめぐる論調

前述のように「kawaii」に関する一般向けの書籍が刊行され、かつ外務省が「カワイイ大使」を設置した頃、海外で隆盛する日本のポップカルチャー、ストリートファッションとしての「kawaii」に関する論文は増え始めた。二〇一〇年から二〇一二年頃に発表された論文に関しては、「世界で話題となっている『kawaii』文化」および、「『kawaii』ファッション」という前提を自明のものとして論じる論文等が見受けられた（會澤・大野 二〇一〇、佐々木 二〇一〇、竹内 二〇一〇、石田 二〇一二、常見 二〇一二、篠原 二〇一二）。論文において、「世界で話題となっている『kawaii』」がいかに自明の前提として形成されているか、いくつか例をみていこう。

「かわいい」という日本語が、「かわいい」という音声言語のまま、世界に流通するようになって久しい。マンガやアニメなどの物語の登場人物に扮するコスプレ、ハローキティに代表されるキャラクター、さらには携帯電話などを飾り立てるデコ飾りなどが、日本発の「かわいい」文化として世界各地で取りざたされている。「かわいい」文化は、経済規模も意外なほど大きく、その意味でも日本のソフトパワーを代表するものとなった。外務省でさえ、カワイイ大使を選び、世界各地に派遣しているほどだ。（篠原 二〇一二：一）

「カワイイ」は、こうした日本のストリートファッションの主流を示す、国際的に使われる包括的用語となった。本来、カワイイとは、小さいもの、弱いものなどに心惹かれる気持ちを示す形容詞である。（深井 二〇一二：一一六）

「かわいい」という日本語は、ローマ字表記　kawaii　のまま世界的に通用する語になっていて、日本のポップカルチャーを形容する語として定着している。（石田 二〇一二：五七）

〝かわいい〟〝カワイイ〟、kawaii という言葉が日本でも世界でも流行している。（櫻井 二〇〇九、四方田 二〇〇六、井原・入戸野 二〇一一）

このような論調は、日本語の論考のみならず、英語で書かれた「kawaii」の論稿にも窺える。次節で具体的に考察していこう。

（4）日本国外で出版された学術論文における「kawaii」をめぐる論調

日本国外で出版された学術論文における「kawaii」をめぐる論調を考察するために、Scopus[9]を参考とし「kawaii」が最初に日本のメディアでも話題になっていた期間を中心とする一〇年間を調査した。Scopus に登録されている二〇〇七年から二〇一六年に発表された論文の中で「kawaii」がタイトルに使われているものは五二論文[10]であった。

また、本書の調査期間において最も「kawaii」がタイトルに使われた論文が多かった二〇一四年六月の時点で、「kawaii」をキーワードに論じられた英語の論文のうち、社会人文科学系の論文は一三件、コンピュータ・サイエンスの論文は二〇件、ライフサイエンス（心理学）系の論文は一件であった。主に後者二つの分野の論考に関しては、ほとんどの執筆者が日本人研究者で、日本の「かわいい」色、形など感性価値などについてコンピュータ・サイエンス、ライフサイエンス分野において科学的に論じるものである。社会人文科学系の「かわいい」研究の論文の数が増え始めたのは二〇一〇年からで、「かわいい」に依拠した政府のクールジャパン戦略が始まった時に一致している。これらの「kawaii」をめぐる論調は、以下二点に集約できよう。

①アジアという地域に限定された「kawaii」の海外伝播

先にみた朝日新聞の「世界を席巻する『kawaii』」が報じられる前の二〇〇五年に発表されたL・ヨルト（L. Hjorth）の論文「Odours of Mobility: Mobile Phones and Japanese Cute Culture in the Asia-Pacific（移動性の香り：アジア太平洋における携帯電話と日本の「kawaii」文化）」[11]をみてみよう。当時、「kawaii」文化がフランスのメディア等でも取り扱われ始める（後章で検証）など、すでにフランス、西欧にも規模はともかく伝播している状況があった。しかしここでは、その西欧での事例は研究対象として選択されず、それをアジア太平洋地域に限定し、「kawaii」文化の人気がいかにその地域を支配していったかについて論述されていた。

『Cool Kawaii（クール・カワイイ）』の著者トルステン・ボッツ＝ボルンシュタイン（Thorsten Botz-Bornstein）は、二〇〇八年に発表した論文「ウォン・カーウェイの映画と「カワイイ」文化」において、「kawaii」とは、子供っぽい（childlike）、スイートな（sweet）、無垢な（innocent）、純粋な（pure）、優しくて弱い（gentle and weak）というキュート（cute）に対応する日本語とする。キッチュという美学的表現に密接に関連したポップカルチャーは、近代化された東アジア諸国で顕著に発達したものとする一方、西欧での「kawaii」文化の普及についてはここでも触れられていない。

また、アジアにおける「カワイイ」普及を自明なものとして扱い、「カワイイ」のローカリゼーションについて論じた、二〇一一年発表のY. C. Chuangの「Kawaii in Taiwan Politics（台湾政治における『カワイイ』）」（Chuang 2011）やYiuとChanの「"Kawaii" And "Moe" — Gazes, Geeks (Otaku), and Glocalization of Beautiful Girls (Bishōjo) in Hong Kong Youth Culture（『カワイイ』と『モエ』——香港の若者文化における視線、オタクと美少女のグローカライゼーション）」（Yiu and Chan 2013: 853-884）も挙げられる。このように、日本国外で出版された学術論文において、意図的か否かは別にして、「世界で席巻する『kawaii』文化」という前提は設定されていなかったのである。

② 「世界的」な「kawaii」文化伝播に言及

確かに、G・ボルググリーン（G. Borggreen）の、二〇一一年に発表された「Cute and cool in contemporary Japanese visual arts（現代日本のビジュアルアートにおけるカワイイとクール）」のように、二一世紀に入ってクールジャパン戦略の下、かわいく（cute）甘い（sweet）ファッションスタイルとしての「kawaii」がグローバルな市場で重要な役割を担ってきたことを前提とする論文もみられる。そこでは、一九八〇年にすでに特に美術界で批判的概念として使われていた「kawaii」について論じ、シャロン・キンセラの論考等を引用し、「kawaii」をその系譜の中に位置づけている。しかし、それ以外の、外国人研究者によって議論された論文では、二〇〇〇年代以降の日本の

「kawaii」ブームに関しての言及はない。対照的に、日本人の社会科学関連の論文、人文科学関連の論文においては、「kawaii」が「世界を席巻している」という前提を提示し、論文のテーマとして「kawaii」を扱うことの正当性を提示している論文が多くみられたのである。このことからも、このような「世界で席巻している」とされた「kawaii」は、二〇〇〇年代以降、海外、特にフランスのジャパン・エキスポの来場者数に反応し、後にみていく、メディアなども含む日本の観察者などによって作り上げられた評価といえるのではないだろうか。

(5)「成熟」に対する「未熟」な文化としての「かわいい」／「kawaii」――「かわいいの本質」宮台真司、「かわいいの系譜」キース・ヴィンセント、「クール・カワイイ」トルステン・ボッツ＝ボルンシュタイン

一九八〇～一九九〇年代に、「かわいい」論は日本社会の諸問題と関連づけられ議論されていた。それとは異なり、「kawaii」が「世界を席巻する」と言われるようになった二一世紀初頭では、「kawaii」「かわいい」をめぐる議論の中で、西洋的近代的二項対立、「成熟（西洋＝本物）vs. 未熟（本物志向、まがいもの）」を基としている議論がみられるようになる。前述したように、一九八〇年代に「かわいい」文化について論じた宮台真司は、「世界への伝播を果たした『kawaii』」を射程に入れながら二〇一〇年「かわいいの本質」について考察した。そこで、未熟性とは　成熟へのオブセッションとしての本物志向であり、その背景に「急速な西洋化および近代化に偽物意識に由来する本物

主義」、すなわち、「自分たちはまがい物だ」という感覚がある（宮台 二〇一〇：九八－九九）と指摘する。

このような考え方は、日本やフランスで研究を進め、英語で二〇一〇年に『Cool Kawaii（クール・カワイイ）』を出版したトルステン・ボッツ＝ボルンシュタインの論調にも見受けられる。ボルンシュタインは、近年国際的に世界の若者文化を支配している二つの文化の一つとして、アフロアメリカンに代表されるヒップホップ、クールとともに、「kawaii」に着目する。ボルンシュタインによると、日本の美意識である「kawaii」は、国際的に強力な日本のアニメ産業によって国際的に分配されるとし、前述した『現代用語の基礎知識』にある「海外で隆盛する日本のポップカルチャー」としての「kawaii」の定義とも通底している。また著者は、「kawaii」は西洋文化に同義の語はなく、英語のキュート（cute）とも意味を同じくしないとしている。著者は、このような「kawaii」を体現する少女は、伝統的な理想の女性の人格化ではなく、明治期の近代女性のイメージ、すなわち西洋化を目指した女性のイメージである（Botz-Borste in 2012: 33）とするのである。つまり、ボルンシュタインは、西洋（＝成熟）には、「kawaii」（＝未熟）は存在せず、また日本の少女とは、西洋化を目指す、すなわち、成熟を目指した未熟な女性のイメージとする。このように、「kawaii」をめぐり、成熟 vs. 未熟、すなわち西洋と東洋の歴史的に構築された非均衡な関係性に基づく西洋近代的二項対立関係を前提に論を展開するのである。

また、先の宮台の論文が掲載された『日本的想像の未来：クール・ジャパノロジーの可能性』に、「かわいい」と未熟性についての論考「日本的未成熟」の系譜がある。この著者であるキース・ヴィンセントは、日本の「かわいい」の系譜をたどりながらも、「かわいい」が、成熟vs.未成熟という強固で西洋近代的な二項対立を考え抜く装置になりうることを提示している（ヴィンセント二〇一〇：二六）。ヴィンセントは日本における「日本的未成熟」の系譜について、近代化、成熟化に対するアーティストの村上隆の「リトルボーイ」時の批判的態度における例として「kawaii」を取り上げつつ、日本の未熟性というステレオタイプを棄却するべきであると述べる。それらの未熟性が前提とするのは、「男と女」「成熟と未熟」（同前書：九四）といった二項対立であり、「成熟」かつ「普通」であることを目指し生きている男女間での行為という考えを超える必要を指摘する（同前書：四三）。ヴィンセントは「日本の子供っぽいイメージを利用して、いかに私たちの幼年期とそこからの「卒業、脱却、成長」というものの理解が、近代世界の強力な観念的意味をまとわされてきたのかを考え抜く道具にしてほしい」とする（同前書：一八ー一九）。

このように、日本社会の規範や構造の中で育まれ、そこから卒業する必要性を議論されていた〝未熟〟を同義語とする「かわいい」は、二一世紀初め、数は多くないものの、西洋近代的二項対立の考え方を揺さぶる／あるいは強化する可能性を有する装置としてとらえられていたのである。

3.「『kawaii』ファッション」とは何か——日本の批評家、研究者における諸定義

ここまで、「かわいい」／「kawaii」／「kawaii《かわいい》」をめぐる日本国内外の観察者、主に批評家、研

究者らによる言説を概観した。以下では、本書のテーマである「『kawaii』ファッション」が、いかに日本の批評家、研究者の言説によって定義づけられてきたかを考察する。

(1) 日本の書籍、学術論考において様々に定義される「『kawaii』ファッション」

すでに二〇〇九年に、櫻井も述べていたように「『kawaii』ファッション」は「ロリータファッション」「原宿ファッション」等としていくつか定義されていたが、その他書籍、学術論考において、「『kawaii』ファッション」はいかなるファッションとして定義されていたのであろうか。

「『kawaii』ファッション」の定義は、それぞれの論考において一様であったのだろうか。「『kawaii』ファッション」とは、デジタル・メディアの発達とともに、マスメディアなどを介さずに、トランスナショナルに、局所的かつ水平的に拡散しながら変容しつつ形成されたファッションであったといえよう。このような「『kawaii』ファッション」の形成、伝播は、高級ファッションブランドビジネスのようなファッションの形成、伝播の仕方とは異なる。すなわち、ファッションブランドのように、一企業の発信者がブランドイメージ、コンセプトを明示し、そのイメージ、情報をグローバル、垂直的に、「均質の」イメージとして広範囲に伝播しようとするものではない。「『kawaii』ファッション」とは、企業やマスメディア主体ではなく、複数の局所的に存在するファン層の間で情報が共有され、再編されながら伝播していったファッション現象といえるだろう。

つまり、こうして形成された「『kawaii』ファッション」とは「社会的」に何であったかを定義づけるために、それぞれの研究者、批評家が、後付けでそれが何かを定義していかなければならなかったファッション文化現象であったといえよう。このようなトランスナショナルコンテクストにおける複数かつ局所的な「『kawaii』ファッション」の発生、伝播、形成の流れを反映するかのように、「『kawaii』ファッション」はそれぞれの研究者の異なる着目点、視点によって以下のように様々に定義されている。

①「『原宿系』のガーリーなリアル・クローズであるカジュアル・ファッションとしての『kawaii』ファッション」

前節でみたように、二〇〇九年の「kawaii」ブーム時に「かわいい」ファッションについて考察した古賀令子によると、グローバルな意味での「kawaii」といえば、「アニメやマンガを中心とする日本の（新しい）文化を指すとしていた。そして、「kawaii Fashion」といえば、それとは切り離し「二〇〇六年にジャパン・エキスポの一環としてパリで「東京スタイルコレクション」が開催され（中略）日本の女の子が作りだした「かわいい」リアル・クローズのファッション」（古賀 二〇〇九：一八二）のような「『原宿系』のガーリーなカジュアル・ファッションとして高度消費文化を享受している欧米先進諸国を中心に世界的に広く認識されているもの」（同前書：二一〇）とする。その代表として取り扱われるのが「ロリータファッション」[12]（同前書：一〇二）である。

ここで言及されている「東京スタイルコレクション」とは、二〇〇五年にスタートした「東京ガールズコレクション」[13]を二〇〇六年にパリ・ジャパンエキスポで開催したときのファッションショーの名称である。[14] そもそも、ここで指摘される「リアル・クローズ」とは、「オートクチュールやプレタポルテの発表する創造性は高いが非実用的な衣服ではなく、日常生活で着られるような衣服の総称」（『大辞泉』）と定義されるものである。先に記したように、二〇〇六年の「東京スタイルコレクション」をみていても、原宿ストリートファッションを追っていた雑誌『FRUiTS』で取り上げられるような、当時の非日常空間であった原宿などのストリートにやってきてその日だけ限定された空間で着用するような奇抜なファッションやコスプレは、「リアル・クローズ」という定義の中に含まれるとは考え難い。あくまでも「ガーリー」な「リアル・クローズ」＝日常生活の中で少女が着用するファッションを指しているといえるだろう。

また、ファッション研究者の蘆田裕史は、一般のエンドユーザーが携帯電話などを使いその場で注文できる「東京ガールズコレクション」と「かわいい」の関係について論じている。[15] 蘆田は熱狂的な群衆の中で服をみせて購入欲をあおる─東京ガールズコレクションにおけるファッションショーの意味を、ル・ボンの『群集心理』から読み解き、東京ガールズコレクションでは、以下のように、観客が「かわいい」という語を反復するこの群集効果によって、購買欲をそそることができているとした。

東京ガールズコレクションの観客たちがモデルや服に対して投げかける「かわいい！」の声。彼女たちはけっして服の魅力を具体的に描写することはありません。次々にモデルが登場するファッションショーでそんなことができるのはよっぽどトレーニングを積んだ人だけでしょう。しかし、それこそが重要なのです。「証拠や論証を伴わない、簡潔な」言葉である「かわいい」

という断言の反復、それによって観客のなかで服への欲望が加速度的に増していくことになる。

このように、古賀や蘆田が指摘する「東京スタイルコレクション／ガールズコレクション」におけるリアル・クローズとしての「『kawaii』ファッション」とは、八〇年代以降日本の文脈の中で少女たちが自由に使ってきた「かわいい」の延長上にある「kawaii」であると考えられるだろう。

② 「マンガ的デザイン」、もしくは「おそらくは日本独自のテイスト〈かわいい〉、すなわち幼児志向を示唆するテイスト」としての「『kawaii』ファッション」

また、「『kawaii』ファッション」を「世界で席巻する（マンガ、アニメなどの）日本のポップカルチャー」としての「kawaii」とリンクさせる定義もみられる。服飾研究家の深井晃子は、一九九〇年代末、世界が注目した原宿ストリートファッションを着用する若者たちの感性を養ったものとして、現代のビジュアルアートであるマンガ・アニメを挙げている（深井 二〇〇五：二四三）。

「kawaii」については、パリ・ロンドンで展覧会「Kawaii! Vacances d'été（『Kawaii! 夏休み』）」を開催した当時の村上隆のマンガ的デザイン、また村上隆とコラボレーションしたフランスのブランド「ルイ・ヴィトン」やその他のデザイナーへの影響を挙げつつ、「おそらくは日本独自のテイスト〈かわいい〉、すなわち幼児志向を示唆するテイスト」と指摘する。またさらに、日本ファッションの展覧会の図録『Future Beauty 日本ファッションの未来性』[16]においても「kawaii」について「世界が日本ファッションとして今、興味をもっているのは、『東京ストリート・スタイル』であり、『ユニクロ』などかもしれない。あるいは日本のマンガ、アニメ、ゲームなどと関連する『カワイイ』という形容詞で特徴づけられる服装だともいえよう」（深井 二〇一四：一三）と指摘し、「アニメ」「マンガ」を一つの特徴として紹介した。[17]

また、「『kawaii』ファッション」を「アニメ」「マンガ」と結びつける際にコスプレ現象に限定して定義する論考もみられた。「世界に発信する若者ファッションと文化――世界に謳歌する日本の「かわいい」ファッション、その意味するところとは」（竹内 二〇一〇：二二三）という論文においては、「日本の「かわいい」ファッション」の世界流行を自明のものとしつつ、「オタク現象としてのマンガやアニメのキャラクターのコスプレ現象」（竹内 二〇一〇：二二四）を「kawaii ファッション」と定義されている。

③東アジアの若者と共有できるSHIBUYA 109で展開される高校生向けファッションとしての「『kawaii』ファッション」

二〇一四年に設立されたクールジャパン機構について書かれた『クールジャパンとはなにか』の中では、「日本のストリートファッションが世界の〝カワイイ〟をリードする」というタイトルで「カワイイ」ファッションにも触れられていた。しかし、それは『現代用語の基礎知識』が定義するようなアニメ、キャラクター、「世界で人気の日本のポップカルチャー」としてではなく、渋谷のファッションビルであるＳＨＩＢＵＹＡ １０９で展開されるような高校生向けのファッションに限られたものである（太田 二〇一四：一四八六（キンドル））。これらは特にフランスで認識されてきた奇抜な原宿ストリートファッションやロリータファッションスタイルといった「kawaii」ファッションとは必ずしも一致しない。先に示したように、当時二〇二〇東京オリンピック開催を目指したクールジャパン戦略の中で「カワイイ」ファッション展開は東アジアを中心にしていたことからも、[18]「kawaii」概念が東アジアの若者と共有できるものとして提示されていたといえるのではないか。

④世界中から注目を浴びる「原宿系ファッション」「ロリータファッション」「日本の女子高生の制服ファッション」としての『kawaii』ファッション

先にみた「カワイイファッションの系譜：源流からメディアミックスまで」において常見は、「kawaii」ブームとは「ジャパン・エキスポをルーツ」とするとし、「今日、もっとも海外から注目されているカワイイという概念から誕生し、世界中から注目を浴びている日本のカワイイファッション」の流行であるとしている。そして「海外の若者が、日本オリジナルである原宿系ファッションに憧れている」と、「『kawaii』ファッション」を世界中から注目を浴びる原宿系ファッションとして定義している（常見 二〇一二：一）。

また、九鬼周造の『いきの構造』のように、美学の観点から「kawaii」の構造を提言した篠原（二〇一二）は、「『kawaii』ファッション」を広義に定義し、「ジャパン・エキスポで激増するロリータファッションを世界で流布する「かわいい」ファッションの代表」としながら、他に日本の女子高生の制服ファッション、ハローキティというキャラクター、さらには、古賀の指摘する「デコ盛り」（古賀 二〇〇九）などを挙げている。ここでの「『kawaii』ファッション」の定義は二〇〇九年、一年間のカワイイ大使として選ばれた三人の「『kawaii』ファッション」スタイルとも一致するものである。

みてきたように、「『kawaii』ファッション」が注目されており、「kawaii」は世界共通語となっているということを自明の前提としつつも、論者によって、「『kawaii』ファッション」とは、次のように分かれる。

（一）原宿系ファッション
（二）日本のリアル・クローズとしてのガールズ・ファッション
（三）アニメ・マンガ・テイスト
（四）アニメ・マンガの登場人物のコスプレ
（五）東アジアの若者と共有できるＳＨＩＢＵＹＡ１０９で展開される高校生向けファッション
（六）ロリータファッション
（七）日本の女子高生の制服

(2) フランス学術論考において構築された「『kawaii』ファッション」の諸定義――「私たち」とは異なる遠い日本における現象としての「『kawaii』ファッション」

では、日本とは異なるフランスの論考ではいかに「『kawaii』ファッション」が扱われていたのか。フランス国立図書館で「kawaii」がタイトルに使われフランス語で出版された書籍を検索したところ、フランス語表記である「kawaï」というタイトルの日本的お弁当やマスコット人形の作り方の本がいくつかみられるものの、学術関連の書籍は二〇一六年七月には存在しなかった。ただ、日本でも官民あげて「kawaii」をクールジャパン戦略の中で取り上げ始めた二〇一〇年に出版されたフランス人民族学者のフランソワ・ラプランティンヌ（François Laplantine）の著書『*Tokyo Ville Flottante : Scènes urbaines, mises en scène.*（浮遊する街東京――演出されたアーバンシーン）』の中で、原宿のストリートファッションへの言及が見受けられた。そこで、ラプランティンヌは、原宿のストリートファッションをみて、日本は、「確かに（能、狂言、（中略）神楽、新派といった）仮面（中略）の国である。仮装を愛し、仮装するために、そしてそれによって真実を偽るために振る舞うことを知っている国」という「解釈」的説明をする（Laplantine 2010: 65-66）。また、「原宿という街は社会における女優と男優のいる劇場のようなもので、そこで、何世紀にもわたって芝居への多大なる情熱を発達させている。『kawaii』ファッション」は、その仮装の伝統を永続させる傾向がむしろある」（Laplantine 2010: 65-66）ものとする。そして、ラプランティンヌは、「仮装が好きなこの国において、仮装は「kawaii」、ロリータファッション、もしくはコスプレに限ったことではなく、日常状況に従って複数いる自己の一人として提示される」と続けるのである。

ここでは、「kawaii」と同様、日本の言説と大きく異なり、「『kawaii』ファッション」は「フランスをはじめとする海外で流行している「『kawaii』ファッション」」としては言及されていない。さらに、ここで「『kawaii』ファッション」は、ロリータファッションやコスプレと同列に並べられ、ファッションとしてではなく、仮装として一括りにされている。このように、これら原宿の「『kawaii』ファッション」は、仮装とみなされ、日本は「仮装が好きな国」「仮面の国」として表象されてはいるものの、ここには「今フランスや海外で大人気の「『kawaii』ファッション」」という表象は見当たらない。「『kawaii』ファッション」は「私たち」とは無縁の、「私たち」から遠く離れた地で実践されたファッションとして表象されていたのである。

次に「『kawaii』ファッション」に関するフランス語で書かれた論文について検討する。フランスの人文社会科学の学術雑誌の電子出版プログラムサイト「ペルセ（PERSEE）」[19]をみてみよう。二〇一四年六月時点で、「kawaii」をキーワードとして検索した結果ヒットした論文数は、日本語言語学に関与するもの一つを含め、全部で六件である。その中の一つに、「kawaii」ファッション関連の論文として、二〇〇三年に刊行されたマリー＝ルイーズ・ライセル（Marie-Louise Reisel）の論文、「De fillettes en amazones: maturation et transformation des générations Shibuya（アマゾンの少女たち、渋谷世代の成熟と変容）」がある。この本が紹介されたのは、フランスで「ジャパン・エキスポ」が隆盛し始め、前述の「東京スタイルコレクション」が開催される以前のことである。すなわち、この時期は、「『kawaii』ファッション」がフランスで局地的に隆盛する前であり、海外で受容されている日本文化現象としてではなく、日本で展開している日本文化現象としての「コギャル」といった渋谷の少女たちについて論じられている。その文脈の中で、日本で出版されていた『Cawaii』という「渋谷の女の子向けファッション」を紹介する雑誌のタイトルを説明する中で「『kawaii』ファッション」が紹介されている。

また、「コギャル」たちの行動を分析するために、著者は、先行文献として二〇〇一年に発刊されたアレクサンドロ・ゴマラスカ編の『人形、ロボット、という日本ポップカルチャーにおける「かわいいという記号のもとで」』を引用、紹介している。この論考は、一九八〇年代以降の日本社会における「かわいい」ブーム、少女カルチャー、およびその原点として、歴史的観点からみた「kawaii」を接合させようとしたものである。本田和子らの明治以降の少女概念、大塚英志の「かわいい」と一九七〇年以降の少女マンガブームや少女カルチャーとの関係、宮台真司のカワイイ概念や、「人生の選択を避け、いつまでも可能性を保ったまま大人になることを拒否して猶予期間に留まる」『モラトリアム人間の時代』（一九八一年）を提言した小此木啓吾、土居の『「甘え」の構造』に依拠しながらまとめたシャロン・キンセラの「かわいい」分析などがそのまま引用されている。そして、そこに、前に考察したような西洋近代的二項対立「成熟vs未熟」に基づいての議論はなされていない。

これらの論考からわかることは、当時フランス語で書かれた「『kawaii』ファッション」に関する論考は数少なかったということである。その理由の一つに、当時現代ポピュラー文化がフランスの日本学においても研究テーマとしてはまだ主流ではなかったことも考えられよう。また、さらに今回みた論考からわかることは、「『kawaii』ファッション」に関しても、「海外で大ブームの「『kawaii』ファッション」」という前提は明示されていなかったということである。あくまでも、「私たちフランス」からは遠い日本の一風俗である「『kawaii』ファッション」として限定的な議論が引き継がれていたのである。

以上のことから、「kawaii」と同様、「『kawaii』ファッション」に関しても、日本の論とは異なり、「海外で大ブームの『kawaii』ファッションという前提」が明示されていなかったということがわかる。冒頭で国際的現象になった「『kawaii』ファッション」として紹介される場合も、国際的というのは、ここではとりわけアジア（韓国、台湾、香港、東南アジア諸国）での人気について表象されるのに留まっている。

フランスの「『kawaii』ファッション」に関する論考において、出版時期も関与するものもあるかと考えるが、日本の「『kawaii』ファッション」現象はフランス社会に受容され、海外やフランスで話題になっている現象としてではなく、遠くにある日本の一現象、もしくは日本近隣のアジア諸国で受け入れられた日本固有のファッションとして論じられていたのである。[21]

4．日本の芸術運動としての「kawaii」

（1）日本の現代芸術運動を表す「kawaii」

「kawaii」はポップカルチャーやファッションを表すだけではなく、前述したボルググリーンが指摘したように、日本芸術においてもキーワードとして使われてきた。ここでは、「kawaii」ファッションを考えるため、異なった形態である現代芸術における kawaii をめぐる言説を検討し、比較的かつ批判的視座をもつことを検討する。芸術運動を形容するのに戦略的に使われてきたもう一つの日本芸術における「kawaii」概念の変容について考察しよう。

『美術手帖』一九九六年二月号の「かわいい」特集において、美術批評家の松井みどりによって発表された「逸脱の記号としての『かわいらしさ』」という論考がある。ここで、松井はかわいらしさとは「強さに対抗し、大きな物語に回収されまいとするミクロな力」（松井 一九九六：一二五）とし、「アーティストたちは、とても小さな身振りで世界とのズレを暗示する」（同前書）と提言していた。ここでは、「かわいい」美術として奈良美智、桑原正彦ら日本のアーティストたちだけではなく、フローリン・ステットハイマー、カレン・キリムニク、ヘンリー・ダーガーといった欧米で「かわいらしさ」を創作してきたアーティストも紹介されている。このように、ここでは、かわいいを日本美術の独自の美意識として特化して紹介するのではなく、当時はまだ「適正なキーワード」であるかわからないとしながらも、いち早く美術界における「かわいい」という周縁的な価値によって、同時代の美術の一つの動きを概観している（松井 一九九六：一二五）。

それから六年後の二〇〇二年、長谷川祐子がフランク・ロイド編『身体と性の消費と日本の現代芸術』に、「POST IDENTITY KAWAII：Commerce, gender and contemporary Japanese art（ポストアイデンティティカワイイ——商業、ジェンダーと現代日本芸術）」（Hasegawa 2002）という、「現代日本芸術と文化の幼児化の関係」に焦点をあてた英語の論考を発表している。

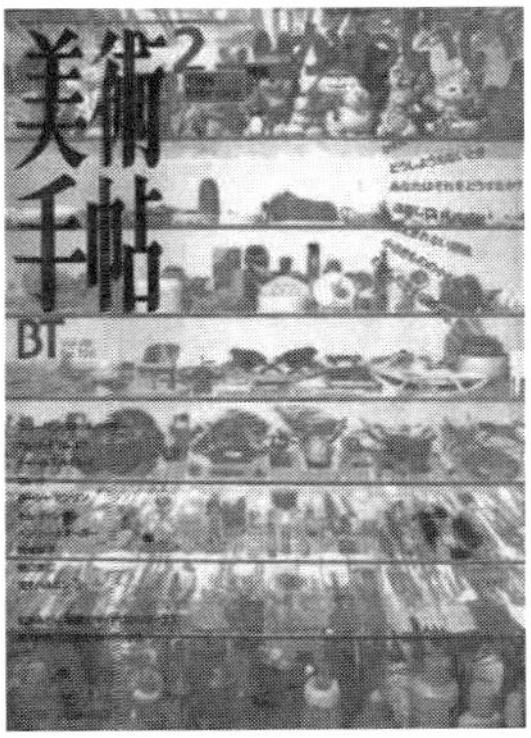

『美術手帖』1996年2月号の「かわいい」特集

この中で、「不完全なアイデンティティという意味においての未熟性」として「kawaii」は定義されている（同前書：一二七）。長谷川は、この「kawaii」を日本に特化したものにしながら「この文化の幼児化は、日本の戦後文化の幼児化に由来しており、それとともに特に、第二次世界

2005年に行われた村上隆の展覧会カタログ「リトルボーイ――爆発する日本のサブカルチャー・アート」

大戦を敗戦に導いた男性の間の、心理的意味での絶望と信頼の喪失の結果としての家父長制の体系が設立された」としている（同前書：一二八）。また、日米の一アーティストの作風の比較において、アメリカのアーティスト、ローリー・シモンズが示すかわいらしさが精神的不安を表すのに対し、例えば日本のアーティストである西山が示すかわいいを「日本特有のキッチュかつかわいさという意味を侵食する気まぐれな空虚性と意味の不在」（同前書：一三〇）として定義する。このように、海外のものとは異なる日本のかわいいを表す違いを長谷川は指摘し、日本独自のかわいいの定義づけをしようと試みている。このように、現代美術をめぐるかわいいの定義も村上隆、また九〇年代以降の日本人アーティストの活躍が海外で認められるにしたがって、日本特有のものへと再形成されていることが読み取れる。

先の一九九六年の『美術手帖』のかわいい特集が日本の読者をターゲットにしたものであるのに対して、英語で書かれたこの本（国際交流基金、笹川財団という日本の財団に出版助成を得ており、海外への日本文化紹介という役割を担っている）は、日本の読者を設定したものでなく、外国向けに日本の現代美術の特徴を解説し提言する主旨も含意していたといえよう。

その後、二〇〇五年に行われた村上隆の展覧会カタログ「リトルボーイ――爆発する日本のサブカルチャー・アート」において、先に挙げた美術批評家の松井みどりは「快楽ルームからカオスな街頭へ：九〇年代日本美術における可愛いサブカルチャーの変容」という記事において、「一九九〇年代のカワイイサブカルチャーと現代芸術の関係」に重きをおいて以下のように論じる。

自分を無垢でかわいいと思う傾向は成人男性にまで広がっていると大塚は観察する。そしてかわいい文化の幼稚感染を治癒するために、ナルシシズムと消費と依存の構造分析を提案する。（中略）一九九一年に出現した新世代アーティストたちは、アニメ文化と子供用雑貨のかわいいイメージを批評眼をもって流用し、かわいい品々の不条理さを使って、日本の消費社会と帝国主義の根底にある依存の構造を顕治した。[22]

この論考の中で、小物雑貨中心の少女文化と、少女をエロティックに描くオタク、マンガ、ポップカルチャーとアートとの相互影響、変容を指摘しつつ、「日本の現代美術における想像力発露のプロセスの中で、アーティストたちは日本のポストモダン性を受け入れ、その幼稚性と文化的周縁性が、「未来の美学」の基礎となることを知った」と日本の特徴としてのかわいいを提示している（同前書：二三六）。ここで、松井は一九九六年時とは異なり、二〇〇五年の時点で日本のかわいい文化の背景と明示的に結びつけながらかわいいというキーワードを用い、それを村上隆をはじめとする日本の現代アートに特化して論じている。このように、一九九〇年代の現代アートと、日本のサブカルチャーのキーワードとしてもみなされているかわいらしさの関係を説明する際に、肯定的に日本独自のものとしてのかわいい／幼稚性を「美学の基礎」と高め、締めくくる。

このように、一九九六年のかわいいに対する言説から、この二〇〇五年時の現代芸術における「kawaii」に対して発展していく議論は、筆者が論説を展開するメディアの枠組みごとに異なった条件がつけられていると考えられるのではないか。この展覧会『リトルボーイ』は、ニューヨークのソサエティー・ジャパン・ギャラリーにおいて開催され、その展覧会カタログの前書きに「「おたく」の作るサブカルチャーに焦点をあて、それが一九九〇年代から今日に至る日本の美術の最先端部分にいかに影響を与えたかを考えながら、芸術と大衆視覚メディアを通して、戦後の日本文化を探求するものです」という目的が記されていた（ジャパン・ソサエティー会長L・エルスワースの序文（Murakami 2005: VI））。ここで日本の現代芸術、サブカルチャーとは何か、「kawaii」という美意識をアメリカ人やアメリカの受け手にアメリカのコンテクスト内で説明するために、「kawaii」は日本の現代芸術の形成に影響を与えた美意識の一つとして再表象されていた。

また、同書の中で、村上隆自身がオタクのライフスタイルとは「「かわいい」とヘタレであるものへの無条件の愛」で、ヒロシマ、敗戦、アメリカの占領といったものによって引き起こされていると、「かわいい」とオタクのライフスタイルを結びつけている。

この「かわいい」の解釈について村上隆は自らの芸術活動をそれまで担っていなかったアートシーンの中心に日本を据え置くための戦略とし（村上 二〇〇五：三八六－三八七）、このアメリカで行われた展覧会で原爆をモチーフにしても、「父親たる戦勝国アメリカに去勢され、温室の中でぬくぬくと肥え続けた怠惰な子供としての日本と、そうした環境ゆえに派生した奇形文化としてのオタクカルチャー」というロジックを猛烈なスピードで組みたてていった」とされる（あさの 二〇〇五）。もちろん村上自身、自らの誇りから西洋人に迎合する戦略に対してオタクは耐えることができないことを知っているとされていた（村上：二〇〇五：三九二－三九七）。

このように、この本では、ヒロシマ・ナガサキの記憶が、すでにアメリカで人気のあったオタク文化や未熟性をベースとした「かわいい」文化へと結びつけられていた。また、この三年前に、パリ（二〇〇二年）とロンドン（二〇〇三年）で展覧会『kawaii! 夏休み』が開催された際、村上は「かわいい」について、『リトルボーイ』展のカタログではみられなかった考えを発しているように構成されている。フランスの『kawaii! 夏休み』展示会カタログで、インタビュアーの質問に村上が答える形の対談が以下のように掲載されている。

『kawaii! 夏休み』展示会カタログ

H・K（インタビュアー） あなたの作品は、いくつもの異なるテーマに接合されていますね。例えばきのこは、繰り返されているモチーフです。

T・M（村上隆） それは、全て「マイロンサムカーボーイ」、勃起したペニスを握っている青年、を作ったときに始まりました。僕自身、彫刻家ではないので、彫刻家に依頼しました。そしたら、みんなが、ペニスがきのこみたい、とキュートネス（「kawaii」）といいました。そのときは、そのままにしていましたが、そのあと、日本の高山地域を旅行したとき、竹久夢二の作品を展示している美術館を訪れる機会があって。そこで彼がハンカチ（のデザイン）のために描いたきのこのモチーフをみました。そのとき、「マイロンサムカーボーイ」のきのこペニスのイメージが自分の中にあって、この竹久夢二のきのこが琴線に触れました。僕にとっては、それはエロティックであると同時にかわいくみえて、特に西洋的想像、妖精の話の幻想の世界のようでした。それで、エロティシズムときのこの魅惑的側面を組み合わせようと思いました。そして、自分の作品にそれらをモチーフとして使うことができました。最初は、二、三ぐらい制作したけど、これらの描写は自然に湧き上がってきて、すぐに四〇〇近い異なる種類のきのこを制作するに至りました。

H・K　きのこはまた歴史的かつメタファー的に、ヒロシマやナガサキのとの関係を読むことができますか？

T・M　実際僕がSUPER NOVAを作っていたときに気付きました。もちろん、ぼくらの世代にとって、原子爆弾の重要性は非常に大きいです。

(Murakami 2002: 78-79)

以上インタビューのやりとりをみていくと、村上は最初にかわいらしさを竹久夢二が描いたきのこの中にみつけたとし、さらには、とても肯定的概念として「kawaii」を「魅力的な世界の輝いた側面を表現している」（同前書：一〇三）としている。しかし、インタビュアーに「ヒロシマ・ナガサキ」

を指摘される前のこの説明の冒頭部では、『リトルボーイ』のカタログで言及されるような未熟性やヒロシマ、ナガサキ、敗戦という表現、きのこ雲の説明はみつからない。また、逆に『リトルボーイ』でも、この竹久夢二らのきのこの話も言及されていない。しかし、フランスのインタビューでは、村上自身が切り出したのではなく、インタビュアーが、その後、村上にこのきのこに対して「きのこは歴史的かつメタファー的にヒロシマやナガサキとの関係を読むことができますか?」と質問をしていたように会話が編集されているのである。村上自身の言葉で「きのこ」制作のきっかけとして最初に語られたのは、一九二〇年代にフランスの *Art, Gout Beauté*〔芸術、趣味、美〕という雑誌を摸倣し作られたとされる『婦人グラフ』の挿絵を担当し、当時、西洋からの影響を受け「かわいらしい」イラストを日本で展開したその人、竹久夢二であって〔抒情画の祖として取り上げられることが多い〕、ヒロシマ・ナガサキではなかったものとしてこのカタログでは構成される。

一九八〇年代初頭、パリで「ぼろルック」と呼ばれた、それまでの西洋の美の既成概念を覆すファッションを提言した山本耀司、川久保玲らが、当時のその新しく提案されたスタイルを理解できなかっただろうフランスの日刊紙『ル・フィガロ』のファッションジャーナリストに「愛のないヒロシマ（Hiroshima sans amour）」（『ル・フィガロ』一九八三年三月一八日付）と評されたように、ここでも、村上に問いを投げかけた質問者が、自らが理解できない遠い日本文化を説明するときに、外国人が日本に対する百科事典的知識としてほぼ有しているとされる「ヒロシマ」「ナガサキ」と、事実はどうであれ、表象レベルでは結び付けて解読しよう〔高馬 二〇〇六〕としている様子がうかがえる〔結論で議論〕。送り手が、ヨーロッパ人〔フランス人、イギリス人〕か、アメリカ人か、日本

2011年9月号の『芸術新潮』

「かわいい江戸絵画」展

の原爆の記憶と直接関係があるかないかで、受け手に受け入れられやすいよう「kawaii」の定義の表象の仕方も説明として強調される内容が変わっていったかのように受け止められる。そして、そのようなそれぞれ異なる社会コンテクストにおいて、言説の発信者と受け手の相互行為によって、社会それぞれの「kawaii」という社会的「事実」が形成されていったといえるのではないだろうか。

(2) 日本の伝統美術のキーワードとしての「kawaii」の形成

これまでみてきたように、どのような定義をされるにせよ、「カワイイ」という語は村上隆や日本の現代芸術を形容する言葉として使用されていた。しかし、政府が、「カワイイ」というキーワードをソフトパワーとして利用し始めた時期と重なってか、二〇一一年頃から、それまでの村上隆らの日本のコンテンポラリーアートのみならず、日本の伝統美術全体が「かわいい」というキーワードで読み解かれる傾向がみられるようになっていった。

例えば、すでに二〇〇六年六月号の『芸術新潮』で「俳画はかわいい」という表現が使用されていたものの、二〇一一年九月号の『芸術新潮』の特集では、「ニッポンの「かわいい」――はにわからキティちゃんまで」（二〇一一年九月号）等、日本の美術雑誌で、日本美術の変遷をかわいいというキーワードで読み解き、「かわいい」の系譜を形成する流れがみられるようになる。

この傾向は芸術系の雑誌のみならず、美術館企画でもみられた。例えば、二〇一三年三月から五月まで府中市美術館で「かわいい江戸絵画」展が、二〇一四年一月から三月までは山種美術館で「kawaii（かわいい）日本美術」展が開催された。これらの展覧会が開催されたのは、世界で「kawaii」という言葉が広がったとされている後である。

「かわいい」という言葉を聞くと、それだけで心が和む。格式ばった場ではなく、日常、気楽に使うことの多い言葉だろう。一方で、昨今まるで流行語のようにもなったために、嫌悪感を抱く人も少なくない。何でもかんでも「かわいい」を連発するような使い方をみて、語彙の貧困化と嘆いたり、また、「kawaii」となって海外でも流行している現象に、日本語としての意味など吹き飛んでしまったのではと危惧する人も多いだろう。（金子 二〇一二：八）

府中市美術館の学芸員でもある金子信久は論考「かわいい絵の論理と歴史」で、流行語となったかわいい／「kawaii」を否定的にとらえながらも、日本美術界でかわいい絵が始まったのは江戸時代であったとし、それを展覧会で紹介している。また、その中で「かわいい」とは何かを以下のように述べている。

明治以降、少なくとも「芸術」と呼ばれるものは、概ね西洋から移植された価値観、すなわち、理念の崇高さや力強さ、形の完全さといった基準に照らして扱われてきた面が強い。冒頭で、国宝や重要文化財にはかわいいものが少ないと述べたが、そのことも、こうした近代のいきさつに由来するところがあるのかもしれない。しかし今は、日本の土壌で育まれてきた「かわいい」という宝の大切さを、もう一度味わいなおすことができる時期ではないだろうか。日本のマンガやアニメーションが海外で人気を呼び、私達の間には、「マンガの国」という認識も浸透しつつあるようにみえる。しかし、もしその認識が、単に有力な輸出産業となる優れた作品制作技術といった面に留まっているとしたら、いささか残念である。(同前書：二一〇)

このように、金子は、政治や宗教から離れた「心の楽しみ」も純化されてきたかにみえる江戸時代、かわいい絵にする描き方を工夫する画家が現れ始めた[23](同前書：三二)とし、かわいいという要素を含んだ日本美術が展開されたものの、近代の、西洋から移植された価値観から、日本の重要な美意識としてのかわいいと認定できなかったとする。確かに、ここで取り上げられているのは、冒頭で否定した海外で人気の「kawaii」ではない。しかし、海外での「kawaii」ブームが起こり、国のソフトパワーとしてのポップカルチャーの利用という戦略の時期を経たからこそ、日本の「かわいい」という美意識を声高に提言できたといえるのではないか。すなわち、「kawaii」という美意識が世界に、そして社会に認められたとするコンテクストにおいてこそ「かわいい江戸絵画の豊穣を生み出したもう一つのものが、はかないものや頼りないもの、ちいさなものに寄せる気持ちとむかいあってきた日本の人々の心」としての日本美術における「真」のかわいいを「日本の宝」として定義しえたとも考えられるだろう。このことは、同書の巻末の府中市美術館長の次の言葉でも明らかである。

現代文化の表象のうちで、「kawaii」とローマ字で表されるのは、日本のアニメやマンガ作品のデジタル系「萌え」キャラクターによるものが多いのは、ネットで画像検索してみればすぐわかるでしょう。しかし、「かわいい」は、決して画一化しないアナログの良さを誇っています。願わくばこの「かわいい」が、フランス語のミニョン（mignon、mignonne、かわいいの意）とともに、江戸時代、ロココ時代の文化遺産として、これからも世界美術の大きなファクターであり続けてほしいものです。（茂木 二〇一二：二四六）

この「かわいい江戸絵画」展は、当時世界中で取りざたされていた「kawaii」とは違う、日本が江戸からもつ「かわいい」こそが日本の宝であるとし、日本の美意識としてのその「かわいい」を評価している。しかし文脈からも、世界で注目されている「kawaii」というコンテクストがあってこそ初めて日本美術における「かわいい」の再評価が行われるようになったと考えられよう。

この府中市美術館と同様に、かわいいをキーワードに山種美術館が企画、開催した展覧会「kawaii（かわいい）日本美術」のカタログにおいても、海外での「kawaii」文化の人気が展覧会企画の機となっているものの、「kawaii」に対する解釈は府中市美術館のそれとは異なっている。

山種美術館「kawaii《かわいい》日本美術展」カタログ

> 日常でもよく耳にする「かわいい」という言葉。今や海外にまで広がり、日本から発信される「kawaii」文化に注目が集まっています、遡れば、平安時代に表された『枕草子』には「うつくしきもの（＝かわいいもの）として幼児や雀の子などが挙げられており、小さなものや幼いもの、未完成なものの愛らしさ、儚さを「かわいい」と愛でる文化が、古くから続いてきたことがわかります。本展では、時代を超えて人々の心を捉えてきた「かわいさ」に注目し、日本美術を「kawaii」という視点から見つめようとするのです。（山種美術館 二〇一四）

kawaiiに〝かわいい〟とルビを振り、「遡れば」という言葉からも、平安時代からの連続性を前提として「kawaii」（かわいい）を位置づけていることが指摘できる。また、同書の中で、三戸は「kawaii」の定義を以下のように指摘する。

> 「かわいい」は私達が日常的に使う言葉だが、近年では一形容詞という範疇を越え、アイドルやキャラクターグッズからファッション、アートに至るまで、様々な分野の流行を担うキーワードとして活用されている。また、日本のアニメやゲーム、デザインなどが海外で注目されるにつ

れ、「かわいい」はそれらを象徴する概念のひとつとなって「kawaii」に転じ、今や海外進出まで果たしている。（中略）このように「かわいい」は日本の現代的な価値観が色濃く反映された言葉、感情であると同時に、国境や時代を超える美学として捉えられる概念でもある。本展では、この「かわいい」を切り口として、日本美術の楽しさや魅力を探ろうとするものであり、国籍や年齢を問わず共感を得ることができる、現代文化のキーワードであることを示すべき、展覧会名や小タイトルでは「kawaii」と表記している。（三戸 二〇一四：五）

ここでは、「kawaii」という言葉に、日本美術から海外に進出した「kawaii」まですべてを提示している。また、「kawaii」文化のルーツを日本美術に見いだせる「かわいい」として、以下のコメントのように示している。

日本では、欧米の成熟した大人の文化とは異なり、子供の文化と大人の文化の境が曖昧で、ときには大きく重なりあうことすらある。だがそこにこそ、現代の日本のかわいい文化が成立した基盤があるのではないか。そして、そうした基盤がすでに長い歴史を持っているのだということを、日本美術に見いだせる「かわいい」を通じて窺い知ることができるのではないだろうか。（同前書：八）

このように、同じ日本美術の展示企画をする際も、「kawaii」とは非連続な「かわいい」という美

『*L'art contemporain japonais: une quête d'identité, de 1990 à nos jours*（日本現代芸術・アイデンティティの探究――一九九〇年から現在まで）』

意識をもって行われた「かわいい江戸絵画」展と、現代文化のキーワードとしての「kawaii」へと連続的につながっている「かわいい」をキーワードとする「Kawaii《かわいい》日本美術」というように二つの美術展には違いが見受けられるのである。

しかし、これら日本の美術界の傾向と異なるフランス批評も見受けられる。シャルレーヌ・ヴェイヨン（CharlèneVeillon）は、村上隆とその芸術作品について、L'harmattan（ラルマッタン）社から二〇〇八年に出版された美術批評『*L'art contemporain japonais: une quête d'identité, de 1990 à nos jours*（日本現代芸術・アイデンティティの探究――一九九〇年から現在まで）』において、前述の村上隆の作品について分析を提示する。その際に、二一世紀の「kawaii」現象以前、一九九五年に発表されたシャロン・キンセラ（Sharon Kinsella）の「Cuties in Japan（日本のキューティーたち）」におけるかわいい（cute）を引用しながら、以下のように定義している。

「kawaii」とは大人になることの否定であり、よりバーチャルで危険な世界への後退、現代日本社会に特有の多くの制限からの逃避である。（Veillon 2008: 63）

この評価は二〇一一年以降、「kawaii」／かわいい日本美術界での「日本の宝」とまで高められた再評価とはかけ離れたものであることが窺える。ヴェイヨンはこの論考の中で、日本のアーティスト鳥光桃代の《Somehow I don't Feel Comfortable》を以下のように分析する。「この子供向けのぬいぐるみの不均衡なサイズは、一方では豊かな消費社会を指し示し、他方では、身体的にも知的にも社会の拘束から自由になることの不能さに直面した日本人の不安を指し示している」（Veillon 2008: 73）。鳥光桃代自身もこの作品についてコメントしているが、それは「フランス人外交官に『うさぎ小屋』とみなされた抑圧された生活スタイルを表すため、また、うさぎの「かわいい」イメージを壊すため」としてはいるが、「身体的にも知的にも社会の拘束から自由になることの不能さに直面した日本人の不安」については言及されていない。[24] キンセラによって形成された「日本社会の拘束からの逃避」という意味での「かわいい」文化が批評の中で、再生産、再強化されている一例といえるだろう。

先にみてきた村上隆も、二〇〇三年のルイ・ヴィトンとのコラボレーション、二〇一〇年のベルサイユ宮殿での展示と、フランスにおいて一定の好評価を得ながらも、二〇〇二年「kawaii 夏休み」展の批評において「倒錯した「カワイイ」／「kawaii」pervers」（『ル・モンド』二〇〇六年一〇月二三日、『フィガロスコープ』二〇〇六年一〇月二三日）とフランス独特の皮肉的な賞賛を受けていることも事実である。このように、ファッションにおいてもアートにしても、フランス・メディアが他の文化に視線を投げかけ注目する場合でも、日本をオリエンタリスム的視点でみた特異性（束縛からの解放の不能さ、倒錯など）を帯びたものとして皮肉的に構築しつつ「賞賛」するという様子が窺がえる。

その後、『artscape』二〇二三年九月一日号の中で、「かわいい系」という言葉は一九九〇年代、二〇〇〇年代に使用されたアートワードとして「幼児性、脆弱性、華やかさ、愛らしさなどを特徴とする作品の総称」と紹介されることになるのである。[25]

5．外交、経済政策の一装置としての「kawaii」——「kawaii」は日本の美意識として正当化されてきたのか？

「kawaii」ファッションも含む様々な「kawaii」文化は、フランスと日本における文化産業従事者にとって、様々な意味合いで形成されてきた。フランスで、限定されたファン層からの支持、マスメディア等における批判、皮肉的侮蔑など多様な話題性を獲得した「kawaii」が、日本の行政やメディアによって「再輸入」されると、そこにはある種の力が行使され、日本「独自」のものとして再編成し直された「世界を席巻する『kawaii』文化が形成、伝達されていくのである。

二〇〇六年四月二八日に、デジタル・ハリウッド大学（東京・神田駿河台）で「文化外交の新発想——みなさんの力を求めています」というスピーチを行った麻生外務大臣（当時）のもと、二〇〇六年は外務省において、「ポップカルチャー専門部会」が設置された。その報告書[26]からの以下抜粋である。

諸外国における対日イメージの改善等、我が国の発信力強化のために、外務省としてどのようにポップカルチャーに関わっていくのが適当であるかを詳細に検討するため、海外交流審議会第二回総会において設置を決定したものである。本部会において、我が国の「ポップカルチャー」が海外において若者を中心に圧倒的な浸透力を示していることを踏まえながら、四回に渡り検討を重ねてきた。その検討の過程において、「ポップカルチャー」をテーマとした文化外交の実施は、我が国に対する支持者を拡げていく上で、高い効果が期待されるとの点で認識が一致し、特に「ポップカルチャーへの関心をどのように日本への関心に高めるか」および「ポップカルチャーを推進している産業界に対して外務省がどのような協力を行うべきか」につき、議論を行っている。

ここで、この「ポップカルチャー専門部会」が設置されたのは、「我が国の『ポップカルチャー』が海外において若者を中心に圧倒的な浸透力を示していることを踏まえながら」としており、海外におけるポップカルチャー人気を受けての政策であることが明示されている。

翌年、麻生外務大臣（当時）は、『夕刊フジ』において、「日本の底力」の連載の中で「MANGA」を取り上げ、それとつなげる形で「kawaii」という言葉の世界への広がりについて言及している。

また、「かわいい」などといった言葉もそのまま翻訳されずに使われる場合が多く、「kawaii」

という言葉は今や世界に広がりつつあります。要するに、漫画を通じて日本人の感覚や文化が世界に広まっているわけで、まさに有能な外交官以上の働きをしていると言っても過言ではないのです。（麻生太郎外務大臣（当時）夕刊フジ「日本の底力」「ＭＡＮＧＡは有能な外交官以上」二〇〇七年七月六日）

ここでも、外交手段としてのマンガと結びつけられた「kawaii」という言葉が世界に広まっているという日本人の感覚を、文化として肯定的に表明していることが窺える。

その後、麻生元外務大臣の政策スピーチにもあった「アニメ文化大使」は二〇〇八年にドラえもんが任命され実現化している。二〇〇九年には、ロリータファッション界のカリスマ、原宿系ファッションリーダー、ブランド制服ショップのアドバイザーといわれる三人をもって「カワイイ」大使が設置されたことは以前様々な論考ですでに多く取り上げられた。この設置の背景には「外務省は、日本に対するより一層の理解や信頼を図るうえで、従来から取り上げている伝統文化・芸術に加え、近年世界的に若者の間で人気の高い日本のポップカルチャーをさらに積極的に活用すること」の意図があったとされている。

二〇一〇年六月一八日に閣議決定された「新成長戦略～『元気な日本』復活のシナリオ～」[27]では、「二一世紀日本の復活に向けた二一の国家戦略プロジェクト」がまとめられており、その一つ、「アジア展開における国家戦略プロジェクト」の一つとして、「知的財産・標準化戦略とクール・ジャパンの海外展開」が挙げられている。これを受けて各省はクールジャパン戦略をそれぞれに立案しており、その流れで、同年同月、経済産業省は、文化産業の海外進出と人材育成を目指し、クールジャパン室を設立した。二〇一一年にまとめられた「「知的財産推進計画二〇一一」に盛り込むべき事項（案）」[28]において、クールジャパンについての情勢認識が次のように語られていた。

「クールジャパン（素敵な日本）」という言葉に代表されるように、日本固有のアイデンティティへの憧れや関心が、草の根から静かな広がりを見せている。我々が日本の日々の生活で当たり前と思っていることが、外国人の目には極めて新鮮かつ魅力的に映る。タタミ、ハシに始まり全自動トイレまで、我々の気付かない新たなクールジャパンの可能性が無限に広がっている。

我が国の歴史・文化の中でこれまで培われた美意識や創意工夫に基づくクールジャパンは、世界に通用する知的資産である。戦後、自由な精神活動を保障する環境の中で、才能溢れるクリエーターたちが自由な発想と創造力を駆使して、魅力的なコンテンツを創り出してきた。一見乱雑に見える原宿・渋谷の若者ファッションもアジアや世界の若者を惹き付けている。

ここで明らかなのは、外国人による日本への憧れこそがクールジャパンの存在価値として見なされていることである。それらは、「我々の気付かない」ものであり、また「カワイイ」大使を設置し外交政策に起用してはいるが、その二年後に原宿・渋谷の若者ファッションについて語られているのは、（補足するなら、「私たち日本人にとっては」という表現を入れてもよいかもしれない）「一見乱雑にも見える」ものであるが、アジアや世界の若者を惹き付けているものとして語られている。この表現からも、自らの価値基準でこれらを日本の「歴史・文化の中でこれまで培われた美意識や創意工夫に基づくクールジャパン」という世界に通用する知的資産として提示しているのではなく、自分たちの価値基準とは違う「外国の目」を通して「日本」文化を海外に発信しようとしていることが再確認できる。

また、特に二〇一一年は東日本大震災の発生した年であり、これらの政策は、東日本大震災への復興と強く結びつけられ提示されている。

クールジャパンの推進は、東日本大震災からの日本の復興を加速させるために重要である。コンテンツ、ファッション、各地の祭といったクールジャパンは、日本全体を覆いかねない自粛ムードや負のイメージを打ち破り、国内外の人々を明るく元気にする力を持っている。例えば、日本からコンテンツを海外に対して積極的に発信すること自体、日本が以前と同様の経済活動を行い、復興に向けて元気に立ち上がっているという大きなメッセージとなる。

厳しい状況である今だからこそ、日本が再び立ち上がり、知的資産を活用して世界で輝けるよう、官民が一体となってクールジャパンを強力に推進する必要がある。(「知的財産推進計画二〇一一」にもりこむ事項：一一-一二)

しかし、同資料において、クールジャパンはただ、「『kawaii』ファッション」などだけではなく、「ゲーム・マンガ・アニメといったコンテンツ、ファッション、産品、日本食、伝統文化、デザイン、更にはロボット環境技術などハイテク製品にまで広がっている」（同前書：一一）とあるが、「日本人が想定するクールジャパンと実際に外国人が感じるクールジャパンにはギャップが存在」（同前書）し、「何が真にクールジャパンなのかを模索しつつ、（略）確立していくことが重要」（同前書：一一）としてもいる。

すなわち、海外の視点を取り入れて初めて認知できた知的資産である「クールジャパン」ではあったが、外国人が感じているポップカルチャーを中心とした「クールジャパン」に留めておくのではなく、日本側が「真のクールジャパン」を確立していくこと、発信していくことが重要としていた様子が窺える。それは、先に引用した二〇〇六年の「「ポップカルチャーの文化外交における活用」に関する報告[29]」でもすでに同じような傾向がみられる。

アニメ・マンガ等の現代日本「ポップカルチャー」は、日本独自の描写技法等が取り入れているだけではなく、日本人の感性、考え方に裏打ちされており、これが海外の若者に「Ｃｏｏｌ」と受け止められ、今や諸外国の日常に入り込みつつあるところである。しかし、必ずしもその底流にある日本人の感性・考え方が理解されてはおらず、また、各民間団体の活動により、それぞれ海外に紹介された結果、個別分散的なものとなっており、体系的な整理がなされていない現状にある、同時に、多くの国で共通の関心を獲得するために、日本的なものが表現されていないことも多く、アニメ・マンガへの関心が日本そのものへの関心に高まるような工夫が望まれる。
（二〇〇六年一一月九日）

日本人のゲーム、マンガ・アニメ、「『kawaii』ファッション」など現代日本ポップカルチャーの海外の若者での人気、価値基準を基盤にしながらも、日本の感性、考え方が理解されていないという現状を踏まえ、日本への関心が高まるのための工夫の考慮を提示している。これらの言説から、海外で異文化受容、変容された日本のポップカルチャーを、日本に再度「異文化受容」し、それを日本の感性・考え方が理解できるような形で、アイテムを広げ「真のクールジャパン」を再発信しようとしていた動きがみてとれる。「真」という表現からも、異文化受容、変容され海外で認知されているマンガ・アニメ、「『kawaii』ファッション」などの現代日本ポップカルチャーであるクールジャパンは、日本にとって「真」ではないという姿勢が前提としてみえてくる。

また、二〇一二年一月二五日、第一回産業競争力会議の議論を踏まえた当面の重要政策課題の一つとして、クールジャパンの推進が挙げられている。[30]

クールジャパン戦略担当大臣は、関係大臣と協力して、日本のコンテンツやファッション、文化・伝統の強みを産業化し、それを国際展開するための官民連携による推進方策および発信力の強化について検討すること。特に日本食を世界に広め日本食材の海外展開を進めることを検討すること。

これらを背景に、稲田クールジャパン戦略担当大臣（当時）の下、二〇一三年には四回の第一期クールジャパン推進会議が開かれ、その中でとりまとめられた「クールジャパン発信力強化のためのアクションプラン」[31]、および同会議ポップカルチャーに関する分科会資料「飛び出せ、日本ポップカルチャー。」[32]の中で「kawaii」について以下のように記述されている。

前者の「クールジャパン発信力強化のためのアクションプラン」においては、キーワードとして「トータルコーディネート」「一緒に」「きっかけ」「みんなで」「愛され方」「ストーリー」「育てる」の項目に分かれ、各担当省庁が具体的になにをするかその一九の計画がまとめられている。その中で、「きっかけ」の項目の六番目の計画をみてみよう。

「かわいい」、「おいしい」、「カンパイ」などの外国人にとって魅力的な日本語の発掘を進めるとともに、クールジャパン発信イベントにおいて、そのような日本語のローマ字表記と適切な外国語を組み合わせて、国際通用語となるコピーやロゴ（例、"Kampai" to the world）を作成するなど、クールジャパンを知るきっかけを世界に発信する。

このように、他の語も含め、「かわいい」は、日本人にとってではなく、外国人にとって魅力的な日本語として、クールジャパンを知るきっかけのために発信しようと計画されている。[33] また、ここでのクールジャパンは、もちろん、そもそも海外で人気が出たマンガ・アニメといったコンテンツ、ファッションだけではなく、伝統文化など広い範囲でとらえられたものであり、そういった日本主導型の「真の」クールジャパンを普及するため、すでに、海外で人気のあった言葉「かわいい」が使われるという傾向がみられる。それについて、二〇一三年四月三〇日のポップカルチャーに関する分科会における「飛び出せ、日本ポップカルチャー」の中で、さらに詳しく短期、中期、長期計画がまとめられていた。

短期（長期）として、「海外の若者が憧れるファッションも、支えているのは消費者、ファンの愛情」とし、ファッションは、政府主導ではないアクションとして提示している。しかし、中期になると、カワイイ／カワイイファッションも含むポップカルチャーの役割は、歴史、風土、精神文化、ものづくりの技術すべてが融合した総合力を発揮するための、海外への先導役とされていた。すなわち、日本政府がクールジャパンとして海外に最も打ち出したいのは、海外の若者が憧れるポップカルチャーではなく、それらをきっかけとした、日本の食、観光、産業・伝統芸術、精神文化を伴った総合力の発揮とされている。

確かに、「クールジャパン戦略についての基本的考え方（クールジャパン推進会議議長のメッセージ）」[34]の中で、「官製クールジャパン、誰も興味がないでしょう。むしろ皆さん、「これが日本のクールです！」を応援していきたいと思います」と、クールジャパンの正しい理解、再定義について国による操作を施すつもりはないとはしているものの、「長期」でも記されるように、「海外のファンに正しい知識を与え、日本への視線を熱くする」ことを策として挙げていた。すなわち、ここでの総合力としてのクールジャパンとは、日本として考える外国人に教育すべき「正しい」クールジャパンともいえるだろう。

このように第一期クールジャパン戦略会議で、その「正しいクールジャパンへの知識を海外のファンに与えること」をミッションとしており、「kawaii」はその「きっかけ」の一つとしてみなされていた。四月二一日に開催された第一回第二期クールジャパン推進会議の資料[35]において、当時の稲田朋美戦略担当大臣は、二〇一三年度に発信した具体的クールジャパン発信の具体的三つの取り組みを紹介し、その一つに「kawaii」と関連するものとして、「トーキョー・クレイジー・カワイイ・パリ（Tokyo Crazy Kawaii Paris）」における発信を挙げていた。そこで、「トーキョー・クレイジー・カワイイ・パリ」とは、

第一回第二期クールジャパン推進会議の資料

「従来からパリではフランス人・企業によるサブカルチャー中心の日本文化の紹介イベントであるJapan Expoが行われてきた。これに対し、電通や大日本印刷など日本企業中心の実行委員会が主催し、食、音楽、ファッション、ゲーム、伝統工芸品など日本の様々な文化や産業を紹介するイベントとしてパリで開催した」

とされている。すでに上記した政策会議資料でみてきたように、「kawaii」マンガ・アニメといったコンテンツやファッションではなく、日本の精神性や、広義の意味での日本発信による日本文化の紹介のための「きっかけ」として提示されているのである。

その後、二〇一四年八月二六日に、当時の稲田朋美クールジャパン戦略担当大臣名で出された「クールジャパンのミッション宣言」[36]において、特に二〇二〇年の東京オリンピック・パラリンピック開催も考慮しながら続けられた議論の結果、以下のように結論されている。

「議論で見てきたのは、クールジャパンに期待されることは単に日本文化の紹介や発信を通じた経済効果を期待するものではないということである。日本は少子高齢化、環境・エネルギー問題、財政再建など世界の多くの国々がこれから直面するであろう困難な課題を既に抱え、その解決に取り組んでいる『課題先進国』である。(中略) つまり、『世界の課題をクリエイティブに解決する日本』こそ、新たなクールジャパンのミッションであるとここに宣言したい」

「日本」というブランドの価値を高めることに終わりはないと締めくくるが、そこにカワイイという言葉はもはやみつからない。この結論に至るまで、会議で議論されていた「Designing Cool Japan」の資料[37]をみてみよう。そこでは、COOL JAPAN の要素をカテゴリに整理している。そこに、二つの軸が与えられていた。それはかわいい—美しい、革新—伝統という二軸である。かわいい領域には JPOP — CULTURE ゲーム、アニメ・マンガが入り、美しい領域には日本の製造クオリティーや伝統工芸、哲学と聖地、日本食などが組み込まれる。かわいい領域の日本文化は賞味期限の短い（三年）、即効性、個性、消費、流動的、欲、性・熱狂的、個人的、未知の領域とされる俗のものとされ、美しい領域の日本文化は、賞味期限長い（千年）、先端イノベーション、愛、上質、消費、調和、尊敬、地場的、ブランドといった聖なるものとして位置づけられる。これらクールジャパンを行うことで、抱えている課題を解決していこうという主旨である。この図の中でかわいいは、すでにフランスを中心とする海外で流布するアルファベットの「kawaii」でも、外来文化を指示するために使われるカタカナのカワイイでもなく、ひらがなの「かわいい」が使われている。そして、既述したように、美しい領域の日本文化、日本の精神を海外に広げるためのきっかけとして使われ、ここでもまた、かわいいは、一九九四年に増渕が書いたB級文化と同じように短命な俗文化として規定されていたのである。このようにみていっても、かわいいはあくまでも海外の視点からみて人気があったからこそ、クールジャパン戦略の「きっかけ」として、精神性を表す言葉として使われたが、結局は、短命な俗文化としての認知しか与えられていないことが読み取れる。

二〇〇六年時、ポップカルチャーという語は、浮世絵、茶道までも含む広義な意味で使われていたが、ここの図式では昔は大衆文化であったであろう、浮世絵、茶道といった伝統とJポップカルチャーは同じレベルでは語られてはいない。このように、政策に使われてきた「『kawaii』ファッション」という言葉は二一世紀の海外の若者の支持を得ていることを評価したのであって、「kawaii」そのものが評価されていたわけではなかったといえよう。二〇世紀に議論されていた卒業すべきかわいいと同様、卒業すべきとは書かれてないものの、日本にとって「きっかけ」としてのかわいいであり、「短命な俗文化」としてのかわいいとしてみなされていたにすぎないのではないか。

6．その後の「かわいい」

前記した二〇一四年の政策において「かわいい」が「短命な俗文化」としてみなされた後、かわいいについてどのような議論されたのであろうか。

「かわいい」に関して日本で出版された書籍として、英米文学者である阿部公彦による『幼さという戦略――「かわいい」と成熟の物語作法』、また、「かわいい」と直接銘打っているわけはないが、関連する重要なキーワードである日本における「未熟さ」を題材として、社会学者である周東美材の『「未熟さ」の系譜――宝塚からジャニーズまで』（新潮社、二〇二二年）、吉光正絵らが編集を携わった『ポスト〈カワイイ〉の文化社会学――女子たちの「新たな楽しみ」を探る』（ミネルヴァ書房、二〇一七年）がある。

阿部は、日本の文芸を中心に考察しながら、「かわいい」なども含む、「幼さ」が反乱する社会において、「幼さ」という知恵でもあり、戦略でもある権力の語りに抗う「弱さの声」の可能について論じ、消費文化の中心は善良な弱者たる個人の欲望で、人々は「幼さ」を社会構造の中で強要されてきたこと、また、「かわいい」の美学による旧来の価値観の転覆が世界規模で行われているということを指摘する（阿部 二〇一五）。周東は、「なぜわたしたちは未完成なスターを求めるのか」という問いに対し、通史的な分析を通して、「一九六〇年代前後の高度経済成長による人口・階層・産業の構造的な転換のなかで、近代家族は大衆化し、画一的な強固な家族規範を生み出していった」とし、「子供を中心に一家団欒を営むことなどといった、あるべき家族像が人々の意識を縛っていったこと」を指摘し、日本のポピュラー音楽は、近代家族の理想像――「みなが結婚し、その結婚は愛情・性愛・出産を必ず伴う、父親が給料の主たる稼ぎ手となり主婦である母親が子育ての担い手になること、子供を中心に一家団欒を営むことなど――と強く結びついていた」（周東二〇二二：二六三―二六四）「「かわいい」という見解を提示するのである。また、吉光らは、〈カワイイ〉が一般化した時代をポスト〈カワイイ〉とし、その時代の女子文化の在り方を問うべく、伝統的な規範の圧迫から抜け出して自分らしく生きたいと願う女子たちの希望の表れ、と定義し、現代の女子たちがより自由に楽しんでいるものとして〈カワイイ〉を定義している（吉光ら二〇一七）。

Murai（2022）も、一九九〇年代に男性優位の言説の中で批判的概念としてカワイイが登場したと指摘し、「二〇〇〇年代初頭に女性のファッションやライフスタイルの中で大々的に復活し、ポスト・フェミニズムやアンチ・フェミニズムに参加したカワイイ、そして様々な商品や制度の情緒的なマーケティングやブランディングにおけるカワイイの「武装解除」の質の流用をたどることで、カワイイの系譜を検証」する。

これらの論考は、それぞれ「近代の中心となった子供」、「消費文化において『幼さ』を社会構造の中で強要される人々」を通して「かわいい」などを含む近代消費文化の社会構造に強要される幼さが論じられるのと同時に、「老人も子供も持っている「幼さ」」、そして「女子」が用いる「かわいい」

を通して弱者と考えられがちな立場が示す強さとしての「かわいい」を肯定的にもとらえている。このように、政策の中で「短命文化」として提示された「かわいい」は、社会から強要されるものとして、また、弱者がその社会と戦う装置としてもとらえられることになる。

このことは、フランスの思想家ミシェル・ド・セルトー（Michel de Certeau）が提示した概念、「戦略」と「戦術」の関係を表しているのかもしれない。すなわち、近代消費社会で大きな力をもつ戦略によって強要される「かわいい」を、弱者が戦術的に自分なりに使って、ただ主体的に活動していく、というものである。それまで、少女たちが主体的に使ってきたかわいいについて、一九八〇年代の「卒業するためのかわいい」「B級文化としてのかわいい」との議論の中で肯定的な抵抗する力とは表象されてこなかった。政府のクールジャパン戦略を通して「日本を代表する文化としてのかわいい」ともてはやされ使われたときも、結局政策の中で「短命文化としてのかわいい」と表象されていた。これらは、ヴィンセントが「日本の子供っぽいイメージを利用して、いかに私たちの幼年期とそこからの「卒業、脱却、成長」というものの理解が、近代世界の強力な観念的意味を纏わされてきたのかを考え抜く道具にしてほしい」（ヴィンセント 二〇一〇：一八）と提言したことを前提として以下のように考えられるのではないか。確かに、二〇一五年以降のかわいいをめぐる論考における言説によって、「幼さ」を消費文化として強要する権力と、権力から逃げるのではなく、ただそれを受動的に受けるだけでもなく、社会に抗う抵抗が交差する場としての「かわいい」という表象が構築されてはいた。しかし、「かわいい」は消費文化の中で「強要」され、そしてそれを弱者といわれる人々が「自立」や「戦い」のために利用しながらも、その行為は結局暗黙裡に未熟さとしてのかわいいを強要されていたことになるのではないか。そして、矛盾することに、同時に日本社会では近代世界の強力な観念的意味としての「成熟」を目指すべく、「卒業、脱却すべきかわいい」が提示され続けていたのである。自分たちが「社会で受け入れられる」もしくは「社会から自由である」かのように思わせてくれる未熟という意味でのかわいさの要請とその未熟から卒業すべきという社会からの批判という矛盾が生じていたのである。このかわいいをめぐる矛盾のシステムこそが、かわいらしさから逃れられない「未熟」な弱者を生み出し、私たちを「かわいい」という監獄の中に封じ込めてきたのではないだろうか。

注

1　例えば、Scopusに掲載されている二〇〇七年から二〇一六年までに発表された論文において引用回数は九四回である（二〇一六年七月二八日現在）。

2　〝kawaii（新語流行語）〟、情報・知識『Imidas』、ジャパンナレッジ（オンラインデータベース）、〈http://www.jkn21.com〉、（二〇一三年一一月一四日閲覧）

3　〝カワイイ文化（メディアと社会）〟、現代用語の基礎知識、ジャパンナレッジ（オンラインデータベース）、〈http://www.jkn21.com〉、（二〇一三年一一月一四日閲覧）

4　それらが、「少女雑誌における抒情画によって「目の大きな、カワイイ少女のイメージ」が作り出され、少女マンガに引き継がれ、（中略）それら、様々なメディア――音楽、抒情画、マンガ、アニメ、リカちゃん、コスプレ、ブランドのロマンティックファッションの交差、すなわちメディアミックスによってカワイイファッションが作り出されたものだと考察されている。

5　「カワイイ」カルチャーは日本を代表する文化にまで発展し、海外からも注目を集めていることは周知の事実である」（神野 二〇一二：二八）とする神野も、「表象としての少女文化　「カワイイ」デザインの起源に関する一考察」の中で、「少女のデザインは、常に少女を他の集団と相対的に差異化させるため、その時代の少女観を反映させながらうみだされてきた」とし、「大衆化の流れの中で、『美しい』から『カワイイ』へ、さらに『カワイイ』価値が支配していくようになる」とするものの、かわいさの特性として少女的文様に焦点をおき、「『カワイイ』の中に、（戦前から今日まで使われている少女的文様、例えば花柄、動物、フルーツ、リボン、星柄、ドット）といった普遍的な特性として継承されている価値もみられる一方で、言葉だけが形骸化して用いられ、（エロカワイイ、キモカワイイなど本来の少女趣味とは対極にあるデザインなど）新しい価値が付与されているという状況もみられる」（神野 二〇一二：三五）と指摘する。

6 日本における、最も初期にかわいいカルチャーについて分析した一人である大塚は、少女の内なる幻想を投影し得る〈モノ〉を〈かわいいもの〉と名づけながら、「当然のことながら戦前から存在していた。竹久夢二や中原淳一のイラストをあしらった便せんなどは、それぞれの時代の少女たちにとっての〈かわいいもの〉だった。（中略）〈かわいいもの〉はつつましやかに彼女たちの世界にとどまるべきものにすぎなかった。（中略）八〇年代という時代が日本の近代の中でも少女幻想が虚構の領域にとどまらずモノを通じて実体化していった希有な時代だったのかもしれない」（大塚 一九九一：一〇一）とする。ここで、大塚が用いる〈かわいいもの〉とは、それぞれの時代の少女たちにとっての〈かわいい〉ものであり、かわいいを少女の幻想を投影する装置として捉えその連続性を分析している。

7 宮台真司は、代表的な抒情画家の一人である中原淳一が敗戦直後の一九四六年に創刊したファッション誌『それいゆ』の宣伝文、またその付録の宣伝用の形容詞においても、「便利な」「お勉強」「美しい」「少女」「抒情」「花」「すてきな」「品がよい」が典型であって、「かわいい」は実際まったくみられないとする（宮台 二〇〇七：一〇二－一〇三）とする。

8 「二〇〇六年元旦の朝日新聞特集『再生・新生』1にかわいいが取り上げられた。（中略）『かわいいってそんなにパワーがあるものなの⁉』この意外さがとても気を引いた特集であったように思う。」（真壁 二〇〇九：七）

9 Scopus（スコーパス）は、エルゼビアが提供する世界最大級の抄録・引用文献データベースである。全分野（科学・技術・医学・社会科学・人文科学）、世界五〇〇〇社以上の出版社、逐次刊行物二二〇〇〇タイトル、会議録九〇〇〇〇イベント、書籍一三〇〇〇〇〇タイトルからの六五〇〇万件の文献を収録している。一八〇〇年代からの抄録に加えて、一九九六年以降の論文は三考文献も収録している（一九七〇年まで遡って搭載中）。（https://jp.elsevier.com/online-tools/scopus　二〇一七年一一月一〇日閲覧）

10　論文数は、それぞれ二〇〇七年一件、二〇〇八年三件、二〇〇九年三件、二〇一〇年五件、二〇一一年八件、二〇一二年七件、二〇一三年七件、二〇一四年一〇件、二〇一五年四件、二〇一六年四件である。

11　この英語論考のタイトルとして kawaii と使用されており、そのまま表記する。

12　確かに、後章でみていくように、「ロリータファッション」を「リアル・クローズ」として着用する着用者は少なかったが、「ソフトバージョン」として日常に着用していることもみられるスタイルである。

13　二〇一七年「東京ガールズコレクション」の紹介サイトによると、本「コレクション」とは、二〇〇五年八月から年二回開催している史上最大級のファッションフェスタ「東京ガールズコレクション」であるとしている。また、二〇一七年、二五回目となる東京ガールズコレクション 2017 AUTUMN/WINTER では、“BEYOND” をテーマに日本のガールズカルチャーを世界へ発信していくことをコンセプトにしており、後援に観光庁、東京都、さいたま市、国連の友 Asia-Pacific 特別協力に文化庁も名を連ねている。（http://girlswalker.com/tgc/17aw/about/　二〇一七年一一月一八日閲覧）また、東京ガールズコレクション（ＴＧＣ）が、二〇〇五年八月の初開催から一〇周年を迎えたときの同コレクション総合演出・田村孝司インタビューを掲載した LIFEHACKER の記事では、東京ガールズコレクションを「日本のガールズ文化を象徴するファッションイベント」とし、「本来メディアや高所得者層、もしくは B to B（企業）向けのものだったファッションショーを、リアル・クローズ（大衆向けの既成服）を紹介する興行として成立させ、多くの熱狂的ファンを生み出したという点でＴＧＣは画期的」であったと指摘している（https://www.lifehacker.jp/2015/09/150913tgc_tamura.html　二〇一七年一一月一八日閲覧）。

14　そこで登場しているモデルの一人は、フランスで少女マンガブームを作るきっかけとなったとされる映画版『ＮＡＮＡ』の主人公のＮＡＮＡを彷彿させるスタイルで主題歌を歌い、またロリータファッションをフランスに広めるきっかけになった『Kamikaze Girls』に暴走族のメンバー役として出演し、フランスの一部ファン層に支持のある土屋アンナである。彼女のイメージのように、露出度の高い大人びた感じのファッションが多くみられる。

15　「ファッション×テクノロジーの未来を予測する近道は「過去と現在を知ること」【二】――東京ガールズコレクションがファッションショーを行う理由」（https://www.difa.me/2367/ashida-column-02　二〇一七年一一月一八日閲覧）

16　同展示会はロンドンやドイツ、また東京、京都と複数の都市で開催されたものである。深井は、特に海外ではクールジャパンを強調して、京都では、京都の伝統職人の作品などを強調するなど、展覧会構成が開催地の来場客の想定ニーズによって相互的に形成され、そのたびに「日本」のファッションとは何なのかの定義も変わっていくという現象が起こっていると指摘する（二〇一四年三月日文研フォーラム時コメント）。

17　「空想の産物の視覚的イメージをなぞろうとする日本のストリートファッションは、間違いなく、影響力のあるマンガやアニメによって育まれた美的感性から生まれたものである。（中略）二〇〇二年、アーティストの村上隆がパリのカルティエ現代美術財団において個展を開催した際、彼は日本のサブカルチャーを紹介する併設展『Kawaii 夏休み』（Kawaii Vacances d'été）展をキュレーションした。同年秋、ラグジュラリー・ブランドの「ルイ・ヴィトン」が村上とコラボレーションし、彼の作品の特徴である「マンガ」的表現と「カワイイ」完成をファッションデザインに取り入れ、国際市場に打ち出すと、「カワイイ」は加速度的に広がっていった」（深井 二〇一二：一一六）。

18　二〇一四年六月にクールジャパンを体現する日本企業の海外需要開拓・拡大を支援するクールジャパン機構が発足されたが、「日本の魅力」としてのクールジャパンを発信する対象国の中心は中国、アジアとされている。その理由として、①対象国（地域）および経済圏・文化圏の広がりも含めた経済規模が意義ある大きさを持つ。②日本の生活文化の特色を生かした魅力ある 商品・サービスの主たる購買対象となる中間層／富裕層が成長している。③嗜好性から日本の商品・サービスが受け入れられやすい。が挙げられ、それらの理由から中国など東アジア地域へのクールジャパン商品を販売促進しようとしている（http://www.meti.go.jp/policy/mono_info_service/mono/creative/141211CJfandDecember.pdf）。

19　プログラム・ペルセとは、リヨンのＥＮＳが代表となって管理する人文科学、社会科学専門のフランス語使用の記事を所収するサイトである。一五九の学術雑誌がすでにここで公開され、二〇一四年六月現在、五一の学術雑誌が

20　登録準備中で、四九万六一七三の電子化された記事が閲覧可能である（https://www.persee.fr/）。フランス日本研究学会の公式サイトによると二〇一四年～二〇一六年（二〇一六年九月現在）に認められとして報告されたフランスあるいはフランス語圏の大学の博士論文は二〇あるが、日本の現代ポップカルチャーに関するものは存在していなかった（http://sfej.asso.fr/spip.php?rubrique　二〇一六年九月一〇日閲覧）。しかし、二〇二四年一一月一五・一六日に開催された日仏会館創立百周年記念日仏シンポジウム「フランスにおける四〇年の日本研究、これからは？」の紹介の中で、「現代日本が古代日本より広く研究されるようになる」と指摘されるに至っている。

21　また、フランス語論文ではないが、日本人著者であるM・モンデンが英語で発表した『日本でアリスでいること——キュート、「ガーリッシュ」、反抗を遂行する』をみてみよう。そこでなされた日本での「不思議の国のアリス」的少女スタイルの受容についての考察の中で、kawaii の美学概念とは、「甘くて、少女っぽく幼稚っぽさが混ざっている際、欧米文化においては、好意的なものとしては見なされない」とし、西洋で取り上げられたからといって、それが賞賛されているとは限らないと指摘している（Japan Forum, Volume 26, Issue 2, April 2014: 265-285.）。

22　筆者の考察は大塚の提唱したカテゴリーから出発するが、大塚の措定からは離れて、現代美術のアーティストがいかに可愛い文化の否定的側面を換骨奪胎し積極要素に展開したかを以下のように示す。「九〇年代の日本美術は可愛いイメージとサブカルチャーの優しい誘惑に屈することなく、むしろその二義性、幼児性、不調和性は新しい制作のためのインスピレーションともテーマともなった。kawaii 文化における現代美術の展開は、次の四段階に分かれている。（中略）この四段階における作品表現は、それぞれ次のような重要な文化機能を果たした。まず、第一段階では日本のポストモダン・サブカルチャーの批評。第二段階では思春期の無垢とアマチュアリズムの再生、第三段階では東京のポストコロニアルなハイブリット文化から生じた日本独自の芸術表現の形成。第四段階では男性の願望を漸進的に乗り越えた女性アーティストによるおたく文化の新しい解釈（後略）」（松井二〇〇五：一四一）。

23　学芸員音ゆみ子は同書内の論文「応挙の子犬」の中で丸山応挙がいかに、かわいいキャラクターとしての「子犬」を描いていったかその技法を論じている。そして、それらに対して「応挙の求めたリアリティーは西洋絵画の写実性とは全く違う。西洋絵画のように、対象の全てを同じ精度でリアルに描写しようというのではなく、モチーフの要点を見極め、いったん自分の中で咀嚼してその特徴を強調するのである。応挙が見出した子犬の要点こそが、『かわいらしさ』である。現実の犬から抽出した愛らしさを凝視して、『応挙の子犬』というキャラクターを仕上げるのである」（音 二〇一二：二四）としている。

24 http://www.momoyotorimitsu.com/#!somehow/cee5（二〇一六年七月二九日参照）

25 https://artscape.jp/artword/index.php/%e三%81%8b%e3%82%8f%e三%81%84%e三%81%84%e7%b3%bb（二〇一三年九月五日閲覧）

26 https://www.mofa.go.jp/mofaj/annai/shingikai/koryu/h18_sokai/05hokoku.html（二〇一六年五月一日閲覧）

27 http://www.kantei.go.jp/jp/sinseichousenryaku/　（二〇一六年五月一日閲覧）

28 http://www.kantei.go.jp/jp/singi/titeki二/tyousakai/contents_kyouka/2011/dai9/siryou2.pdf　（二〇一六年五月一日閲覧）

29 http://www.mofa.go.jp/mofaj/annai/shingikai/koryu/h18_sokai/〇五hokoku.html（二〇一六年五月一日閲覧）

30 http://www.kantei.go.jp/jp/96_abe/discource/20130125siji.html（二〇一六年五月一日閲覧）

31 http://www.kantei.go.jp/jp/singi/titeki2/cool_japan/dai4/siryou3_1.pdf（二〇一六年五月一日閲覧）

32 http://www.kantei.go.jp/jp/singi/titeki二/cool_japan/bunka/dai2/gijiroku.pdf（二〇一六年五月一日閲覧）

内容は以下のとおりである。「ポップカルチャーが世界に飛び出す「発信力」を強化する。

このため、「参加」（短期）、「融合」（中期）、「育成」（長期）の三策を講ずる。「みんなで」「つながって」「そだてる」。みんなで……「参加」（短期）世界の子供が知っているアニメやゲームも、海外の若者が憧れるファッションも、支えているのは消費者、ファンの愛情。（中略）「みんな」の力を生かしたい。インターネットで多言語発信し、内外でイベントを開き、交流できる場や特区、さらには「聖地」をつくるなど。みんなが「参加」して情報を発信する仕組みを構築しよう。政府主導ではなくて、みんな。つながって……「融合」（中期）クールジャパンは、マンガやJ－POPだけではない。歴史、風土、精神文化、ものづくりの技術、それらすべてが「融合」した総合力。そしてカワいいキャラクターやカッコいいヒーローは、政治体制の壁も乗り越えて世界に受け入れられる。

ポップカルチャーには海外への先導役をお願いしつつ、食、観光初め多くの産業や伝統芸術、精神文化とも「つながって」、日本の総合力を発揮してもらおう。そだてる……『育成』（後期）ポップカルチャーを生むのは人、楽しむのも人。内外の人材を「育成」しよう。時間をかけて、トップを引き上げ、ボトムを厚くしたい。（中略）海外のファンに正しい知識を与え、日本への視線を熱くする。子どものポップな想像力と表現力を育み、誰もがアニメを作れて、作曲ができるようにする。このための制作環境や教育基盤を整えよう」

33 また、麻生大臣（二〇〇七年当時）は、「われわれは日ごろ、外国人からどう思われているかといったたぐいの、他国の評判をえらく気にする傾向があります。他方、日本の評価が高いと、それを妙に卑下しようとする。マンガなんて……とか、ポップミュージックはどうも……とかいうんです。評価するのは外国人であって、あなたご自身の評価なんて関係ないんです。考えてみれば「浮世絵」も海外で評価されて、日本での値打ちが上がりました。われわれは海外で評価されたいと思って、マンガやカラオケ、回転寿司を開発したのではありません。単に好きだから、オタクになって一生懸命作成に没頭していたら、世界中に売れて評価されたと言う話でしょう。最初から海外進出を考えてやった訳でもないでしょう。是非日本からの発信というものを、もう少し広い目で見て、自信と誇りをもって発信し続けて行きたいもんです」と述べている（二〇〇七年八月号「マンガ」『嘉麻の里』）（http://www.aso-taro.jp/lecture/index.html　二〇一六年九月一三日閲覧）。

34 http://www.kantei.go.jp/jp/singi/titeki2/cool_japan/pdf/p1.pdf（二〇一六年五月一日閲覧）

35 http://www.kantei.go.jp/jp/singi/titeki2/cool_japan/dai4/siryou3_1.pdf（二〇一六年五月一日閲覧）

36 http://www.kantei.go.jp/jp/singi/titeki2/cool_japan/pdf/mission_sengen.pdf（二〇一六年五月一日閲覧）

37 http://www.kantei.go.jp/jp/singi/titeki2/cool_japan/cj/dai1/siryou3.pdf（二〇一六年五月一日閲覧）

第2章

フランスにおける「kawaii」に対する若者の言説、および、メディア言説を通して構築された「kawaii」表象の変遷

フランス社会において「kawaii」はどのように受容され、いかなる表象として構築され、そして展開されていったのであろうか。「kawaii」はフランス社会において様々な立場の主観的な言説によって構築されてきた。本章では、「kawaii」がフランスで一部の若者らに本格的に受容されるようになった二〇一〇年頃のフランスの大学で日本文化を学び日本文化に精通していた若者たちの「kawaii」に対する言説、フランス社会の世論を形成する全国紙のオンライン版における「kawaii」を構築する言説を考察し、フランス社会における「kawaii」という表象がいかに言説によって構築されたかその過程を明らかにする。

1．日本文化に精通していた若者たちの言説によって構築され始めた「kawaii」

『朝日新聞』二〇〇六年一月一日付け朝刊の一面の記事で「カワイイ」が海外で席巻し始めたとされ、その後、経済産業省によってクールジャパン戦略の一つの切り口としても「kawaii」が謳われていた二〇一一年当時、流行の火付け役の日本のポップカルチャーの祭典ジャパン・エクスポを開催したフランスにおいて、「日本」に興味をもっていた若者たちは、「kawaii」文化をどのように認識していたのであろうか。これらの問いを考える手がかりの一つとして、本章では二〇一一年一月二八日当時、フランス国立東洋言語文化大学（INALCO）で現代日本文化論を聴講していた学生二四七人を対象に調査した[1]（以下「フランス調査二〇一一」とする）。

日本に関心がありフランスの大学の日本学科で勉強をしているからといって、回答してくれた彼ら全員が「kawaii」文化の実践者といえるわけでは当然ない。しかし、日本語、日本文化を学んでいることから、当時、日本のポップカルチャーファンの間で隆盛していた「kawaii」文化現象に精通していた実践者、もしくは観察者であったとして意見を聞くのに相応しいと考えた。調査に協力・回答してくれた学生の内訳は、女性が一五八人、男性が八九人であった。アンケートで確認したその講義の受講生の年齢層は一〇代から六〇代であったが、一七〜二二歳が九割近くを占め、残りの一割弱は二〇代後半であった。質問は次の三つである。

(1)「kawaii」とは何を意味するか（複数回答可）。
(2)「kawaii」という言葉から連想されるモノ・人は何か（複数回答可）。
(3)誰が一番「kawaii」と思うか。

以下に回答をみていこう。

(1)「kawaii」とは何を意味するか

問い(1)に対する答えを集計すると、結果として、表1で示すような語が挙げられた。[2] 大多数がフランス語でかわいいの訳となるミニョン（mignon、かわいいの意）とその関連語を答えていた。若干ではあるが、否定的な意味の niais（世間知らず）、perverse（変態的な）などもみられた。これらの回答は後節でみるように、すでに世論や前章でみた論考で使用されていた「kawaii」の定義と重なるのである。例えば、niais（世間知らず）は前章でみたKinsella（一九九五）の定義にも通じるものである。また、perverse（変態的な）は、前章で触れたフランスで『Kawaii! 夏休み』

表1　「kawaii」は何を意味するのか（複数回答可）

挙げられたフランス語の言葉（日本語訳）	回答数
mignon（可愛らしい、愛らしい）	226
adorable（愛らしい）	18
joli（きれいな、可愛い、可憐な）	13
enfantin（子供っぽい、幼稚な）	13
beau（美しい）	4
attendrissant（いじらしい）	3
aimable（好感のもてる）、gentil（可愛らしい）、moé, coloré（カラフル）、chou（可愛い）	各2
tendre（やわらかい、若い、未熟な、淡い）、rose（ピンク）、niais（世間知らず）、perverse（変態的な）、utile（有益な）、cool（クールな）　等	各1

展を開催した日本人アーティスト村上隆の芸術作品を紹介の際にフランスの新聞（*Le Monde* 二〇〇六年一〇月二三日）によって使用されていた語と重なりあう。このようにフランス社会で形成され百科事典的知識として共有された言葉に依拠する回答がみられるのである。

また、ミニョン以外にも少数であるが、joli、beau という日本語の美しいに相当するフランス語も挙げられている。『ロワイヤル仏和中辞典』（旺文社）で、mignon の用例としては、petite fille mignonne（かわいらしい女の子）が、joli の用例としては、jolie fille（美少女）が挙げられ、また、beau の項では、belle femme（美女）が提示されている。[3]

続いて表1に示したような形容詞以外の品詞を用い、「kawaii」とは何かを定義している回答もある。例えば、五人が「洋服スタイル・ファッション」と答え、「kawaii」とは「特別なスタイル、パステルカラー、日本のティーンエイジャーからインスピレーションを受けたファッションスタイル」をする回答がみられた。その他、回答は一人ずつであるが、「行動様式」「『kawaii』文化」「一九九〇年代後半のムーブメント」「日本と関わりのあるムーブメント」「音楽生活様式などを含む流行現象」と、必ずしもファッションに限定しないものも挙げられていた。また、「kawaii」を「ギャル」「ハローキティ」といった存在と同義語とみなす回答もあった。さらに、後に分析する内容とも重なり合うが、一九世紀から継承される日本女性に対するステレオタイプにも通じる「従順性から生じるセクシュアリティ、女性性」も挙げられた。

このように「フランス調査二〇一一」においては、「kawaii」はフランス語訳としての「ミニョン」と同義語とみなされると同時に、幼児性、クールジャパンといった要素、また、従順性から生じるセクシュアリティを感じさせる女性という日本の伝統的女性のイメージなど日本の「かわいい」の意味とは異なる要素も入り込んでいたことがわかる。

(2)「kawaii」という言葉から連想されるモノ・人は何か

「kawaii」という言葉から連想されるモノ・人は何かについて、複数回答可として記載してもらった結果、合計一三九一のモノ・人が挙げられた。ここに数の多かった回答上位一〇位までを紹介する。

「kawaii」という語から思い浮かぶものとして、最も多く挙げられたのは、「ハローキティ」(一三九件)、次いで、ロリータ、コスプレなどを含む「洋服スタイル」(八四件)、三位が「動物」(六一件)、四位が「小さいもの」、その後、「ピンク色」「ピカチュウ」「ぬいぐるみ」「赤ちゃん」「日本人

表２「kawaii」という言葉から連想されるモノ・人

	回答数
ハローキティ	139
ファッション［モード（日本、マンガ、デコラーのモード、レース付きのドレス）や洋服スタイル（カラフルな、パステルカラーの、子供向けの、赤ちゃん向けの服）（31件）、ロリータ（ロリータおよびゴシックロリータなど）（30件）、コスプレ（13件）およびアクセサリー（10件）など］	84
動物　（動物［（25件）、猫（20件）、犬（２件）、うさぎ（14件］	61
小さいもの（小さい動物、小さい女の子、ピンクの小さいものなど）	59
ピンク色	55
ピカチュウ	50
ぬいぐるみ	45
子供、赤ちゃん	42
日本人アイドル、Ｊ－ＰＯＰ　アイドル（18件）、モーニング娘。[4]（14件）、浜崎あゆみ（６件）、Ｊ－ＰＯＰ（7件）、ＡＫＢ 48（件）、ジャニーズ（2件）、嵐（２件）	41
若い日本人の女の子	16

アイドル、J－Pop」「若い日本人の子」と続いていた。そして、一〇位以内には入らなかったが、「チョコレート」「マシュマロ」「ボンボン（キャンディ）」「ケーキ」などのスイーツやまたそれらをかたどったアクセサリー、少数で表には記さなかったが当時外務省によって任命されたアニメ文化大使であった「ドラえもん」（四件）、「カワイイ文化大使」（一件）なども言及されていた。また、後述するPierre Loti（ピエール・ロチの『お菊さん（Madame Chrysantème）』など、一九世紀に、日本女性を表象するのによく使われた人形（六件）や芸

者（一件）なども挙げられていた。

（3）誰が一番「kawaii」と思うか

当時日本とフランスの様々なメディアで「かわいい」／「kawaii」という語で形容されていた六人の女性の写真を提示し、誰が一番「kawaii」と思うかを尋ねた（回答一五八人）。

①『ヴォーグ・パリ・オンライン』（二〇一〇年二月二六日）において掲載された村上隆らによるコラボレーション企画『アキハバラ・マジョッコ・プリンセス』を演じ、歌った女優キルスティン・ダンスト。

②『ルック事典』の「kawaii」の項で「kawaii」スタイルとして紹介されていたモデル。

③二〇〇六年の『anan』の特集「カワイイの新定義」でカワイイ女性として当時の表紙を飾った日本の女優木村佳乃。

④フランスのファッション雑誌『グラマー』二〇一〇年四月号のファッション特集で紹介されていた名前が掲載されていないモデル。

⑤日本のフランスとの提携ファッション雑誌『ヌメロ・トウキョウ』の「世界を魅了するカワイイ！」二〇〇七年四月号で当時カワイイ女性として紹介された小泉今日子。

⑥二〇一一年頃フランスのジャパン・エキスポ、フランスケーブルテレビの日本情報番組「ノーライフ（Nolife）」への参加などでフランスにおける日本ポピュラーカルチャーファンの間で知名度も高かったモーニング娘。。

表3　6人のうち最も「kawaii」人は誰か（「フランス調査2011」女子）

キルスティン・ダンスト	53人
モーニング娘。	34人
木村佳乃（20人）・ルック事典の「kawaii」スタイル（20人）	各20人

表4　6人のうち最も「kawaii」人は誰か（「フランス調査2011」男子）

キルスティン・ダンスト	24人
木村佳乃	18人
モーニング娘。	12人

三位までに選ばれたのは表3の通りである。

また、男子学生に選ばれたのは表4の通りである。

映画『マリー・アントワネット』（ソフィア・コッポラ監督、二〇〇六年）の主役等を演じ、女優として活躍し、belle（美しい）と呼ばれる傾向のあるキルスティン・ダンストが最も票を集めた。日本人ではない彼女がセーラー服姿のアニメキャラクターを彷彿させるスタイル、すなわち、当時水色の髪のかつらをつけて、カラフルな、「kawaii」ファッションを秋葉原という場所で披露していたことも要因かもしれない。④のモデルが五位、六位と下位となった理由について、ある学生に尋ねたときに、「これは『kawaii』ではなくて美しい（belle）だ」と答えたように、すなわち、『グラマー』で提示された「kawaii」スタイルは、「kawaii」をベースにしたファッションとして紹介されていても、そこには、マンガ、アニメの要素はみられないため、「kawaii」ファッションとして選ばれなかった可能性も考えられる。それに対して、通常ならば「美しい（belle）」とみなされる女優キルスティン・ダンストは、秋葉原で「魔女っ子プリンセス」といったアニメキャラクター的風貌をしているがゆえに「kawaii」とみなされているといえるのではないか。

また、「kawaii」ファッションが好きか嫌いかという質問に対して、多くの学生が、「行き過ぎは好きになれない」と語っていた。②で示した『ルック事典』で紹介された「行き過ぎ」といえる「kawaii」ファッションスタイルは、好きになれない「kawaii」としてみなされていた可能性が窺える。

なお、この二〇一一年の時点では、二〇一二年にフランスのジャパン・エキスポで日本ポップカルチャー「kawaii」のアイコンとされた「きゃりーぱみゅぱみゅ」は回答として挙げられていなかった。このことから、きゃりーぱみゅぱみゅは「kawaii」という語が浸透し始めた二〇一一年より後、後発的にフランスにおけるある種のブームにのった形で「kawaii」を具現化した存在として登場しえたといえる。このことは、一九世紀のフランスでのジャポニスムブームの際、『お菊さん』において紹介されたゲイシャのイメージを具現化するよう、訪仏した川上貞奴がフランスの劇場でゲイシャを演じるよう要請されたことと共通するものが窺えるのである。[6]

(4)「kawaii」とはグローバル化した現象か、エキゾチスムの継承か

岩渕（二〇〇一年）が日本のポップカルチャーが海外で受け入れられるときの特性として「文化的無臭」について議論したが、「kawaii」の場合はどうであろうか。

フランスにおいて、「kawaii」は日本性を感じさせない文化的に無臭なグローバル化した概念としてとらえられているのか。あるいは、一九世紀後半のジャポニスムブームから受け継がれる日本に対

なのだろうか。

するエキゾチスムとして受け入れられた、海外における日本のステレオタイプ的なイメージの再生産

この問いについて、以下で「フランス調査二〇一一」の結果を通して考えてみたい。この問いに対する考えについて確認するために、さらに「『kawaii』は日本の文化か?」という問いをたて、学生たちに「はい」か「いいえ」で回答してもらった。女子学生一五八人中「はい」が一四九人、六人は「いいえ」と答え、三人は必ずしも日本独特の現象ではないと述べた。回答者のうち数人が、その選択理由について補足説明してくれており、それについても考察を加える。

まず、三人の「必ずしも日本独特の現象ではない」と述べた三人は、「『kawaii』は日本独自の文化という以上のものであり、誰もが実践できる概念である」「他でも見つけられる」とコメントした。このコメントからも『kawaii』は文化的無臭な概念としてとらえられているとみなせよう。

一方、「『kawaii』は日本の文化か?」という問いに「はい」と答えた女子学生は、大きく分けて次の三つの補足説明を付与している。

一つ目は、「『kawaii』は日本の文化か?」という問いに、「『kawaii』は日本独自の文化ではあるが、それが現在世界に広がっている」と答えた学生たちが付与した補足説明である。

◦はい、西洋の多くの人が影響を受けました。
◦はい、元来はそうであるが、世界レベルでとても発展しています。
◦はい、このスタイルはだんだん広まっているように思います。
◦はい、広まっている現象です。

・はい、このモードは一部の女の子の間でかなり広まっています。
・はい、マンガのおかげでヨーロッパでさらに受け入れられています。
・はい、「kawaii」はヨーロッパやアメリカで広まりました。
・はい、奇抜なアクセサリー等ヨーロッパでとても広がっています。
・はい、目下グローバル化しています。

ここに列挙したように、一部回答者は、「kawaii」が日本の特徴的な文化であることを認めたうえで、そのヨーロッパやアメリカへの広がりを、「広がり」「浸透し」「グローバル化し」という語を使用しながら表現したことがわかる。このような記述から、回答者は日本独自の文化として、日本の「文化的な有臭性」を帯びた「kawaii」が世界に広がっているとみなしていると考えられる。

二つ目として「『kawaii』は日本の文化か?」という問いに対し、「『kawaii』は日本的な文化であり、西洋には向かないものである」という回答の内容は、次のようなものだった。

・はい、(「kawaii」は)ヨーロッパで抱かれている日本のイメージです。
・はい、(「kawaii」は)ヨーロッパ的にはなりえません。というのも、(「kawaii」は)日本の文化や日本人の容貌にかなり依拠しているものだからです。
・はい、「kawaii」という概念は日本にしかありません。
・はい、日本人は皆子供の側面を持っています。
・はい、外見的にも「kawaii」は西欧人には似合わないと思います。
・コスプレや可愛くて小さなものへの愛着は日本で知られているものです。

ここに挙げられた回答にみられるように、ヨーロッパではみられない、小さなもの、「kawaii」ものが日本独特のものとしてとらえられ、西洋に対する日本特有のエキゾチックなイメージとして考えられている。また、一人ではあるが「『kawaii』はとても日本的な文化であるが、元来はアメリカ（ディズニー等）からインスピレーションを受けた文化であり、それが日本で発展した」というような、グローバルなアメリカ文化から影響を受けローカライズして形成された日本のポップカルチャーという側面を強調する回答もみられたのである。

「フランス調査二〇一一」で認識されていた「kawaii」をマンガ、原宿ファッションとみなす傾向とは異なる結果が、「台湾調査二〇一一」「韓国調査二〇一一」を実施したときにみられた（Koma 2012）。同じ質問を各地域の大学一校ずつの日本語学習者たちを対象に行ったこの調査では、結果として、当時の台湾と韓国にとって「kawaii」は、クールジャパン、現代日本ポップカルチャーとリンクしておらず、[7] フランスにおける「kawaii」文化の受容方法とは異なる可能性を示唆させる。フランスの「kawaii」ファッションの異文化受容は、台湾や韓国の調査とは異なり、生活に日本文化の影響が直接入ってきていない、東アジアの文化、社会コンテクストを有さない欧州だからこそ実現していたといえるだろう。

このように日本政府もパブリック・ディプロマシー、クールジャパンによって、フランスにおける日本のポップカルチャー推進に間接的に介入し始めた時代、日本文化を大学で学ぶ学生の意見からもわかるように、「kawaii」は従来の日本語のかわいいから連想される意味のみならず、ポップカルチャーの代名詞として使用されていたことが明らかになった。

また、同調査を行ったリトアニア（Koma 2014）、台湾、韓国と異なり、フランスではいち早く「kawaii」＝ファッションと結びつけられてきたことを受けて、「kawaii」と称されるファッションはフランスを軸にどのように海外で展開していったのかについても検討の必要があろう。その前提として、フランスのメディアによって「kawaii」が世論としていかに構築・伝達されていったのかを検討していこう。

2. フランスの新聞によって世論として扱われる「kawaii」

本節では、フランス世論として「kawaii」がいかに扱われていたかを考察する。「kawaii」という語が『ル・モンド』で初出した一九八五年から前述の通りクールジャパン戦略の文脈において、「kawaii」は短命文化と指摘された直後の二〇一五年までの間に発行されたフランスの代表的全国紙、『ル・モンド』（*Le Monde*、中道左派新聞）、および『ル・フィガロ』（*Le Figaro*、保守系新聞）における「kawaii」/kawaïの出現頻度を調査をしたところ、以下のような結果となった。

中道左派の知識人向け新聞と言われる『ル・モンド』で使用されていた「kawaii」という綴りは、日本語の発音に対応している表記である。それに対し、一九世紀半ばに創刊以来、長きにわたって、新聞紙上でもファッションなど女性向けの記事を多く取り扱い、毎週末は新聞の付録として一緒に販売される女性雑誌『マダム・フィガロ』を有する保守系新聞『ル・フィガロ』は、後に検討する『エル・フランス』のオンライン版（以下『エル・フランス・オンライン』）と同様に、フランス語の発

表5　年度別「kawaii」/ kawaï が記事中で使われた本数
（1985 ～ 2015 年）

	ル・モンド		ル・フィガロ	
	「kawaii」	kawaï	「kawaii」	Kawaï
1985 年		2		
1997 年		1		
1999 年	2		0	
2000 年	0		0	
2001 年	0		0	1
2002 年	0		2	2
2003 年	0		0	2
2004 年	0		0	8
2005 年	0		0	3
2006 年	1		1	1
2007 年	0		3	4
2008 年	1		3	7
2009 年	0		2	2
2010 年	0		1	4
2011 年	0	1	0	7
2012 年	2		0	2
2013 年	3		5	3
2014 年	0		2	6
2015 年	9		3	4
計	18	4	22	56

音として自然な、カワイと発音する「kawaï」という綴り字を用いている。

フランスの中道左派知識階級向け全国紙『ル・モンド』で「kawaii」文化のブーム前に「kawaii」が初出した一九八五年八月七日付の記事では、マンガキャラクターの「アラレちゃん」「ドラえもん」を指す語として使用されていた。また、同紙一九八五年一月二一日付の記事では、当時の日本の「かわいい」ブームを反映するように、「(日本の女子中学生の) ピンク色の世界では、すべてが「kawaï」(かわいい)。不平を言う小ぎれいで、従順な彼女たちは、魅力的な王子様を (現実的に) 夢見ている」という文脈において「kawaï」という語が使用されている。

『ル・モンド』の東京特派記者であったフィリップ・ポンス (Philippe Pons) の記事「日本の若者ファッション、自由な様相とピエロスタイル」(一九九七年三月三〇日付) においても、前述の通り「春の時間の空気において変化に富んだパッチワークとともに、少しばかりげたストリートの一般的傾向」として「kawaï」という語が用いられていた。

その後「kawaii」という表記が使用され始めるのは、日本のポップカルチャーがフランスで隆盛を始め、第一回のジャパン・エキスポが開催される年、一九九九年の六月九日付の『ル・モンド』の記事である。『ル・フィガロ』では二〇〇一年から「kawaï」という語が「日仏の流行雑誌『ミニミックス』の「kawaï」(日本語の mignon) デザイン」(二〇〇一年一〇月六日付) という表現の中で出現している。Kawaii と「kawaï」という語の頻出度数は表にあるように、『ル・モンド』の出現回数の約四倍と『ル・フィガロ』の方が圧倒的に多い。これらの新聞における「kawaï」「kawaii」という語は、二〇〇八年頃までは、フランス語の「かわいい」にあたる「ミニョン (mignon)」という語を注釈として併記し、主に日本のポップカルチャーを指すために使われていた。「ミニョン」に関連する語として「甘ったるい」「とってつけた」という意のミエーブルリ（mièvrerie）、また、「倒錯したかわいい」という意味でのミニョン・ペルベール（mignon pervers）は、前述の通り二〇〇四年にパリで「Kawaii! Vacances d'ete（『Kawaii! 夏休み』）」という展覧会を開いた日本人アーティスト村上隆の作品、活動を形容する際に、『リベラシオン』紙でも使用されていた（二〇〇二年四月七日付）。

その一方で『ル・フィガロ』では二〇〇三年頃から、「サマリテーヌ（フランスのデパート）の建物、とってもkawaï」（二〇〇三年六月一一日付）のように、日本とは関係ないもの、「子供っぽさ」などとは無関係のものを形容する意味で「kawaï」という語が使われ始めていた。次節では、さらにフランス語の外来語という視点からフランス全国紙において「kawaii」がどのように構築されていったのか考察する。

（1）現代フランス新聞において表象として構築されたkawaïあるいは「kawaii」

「はじめに」で言及したように、二〇一八年、フランスを代表する辞書の一つである『ル・プティ・ロベール（*Le Petit Robert*）』に「kawaï ou「kawaii」（フランス語として発音する際の音に近いカワイ、あるいはカワイイ）」が見出し語として採用された。その定義は、「日本発祥の美学であり、幼少期の世界を想起させる（パステルカラー、空想上の人物の表現など）もの」というもので、一章でみた日本の国語辞典で定義されている「かわいい」の意味とは程遠いものである。このkawaï／「kawaii」がフランス語として正式に認められた二〇一八年とは、前述したように、日本ではすでにクールジャパン戦略においても「かわいい」が「短命文化」として定義され、世論でも全盛期のように扱われなくなっていった二〇一四年から四年を経た時である。

『ル・プティ・ロベール』にエントリーされるまでの過程として、フランスで「kawaï/「kawaii」」という言葉がどのように使われるようになっていったのであろうか。二〇一八年にこの辞書に採用されるまでの過程として、海外における日本のポピュラーカルチャーのキーワードの一つであった「kawaii」（日本語で「かわいい」）が、フランスのメディアにおいて社会的に認知される世論としていかに台頭していったのか。また、この言葉はフランスという文脈でいかなる新しい記号的価値を付加されて展開していったのであろうか。日本のポップカルチャーが本格的に若者の間で隆盛し始めたのち、三紙において「kawaii」という語が継続して現れ始めた一九九九年から、日本の外務省が「『kawaii』大使」を任命するなど、パブリック・ディプロマシーの装置として「kawaii」を用いるまで、すなわちフランスにおいて、日本からの仕掛けなく「kawaii」が広がっていた時代として、一九九九年から二〇〇九年までを調査期間とする。そしてフランス語の辞書に「kawaii」が掲載された後である現代二〇二〇年代の状況と比較考察していく。

(2) 外来語、ステレオタイプ、表象

後にみる小説『お菊さん』（Madame Chrysemthème）が一八八七年に出版されたとき、そこで使われていたgeishaという言葉が辞書の見出し語として採用されるなど、外来語としてフランス語辞書の中に存在している日本語がある。例えば、mousmé、zen、kimono、manga、sushi、sumo、judo

……などが挙げられよう。それぞれの言葉は、フランス社会で、ある時期に一定の話題になりそれが検討された結果、外来語として正式に辞書に採用されてきた。日本の言葉がすべて、また日本と同じ意味でフランスの辞書に入るのではなく、あくまでフランス社会コンテクストにおいて日本のその言葉が一つの話題となった場合、フランス社会特有のある一定の評価を得ることで、言葉は、フランス語の外来語として占有／登録されるのである（Honoré 1994）。外来語といっても、その言葉を受け入れる社会への浸透度によって、ゼニスム（xénisme）、ペレグリニスム（pérégrinisme）、借用語という三つの段階を経ていくことになる。『ラルース言語学用語辞典』によると、

「ゼニスム（xénisme）は外来語であり、元の言語コードと外来の現実を参照して言及され、ペレグリニスム（pérégrinisme）はまだ外来の現実を参照しているが、その意味の知識は対話者が共有していると仮定される。そして借用は最終段階である完全な統合を示す」

と定義されている。

つまり、「kawaii」という言葉をゼニスムとして使うことは、この言葉の注釈や翻訳や説明として付与され使用されることであり、読者にとってこの言葉はまだ馴染みがなく、それについての共有知識もないと書き手に考えられていることを示す。

これに対して、ペレグリニスムとして「kawaii」という言葉を使うことは、注釈や翻訳などの説明を入れず単独で使用されるものである。すなわち、読者はすでにその外来語の意味を知っており、そ

れを自分の共有知識によって解釈することができるのである。

最後に、借用語として使うということは、その言葉がすでに社会に浸透しており、もはや外国文化に属しているとさえ考えていないことを意味する。

このようにフランスにおける外来語は、日本での意味とは異なる意味で解釈される、ステレオタイプ的イメージを所有する言葉として使用される可能性がある。

「kawaii」という言葉が、ゼニスムとして解説つきで使われることで、話し手は、一方では「kawaii」という意味をフランス人ながらに知りえる現代日本の専門家としてのエートス（話し手のイメージ）を構築し、他方では用語の解説を通して「kawaii」という言葉に対する個人的・主観的判断を示すことができる。フランスの言説分析者でフランスにおけるロシア語のゼニスム、ペリグリニスムについて論じたアニエス・スチュカード（Agnès Steuckardt）と同じく日本語のそれらについて論じたジャン＝ポール・オノレ（Jean-Paul Honoré）は、外来語に注釈をつけるということについて、「純粋な説明として提示される翻訳は、実際には、外国語の借用語におけるその単語の意味について偏った考えしか与えない」と指摘する。つまり、語に付与する注釈とは、その書き手によって受容されたアイデアの個々の判断のアピールを可能にするのであろう。

これに対して、ペレグリニスムとして「kawaii」という言葉を使うということは、それを使う社会の構成員の共有知の中に、「kawaii」が何であるか、すでにしっかりと組み込まれているということである。このようなペレグリニスムが、ペレグリニスムとは全く関係のない対象を説明するために使われる場合（例えば、原爆とは全く関係のない日本のファッションを説明するために「ヒロシマ」という語がペレグリニスムとしてメディアで使われるなど（第5章参照）、しばしば間接的、不完全なデータから読者が解釈可能な抽象・縮小スキーム、すなわちステレオタイプを構築することになるのである。

また、「kawaii」という言葉を借用語として使用するということは、「kawaii」という意味をすでに百科事典的知識として知っている相手向けに、彼らの知識を用いて意味を解読させせようとするものであり、日本以外のものを指示するのにも使用される。この言葉が使用されるたびに、その指示対象が日本とは関係のないものであっても、日本＝「kawaii」（フランス社会に流布している意味での「kawaii」）という構図、日本の「kawaii」というイメージを暗示的に強化することになるのである。

では、フランスの新聞に現れた「kawaii」が、この三つの段階のうち、どの段階に対応するのかを考察する。

（3）フランスの新聞にみる「kawaii」（一九九九～二〇〇九年）

調査した結果について、日本のポップカルチャーが隆盛し始めた二一世紀前後から“kawaii”大使が外務省によって任命され国が“kawaii”をパブリック・ディプロマシーの一環として関与するようになるまでの二〇〇九年までに、“kawaii”という語が三大フランス全国紙にいかに出現しているのかを図1のようにまとめてみると、頻出されてはいないにせよ、全国紙で使用されていることが窺える。フランスにおける日本のポップカルチャーブームの後はじめて登場したのは、一九九六年の『ル・モンド（*Le Monde*）』で、二〇〇二年以降の『リベラシオン（*Libération*）』と特に二〇〇六年

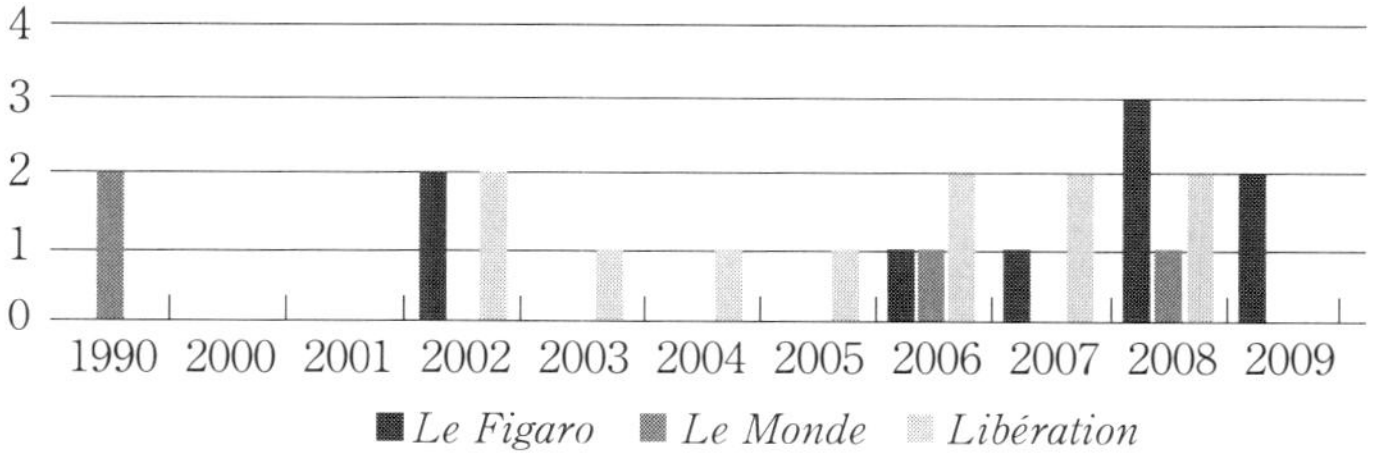

図１　３大仏全国紙にみる “kawaii” の出現

表６　全国紙別「kawaii」が現れた記事の発行日とタイトル

新聞名	発行日	タイトル
Le Monde	1999/09/06	人間の顔をした瞬時のサイバネティクス;AIBO、電気のわんちゃん、ソニーの犬舎にて（Instantané La cybernétique à visage humain;AIBO LE TOUTOU ELECTRONIQUE,Au chenil de Sony）
	1999/12/17	日本人の価値観を刷り込んだ「kawaii」文化の姿（Des figures de la culture « kawaii » imprégnées des valeurs japonaises）
	2006/10/21	村上、アートマーケットでの１件：アートと消費財の両方を制作する日本のアーティスト兼起業家は、FIACで３つのエディションを展示している。（Murakami, un cas sur le marché de l'art produisant tant des oeuvres que des biens de consommation, l'artiste et chef d'entreprise japonais voit trois de ses éditions présentées à la FIAC）
	2008/07/30	日本では、貴族の帝都・奈良が絶望的な状況にある。（Au Japon, l'aristocratique cité impériale de Nara désespère）

Libération	2002/07/04	展覧会。カルティエ財団は、日本のクリエーションの新たな黄金期を歓迎する。日本のポップアートの普及（Expo. La fondation Cartier accueille le nouvel âge d'or de la création japonaise. La prolifération du pop art nippon）
	2002/09/05	日本のアニメーションを散策する。（Balade dans l'animation japonaise）
	2002/10/28	デザインにこだわる東京へ　日本の首都で、2つのインテリアイベントが開催（Tokyo toqué de design La capitale japonaise a accueilli deux manifestations de stylisme d'intérieur.）
	2003/12/31	日本でミッキーマウス　（Au Japon, Mickey mousse.）
	2004/08/20	夏　聖なるナンバーの日のBD（Eté. La BD du jour Sacrés numéros.）
Libération	2005/01/27	BD特集、少女マンガ（Spécial BD、Mangas nanas）
	2006/01/26	アングレーム・コミックス特集。出版されたばかり JUNKO MIZUNO さん リトルマーメイド（Spécial BD Angoulême. Vient de paraître Junko Mizuno. La Petite Sirène.）
	2006/05/29	ビデオゲーム、大量のカラオケ…。ジャパニメーション」のファン3,000人がこの週末、ヴァル・ド・マルヌで集いました。クレムリン・ビセートルでマンガの熱狂に包まれる（Jeux vidéo, karaoké à haute dose... 3,000 fans de «japanimation» se sont retrouvés, ce week-end, dans le Val-de-Marne.La fureur de vivre manga au Kremlin-Bicêtre）
	2007/03/16	日本のランナー族（Tribu Coureurs de Japon）
	2008/02/13	ブラックドローイング　恐怖心を煽る。6人のグラフィックデザイナーが、幼少期の恐怖をアニメで探る。ダークサイドでお会いしましょう。（Noirs dessins Frousse. Six graphistes explorent leurs peurs enfantines dans un film d'animation. Rendez-vous du côté obscur.）
	2008/06/12	音楽は子供の遊び フェスティバル。おもちゃのための音楽は、おもちゃの楽器のファンであるアーティストを集める。（La musique est un jeu d'enfant Festival. Music for Toys rassemble des artistes fans des instruments jouets.）

Le Figaro[8]	2002/07/03	シルバーグレーのラコステ（Lacoste en gris silver）
	2002/10/30	場所、態度、トレンドのパリ　インアウト（Lieux, attitudes, le Paris des tendances In Out）
	2006/04/12	村上隆の展覧会から借用した、いわゆる日本語で「かわいい」という意味の言葉（C'est-à-dire « mignon » en japonais, empruntée à l'exposition de Takashi Muramami）
	2007/02/28	フリータイム、知っておきたい小さなこと（Temps libre　Les petits trucs à savoir）
	2007/03/24	生活術 - 観光　東京ショー（L'ART DE VIVRE-TOURISME TOKYO SHOW）
Le Figaro	2007/03/24	生活術 - 観光　東京ショー（L'ART DE VIVRE-TOURISME TOKYO SHOW）
	2007/04/17	ソニーは「スパイダーマン 3」のために日本に賭ける 2 億 5 千万ドルの費用を回収するため、ソニーはハリウッドをいびつにする。（Sony mise sur le Japon pour « Spiderman 3 »　CINÉMA Pour amortir ce film qui a coûté 250 millions de dollars, Sony snobe Hollywood.）
	2008/05/21	現代アーティスト、伝統の再認識 （Les artistes contemporains, la tradition revisitée）
	2008/06/30	スタイル（Style）
	2008/07/19	展示会の開催（Les salons sont de sortie）
	2009/02/09	10 歳になりました ...。（J'ai 10 ans...）
	2009/07/02	3 月の日本での 1 週間（Une semaine au Japon à prévoir en mars）

以降の『ル・フィガロ（*Le Figaro*）』では比較的頻繁に使用されている。

以上三紙の記事中に出現した「kawaii」という語に付与された意味についてまとめると、
①アイボといったロボット犬、テクノロジー
②二〇〇四年に日本人アーティストである村上隆がフランスで開いた展覧会のタイトルである『Kawaii 夏休み』から、その作風としてメディアによってとらえられた倒錯的という語と結びつけられた「kawaii」とアニメなどにみるポップカルチャー
③日本女性の態度
という三つに分類できる。実際にこの「kawaii」という語が①②③を指示するのに、ゼニスム、ペリグリニスム、借用語のどの形式で、またどのような意味が付与されながら使われているのか、「kawaii」が使われている文脈を以下にみていこう。

（4）ゼニスムとして使われる「kawaii」

「kawaii」という言葉がゼニスムとして用いられる場合、すなわち、日本に関する事象を形容する際に使われ、それフランス語でかわいい、という意味である「mignon」が説明として並列されている。以下に「kawaii」の語が使われている箇所をみていこう。

（一）「kawaii」（mignon）文化の体現者であり、孤独の癒しでもある犬は、現在日本に一三〇〇万匹いる。（『ル・フィガロ・マガジン』24 mars 2007）

（二）東京・銀座のソニーのショールーム、ソニービルに設置されたミニトラックにＡＩＢＯが登場するのを、一時間に一五人ほどが待っている。（中略）人ごみの中で、「「kawaii」（qu'il est mignon!）と言いながら、値段（?.）、価格（一五〇〇〇フラン、二三〇〇ユーロ）、重量（一・四キロ）、電池寿命（一時間三〇分）、一般向けロボット第一号の気質（教育するのはあなた次第！）について質問される。（『ル・モンド』一九九〇年六月九日付）

（三）このように、村上隆へ白紙委任であるカルティエ財団の新しい展覧会『Kawaii! 夏休み』は西洋人に評価されるだろう。日本の素朴さとポップアートの融合で現代美術を席巻したこの日本人アーティストは、「kawaii」（mignon, en japonais）と発音されるテイストが最も重要である幸福な寄せ集めである日本の若いクリエイションのパノラマをパリで披露する。（『リベラシオン』二〇〇二年七月四日付）

（四）このデモラボでは、あらゆるものが混在している。キッチュ、禅、伝統、国際主義、ハイパーテクノロジー、そして日本的な「kawaii」（mignon）スタイル。（『リベラシオン』二〇〇二年一〇月二八日付）

ここで、日本語のかわいいに対応するフランス語の形容詞である「mignon」を説明として付与しながら「kawaii」という言葉は使用されている。この「kawaii」という語で形容されるロボット犬、村上隆のポップアートなど、当時のフランス社会には存在しなかった現代日本のポピュラーカルチャーの産物を説明するときに使用されている。フランスに存在している言葉では、その社会にとって新しい文化事象を形容することができなかったため、また、それが日本のものであることを知らしめるため、フランス語ではなく日本語に派生する「kawaii」が使用されているといえよう。

そのほかにも次のようにも用いられている。

（五）寒さと雨にもかかわらず、東京の高級住宅街である六本木ヒルズには、素晴らしいパーティーの夜の空気が漂っていた（中略）この映画の二人のスター、キルスティン・ダンストとトビー・マグワイアは、消え入りそうなピンクの服を着て、何百人ものファンから「カワイイ」（日本語で「かわいすぎる」（« trop mignon » en japonais））と挨拶された。（『ル・フィガロ・エコノミー』二〇〇七年四月一七日付）

（六）コスプレイヤーは、自分が演じているキャラクター（態度や仕草）に精通していなければならないので、彼の「伝記」（漫画）を読んでいなければならない。

右記と関連して、彼はいくつかの日本語の用語を自分のボキャブラリーに取り入れることができなければなりません。例：« pardon, désolé » という意味の「ごめん」、« mignon, adorable » を意味する「かわいい」、« idiot » という意味の「バカ」。（『ル・フィガロ・エ・ヴー』二〇〇七年二月二八日付）。

（七）ピエール・ディ・スキューロとマリー・カイユーのためのフラッシュアニメーション。アニメスタイルで心配な硬さを得る（日本で働くイラストレーターである彼女は、コワイとカワイイ、すなわち、ホラー（horreur）と甘ったるさ（mièvrerie）を混ぜる方法を知っている）。（『リベラシオン』二〇〇八年二月一三日付）

抜粋（五）では、「カワイイ」とその語源が、外国人女優の来日に対する日本のファンの反応として紹介されている。また、抜粋（六）では、「kawaii」がアニメのキャラクターの「コスプレイヤー」について、いくつか使うべき日本語として紹介されている。このように、フランス語では日本人ファンの態度、コスプレのキャラクターに似せるために使うべき言葉として「kawaii」が用いられているのである。また、（七）では、フランスに輸入される日本のアニメーションの特徴の一つとされた「こわさ」、「ホラー」との対比として使用されている。

「kawaii」の説明として並列されるフランス語の訳語としての“mignon”には、抜粋（六）では口語・若者言葉として過剰な量を表す副詞「too much」「very」、抜粋（七）では形容詞「adorable」があわせて使われている。「kawaii」は“mignon”という訳語ではなく、その派生形でもありネガティブなニュアンスをもつ“mièvrerie”と訳され、その言葉に対する一種の侮蔑を感じさせる。このように、用語を説明する際にどの言葉を選ぶかで、話者の主観的な判断を示していることがわかる。しかし、ここで「kawaii」という語が指示するのは、日本のアニメーションの特徴、また、日本人の口癖といったフランス語では言い表されないものなのである。

右記でみてきたように、「kawaii」がゼニスムとして用いられる場合、「kawaii」という言葉の説明に、かわいいに対応するフランス語の単語を並立させ、話し手の主観的な説明・解釈の文章が加えられていることもある。以下にいくつかの例をみてみよう。

（八）日本的価値観に染まった「kawaii」文化の担い手たち
暴力は、確かに日本のコミックやゲームの世界の特徴の一つである。しかし、それだけではない。ポケモンには、「kawaii」カルトという別の流れがある。この言葉は、子供や小動物によって喚起される、ちょっとおどけた愛情表現を意味するが、英米の「cute」のように、日本の若者の想像の世界のパスワードとなっている。（『ル・モンド』一九九九年一二月一七日付）

ここでは、「kawaii」とは、従来の日本の国語辞典の同義の「子供や小動物が呼び起こす、ややほほえましい愛情」という定義や、二〇〇〇年以降『Imidas』や『現代用語の基礎知識』などが提案した定義である「日本の若者の想像の世界のパスワード」という解説がつけられる。この用語が修飾する対象として、「日本の若者の想像の世界」をコミックやビデオゲームに、日本のコミックの「キャラクター」を子供や小動物に限定している様子が窺える。以下の例もみていこう。

（九）彼［村上隆］の作品は、何よりもマンガの美学と「kawaii」（言い換えれば、「kawaii」もの）文化から借りている。実際、彼は、倒錯と安心という二つの緊張を利用している。ウォルト・ディズニーのように、彼は自分自身のキャラクター、例えば、ミッキーの一種であるミ

スター・ドブ、時には獰猛で皮肉な、時にはほほえましいキャラクターを発明する。(『ル・モンド』二〇〇六年一〇月二一日付)

この抜粋では、『Kawaii! 夏休み』の展覧会開催から四年を経てもなお、「「kawaii」」文化が日本人アーティスト村上隆の作品の想像力の源泉の一つとして提示されており、村上隆の作品の特徴と結びついた形での「kawaii」という語がフランス社会に浸透していることを示している。

(一〇)「KAWAII」。カルティエ財団での村上隆の展覧会から借用した、日本語で mignon を意味する「kawaii」という表現は、マンガの酸いも甘いも噛み分けた美意識も評価するファッショニスタのギミックになっている(『ル・フィガロスコープ』二〇〇二年一〇月二三・三〇日付)

この抜粋では、「kawaii」という言葉について、まずフランス語の「mignon」という意味を与え、その語源となった村上隆の展覧会を紹介する。そして、「マンガの酸いも甘いも噛み分けた美意識」のすべてという意味を「kawaii」に付与し、日本で用いられるカワイイの意味とはかけ離れたものになっていく。

(一一) くそー、メビウスだ、とあなたは思う。そして、いや、ページが進み、印刷も一緒に進む。

松本だが、カラーで、頭にはボンネット、空には宇宙船が浮かんでいる。（中略）彼は、「kawaii」という倒錯した可愛らしさと、いつものとがった線、折衷的なフォークロアの衣装と建築を混ぜ合わせている。（『リベラシオン』二〇〇四年八月二〇日付）

（一二）当初、村上隆が、フランスでギャラリーのオーナーであるエマニュエル・ペロタンに見いだされた。マンガアート出身のこのアーティストは、すぐに「カイカイキキ」というグループを作った。日本の偉大な伝統を、ビデオゲームやSF、日本社会の観察に影響された現代のファンタスマゴリアと結びつけているのが、このアーティストたちの共通点である。これは「kawaii」運動としても知られている。（『ル・フィガロスコープ』二〇〇八年五月二一日付）

ここで、「kawaii」は日本のマンガのことを指しているが、抜粋（九）や（一一）のように「倒錯した」という言葉と結びつき「kawaii」の意味を提言している様子がみられる。また、抜粋（一二）では、村上隆のような人気アーティストの活動を指す言葉として使われており、ここでも日本で使われている用語の意味とはかけ離れていることが指摘できよう。

「kawaii」という新語は、一方では、現代日本の大衆文化の「かわいい／かわいすぎる／愛らしい」、そして時には侮蔑的な意味合いで用いられると同時に、他方では「倒錯／皮肉」という意味も付与され、二つの先入観を凝縮したものして構築されているといえるだろう。

(5) ペレグリニスム

「kawaii」という言葉がペレグリニスムとして使われるのは、保守的新聞『ル・フィガロ』では二〇〇八年六月、左系新聞である『リベラシオン』では二〇〇四年以降であるが、中道左派の全国紙である『ル・モンド』では用いられていない。

(一三)それから、ヴィクトリア朝風の黒い服を着て、少なくとも一〇センチメートルの高さのプラットフォーム・シューズにねじ込んだ二五歳の女の子二人がいて、ドラゴンボールZに憧れてもどうしようもない、単に「カワイイから」だと至る所で宣言している(一)。(『リベラシオン』二〇〇六年五月二九日付)

(一四)アングレーム特製コミック本。出版されたばかりの 水野純子さん。リトルマーメイド。泡立つガッツとおっぱい、肉に問題のあるカワイイ、そのすべては酸性の花のベッドの上で。(『リベラシオン』二〇〇六年一月二六日付)

これらの『リベラシオン』の例においては、ペレグリニスムの形で「kawaii」が使用されている。すでに指摘したように、ペリグリニスムという形で何の説明も伴わず「kawaii」が使われる場合は、読み手が「kawaii」の意味をすでに知っている、もしくはそれを前提としているときである。また、それだけではなく、(一三)(一四)の文が掲載された『リベラシオン』紙は、あえて説明を入れず、この分野の新しい言葉の意味を理解できる人々として読者を構築し、『リベラシオン』の読者という

「共謀関係」(マングノー 二〇一八) を構築するといわれている。「kawaii」文化の愛好家というよりは、そのようなメインストリームでない日本発の文化現象にも精通している読者像を構築する役割を担っているといえるだろう。

「kawaii」という言葉は、日本のアニメーションのキャラクターや「ゴスロリ」の格好をするフランス人(抜粋 (一三)) や、日本のマンガのキャラクター (一四) を指示する言葉として使用されている。このことからも、読者がフランスでいう「『kawaii』ファッション」や日本のマンガという文脈において「kawaii」とは何かをすでに理解していることを前提にしている。

(一五) tsumori chisato.(中略)「男の子の服装に関しては、私はもっと普通です」、「kawaii」デザインの女王が認める。(『ル・フィガロ・エ・ヴー』二〇〇八年六月三〇日付)

用語解説を伴わずに用いられる「kawaii」という言葉は、先にみたマンガや「ゴスロリ」のような日本のポップカルチャーの特徴を示すのではなく、日本人デザイナーの服作りの特徴を示すために使われている。したがって、話し手は対談相手が「kawaii」とは何かを知っているという前提のもとに用いていることになる。『ル・フィガロ』は前述のように、週末には『マダム・フィガロ』といった女性誌も新聞の付録として挟み込まれ、また、新聞においてもファッションショーの情報なども長きにわたって掲載されてきており、女性誌を彷彿させる記事内容がみられるのである。そのような特徴からも、女性が使っている流行《はや》りの言葉として「kawaii」を自由に用いている、ということが考えられる。この記事には写真がないものの、二〇〇八年の当該デザイナーのプレタポルテコレクションを紹介するウェブサイトによれば、このデザイナーが考案したモチーフの日本の大衆文化との関係は明記されていない。しかし、ファッションを紹介する、それも日本人デザイナーのファッションブランドを指すということで、この「kawaii」という言葉が、第5章でみるように、日本で流通している「かわいい」の意味に近い日本特有の美学として、還元的に日本の対象を修飾するために使われている可能性も窺えるのである。

これまでみてきた中で、「kawaii」という言葉は、一方では日本の大衆文化（ロボット犬、ビデオゲームのキャラクター、マンガ、「ゴスロリ」）を指示する際に、他方では村上隆の芸術の特徴を指すのに〝倒錯〟のような言葉が使われることで、フランス独自の「kawaii」という概念が形成されている。このように構築された意味は、二〇一八年の『ル・プティ・ロベール』にみられる「kawaii」の定義と呼応するのである。

それでは、「kawaii」という言葉は借用語（説明なしに、日本語以外のものを指示する際に使われる）になりうるのだろうか。次の抜粋から考えてみよう。

（一六）今夜、ディヴァン・デュ・モンドで発見されるのは、トイ・キャバレーに囲まれたマイケル・ウッキーのメランコリックなフォーク、「kawaii」の遊び心あふれる音楽、タンブラーやオルゴールを使ったエマニュエル・レブスの即興セット。（『リベラシオン』二〇〇八年六月一二日付）

ここで、「kawaii」とはフランスの音楽グループの名前を指しており、コテキスト（隣り合わせているテクスト）で日本が言及されることはない。バンドのレコードのジャケットには「かわいい」ぬいぐるみが描かれているが、日本らしさは皆無である。「kawaii」が、日本的な特徴を伴わない、ある種の尊さ／粋／狂気を表していると考えれば、この用語は借用語として使われていると考えることができる。

また、フランス版の検索エンジン"Bing"では、この言葉が登場するサイトをみつけることができた。例えば、「kawaiette」「「kawaii」licious」「「kawaii」euses」「kawai」のように、「kawaii」という語が「派生・合成の過程に入り形成されていること」にも注目する。このように、派生・合成語として使われることで、「kawaii」という言葉がすでにフランス社会に定着し借用語として使われていることがわかる。

(6) 二〇二〇年度以降のフランスの全国紙における「kawaii」表象

ここまで「kawaii」という言葉がフランスに浸透していった一九九六年から二〇〇九年のフランス世論における「kawaii」の表象について考察してきた。それでは二〇一八年に「kawaii」が『ル・プティ・ロベール』にエントリーされた後の二〇二〇年代は、フランス世論の中で「kawaii」はいかに使用されているのであろうか。二〇〇〇年代に最も多く「kawai」また、「kawaii」という語が使用された『ル・フィガロ』を事例にみていこう。オンライン版の『ル・フィガロ』において、誰でもが読むことができるフリーアクセス記事をみてみると、数は変わらず多くないものの、二〇二〇年に三記事、二〇二一年に四記事、二〇二二年に一記事、本書を執筆している二〇二三年三月までで二記事において「kawaii」が使用されている。この三年間の『ル・フィガロ』における「kawaii」の使われ方の分類は以下の二つが挙げられる。

一．日本とは間接的に関係あるものを形容する際に「kawaii」が説明なしで使われるもの（ペレグリニスムとして用いられる）

二．日本とは全く関係のないものを形容する際に「kawaii」が説明なしで使われるもの（借用語として用いられる）

このように、すでに「kawaii」はゼニスムとして使用しておらず、このことからもフランス社会の世論として「kawaii」という言葉が浸透していることが窺える。それでは、以下、ペレグリニスム、借用語として用いられる「kawaii」について考察しよう。

一．日本と何かしら関係あるものを形容する際に「kawaii」が説明なしで使われるもの（ペレグリニスムとして用いられる）

「kawaii」という言葉がペレグリニスムの形で使われた記事をみていこう。

① 「kawaii」花柄のグッチフローラゴージャスガーデニアオードパルファム by グッチ

アレッサンドロ・ミケーレによって再構築された、アイコニックなフローラモチーフのピンクの漆塗りのガラスボトルは他にはないもので、生きる喜びを与えてくれる。広告キャンペーン

「#FloralFantasy」では、マイリー・サイラスが日本のアニメーション映画にインスパイアされたカラフルな世界へと私たちを誘い、遊び心と風変わりなトーンを設定しました。バラ色とは言い難い世界に、ユーモアの息吹を吹き込みます。（『ル・フィガロ』二〇二一年一二月二二日付）

この記事のタイトルにみられるように、イタリアのラグジュアリーブランドであるグッチの香水の瓶の花柄を表すのに、なぜ日本語から派生した外来語である「kawaii」が使われているのか、という疑問が生じる。しかし、この記事の本文を読んでみると、この広告について「日本のアニメーション映画にインスパイアされたカラフルな世界へと私たちを誘い」という文が併記されている。ここで用いられる「アニメーション」という言葉は、前掲したように、『ル・プティ・ロベール』の「日本発祥の美学であり、幼少期の世界を想起させる（パステルカラー、空想上の人物の表現など）もの」という空想上の人物（アニメ・マンガのキャラクター）から連想されたものであり、まさに『ル・プティ・ロベール』による「kawaii」の定義を世論として根づかせるのではないか。

次の二つの記事では、『ル・モンド』で「kawaii」が一九九九年に使われたときに指していた、日本の革新というステレオタイプ的発想に呼応するテクノロジーと日本の従来の意味でのかわいらしさを示す犬とがあわさった、「kawaii」ロボット犬ＡＩＢＯを彷彿させる文脈　でまた「kawaii」という表現が使われている。

②Mirokiロボットは、人間の間をシームレスに移動し、職場で簡単な肉体労働をサポート

Mirokiは、ラスベガス・エレクトロニクス・ショーの出展者が入居する多くのホテルのスイートルームの一つに隠れています。Mirokiは、もともとインタラクティブなキャラクターの制作を専門としていた Enchanted Tools 社の最初のロボットです。ルノー車に搭載されるアバター「リノ」を手がけた会社です。Mirokiは、まるでアニメの世界から飛び出してきたかのようです。一メートル二三センチ、二六キロの体格、大きなウサギの耳、映し出されるビデオの顔などヒューマノイドと動物の間の奇妙なミックスです。全体がとてもキュートです。「kawaii」と、日本人は言うでしょう。

(『ル・フィガロ』二〇二三年一月五日付)

③シャオミのロボット犬「CyberDog」シャオミ

[中国のグループ]シャオミは、スマートフォン、コネクテッドウォッチ、スクーター……とあらゆる分野で活躍していますが、今回はコンパニオンロボットです。そのCyberDogは、Boston Dynamics 社のものを奇妙に彷彿とさせます。ソニーのロボット犬、「kawaii」Aiboとは大違いだけれども、とてもスタイリッシュなサイバードッグです。

この二つの例では、一九九九年に「kawaii」という語がフランスの全国紙で現れた時に指し、形容したのが、日本が開発した身近な存在としてのロボット犬であったことを背景に、ここでテクノロジーによるキュートな動物のロボットを紹介するともみられる。日本のロボット犬の記憶もあり、

「日本人なら『kawaii』というだろう」とテクノロジーと結びついたキャラクターとしてのこの存在を「kawaii」と定義しているかのようである。

二つ目の例では、中国のロボット犬の紹介をするが、やはり日本の「kawaii」ロボット犬とは異なり、スタイリッシュなサイバードッグであると比較し日本のロボット犬が「kawaii」ものであることを前提として定義している。

このサイバードックがカワイイと結びつけられ、一九九九年以来ほぼ二〇年たっても世論で取り上げられるのはなぜなのだろうか。理由の糸口を探るために、工学技術論と思想的な文化論の視点からフランスの知能学者のフレデリック・カプランが著した『ロボットは友だちになれるか――日本人と機械のふしぎな関係』（西垣通監修・西兼志訳、NTT出版、二〇一一年）をみてみよう。

西垣は同書の中の解説において一九九九年に発売されたこのソニーのロボット犬アイボの開発に一〇年関わっていた人物の一人であるフランス人の人工知能学者フレデリック・カプランがその経験を通して「西洋人が示すエンタテイメント・ロボットへの嫌悪感と反発を覚え、（中略）ただ落胆するだけではなく、いったい西洋人はなぜ違和感をもつのか、また日本人はなぜ逆に親近感をもつのかを生みこんで冷静に分析」しようとしていると指摘する（西垣 二〇一一）。そして西洋人の違和感に対して、「ヒューマロイド型ロボットへの違和感が、ユダヤ＝キリスト教の宇宙観に発している」と「神を冒瀆する行為」（西垣 二〇一一）とみなしている。また、カプランは、日本人がこのサイバードッグに親近感をもつ理由を次のように説明する。すなわち、「終わらない幼年時代」を迎えている日本において「『カワイイ』趣味」が日本でまさしく崇拝され、ヨーロッパやアメリカよりも昂じている」が、一九九〇年代以降は、日本も変化し、「お仕着せの社会の『大人』の価値を拒否するようになり、日本人のカワイイ・ロボット好き」も、このような近年の「大人にならないこと」の観点から考える必要があるとする。ただこの「カワイイもの好き」だけでは説明できないとし、欧州とは異なる様々な時代や国の文化からインスパイアされたものがひしめきあう日本の都市の一貫性のない「キッチュな外見の背後に、日本人が自然なものや人工的なものと結ぶ特有の関係性を読み解く」（カプラン 二〇一一）必要があるとする。

以上のように、カプランが指摘するように、欧州とは異なる日本独自の「未熟なかわいさ」と「キッチュさ」によって「欧州では受け入れがたい神を冒瀆する行為」としての「かわいいエンターテーメントロボット」を取り入れることが日本の特異性とみなされ、総称して「西洋的価値観」からは大きく外れていることが、「kawaii」という形で表現されることになると考えられるのではないか。

このように二一世紀初頭に日本のアニメやロボット犬（テクノロジー）など「未熟」という意味を含意する日本特有の文化の特徴を表す「kawaii」という言葉が、二〇年近くを経た後も繰り返し用いられ、日本文化の一特徴として「kawaii」という側面が強化されているのである。

二．日本とは全く関係のないものを形容する際に「kawaii」が説明なしで使われるもの（借用語として用いられる）

借用語として使用される中でも、「kawaii」の語に新たな説明を加え定義し、フランス文化として「アプロプリエーション（占有）」しようとするものがみられる。ここではすなわち、日本とは関係ないものを指す際に、「kawaii」という借用語を説明なしで使い、辞書にもない新たな意味を構築している。次の記事の抜粋をみてみよう。

④文化的なお出かけ――三月一一日の週末、リヨンで何をする?

スクリエールでは仮装がシックに決まる。

土曜日と日曜日、リヨンのLa Sucrièreでヴィンテージファッションマーケットが復活します。DJセットやファッションショー、ダンスショー、写真撮影やスクリーンプリントなどのワークショップを楽しみながら、友達と一緒に夢の一着を見つけるチャンスです。二〇二三年の開催では、アジア発のトレンド「kawaii」を取り入れることにしました。「日本語で「かわいい」を意味するこの言葉は、ウェブやストリートを侵食しつつあります。ピカチュウがこんなにスタイリッシュになったのは初めてです！　子供の頃、私たちをなごませてくれたものが、今では私たちの服に。しかし、ピカチュウがマンガやゲーム、寿司のファンだけのものだと考えるのは短絡的です。「kawaii」は、何よりもまず、ポジティブな言葉であり、人生の状況や物、瞬間が心地よいということを価値づけるものです。「kawaii」は、アングロサクソン語のCoolに例えることができます！」と、毎年一四万〜一五万人の来場者を迎えるこのイベントの組織について説明されています。

La Sucrière 45/50 Quai Rambaud 69002 Lyon. 土曜日と日曜日の午前一〇時から午後七時まで。三月一〇日（金）午前〇時まで前売り五ユーロ、一二〜二五歳四ユーロ、その後当日六ユー

ロ、一二〜二五歳五ユーロ、一二歳未満は無料。（『ル・フィガロ』二〇二三年〇三月一〇日付）

ここでは、フランス語辞書の『ル・プティ・ロベール』の定義、マンガやゲームなどのキャラクターも指す意味での「kawaii」を、日本文化の特徴から派生した語として用いるのではなく、それを自分たちの言葉へと占有し、ポジティブな新たな意味へと昇華している。

みてきたように、二〇〇〇年以来「幼さ」「アニメ・マンガを彷彿させるかわいらしさ」を指す意味が「kawaii」に付与され、その結果、二〇一八年には辞書『ル・プティ・ロベール』にエントリーされた。その後、月日を経て二〇二〇年から二〇二三年初頭においても繰り返し使用される中で、「kawaii」という語から日本的な要素を取り除き、自分たちフランス文化においてポジティブで心地よいことを価値づける言葉として占有された様子がみられるようになったといえる。

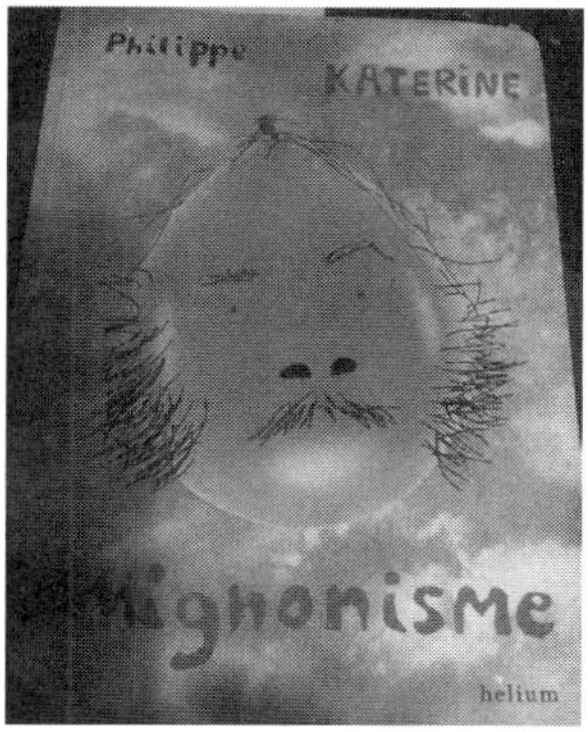

フィリップ・カテリーヌ
『ミニョニスム』（2023）

フランスのアーティストである Philippe Katérine（フィリップ・カテリーヌ）が『mignonisme（ミニョニスム）』に関するイベントを二〇二〇年にパリの百貨店ボン・マルシェ[9]で開催し、アート作品を展示、また本を出版している。日本語の「かわいい主義」に対応する mignonisme である。同氏は二〇二四年パリオリンピックの開会式で青塗りの身体でギリシャ神話に登場する酒の神ディオニソスを演じ、賛否両論の的となった人物である。この同氏の『ミニョニスム』という本の最初のページは、以下のように始まっている。

もちろん、氷の恥、衰え、裏切り、苦悩はある。もちろん死もある。しかし、ミニョニスムは、運命を払いのけ、この不確かな岸辺に、より大きな安らぎをもって挑むために、手元にある。

この鏡の中の自画像にも……そしてこのページ全体にも、かわいいはある。かわいいは、笑いを耐えられるようにするためにある。

目を見開くだけでいい。かわいいものはいつもどこかにある。それは光学の問題だ。

(Katerine 2023)

カテリーヌ自身はさらに、ミニョニスムとは「-ism "運動は刺激的ですが、うまくいかないこともあります。この恐ろしい"-ism"とかわいらしさの対比です。私のペインティングやインスタレーションは、苛立ちや無理解を遊び心たっぷりに表現しています。私たちはドラマチックなものをより軽快にするのです」[10]と語っている。

この「ミニョニスム」には未熟さは感じられず、「kawaii」の借用語としてよりフランス社会に占有された言葉の意味であるポジティブさ、楽しさに近いものがある。すなわち、ここで使用されている「kawaii」は完全にフランス社会に占有された形態として、日本的なもの、未熟さがそぎ落とされた形に発展しているといえるだろう。

そうはいっても、やはり借用語として使用する際に、「kawaii」日本女性といったステレオタイプ的イメージを批判的に提示し続けるものもある。日本女性のステレオタイプ的イメージとして「kawaii」という語が以下の記事で使われている。次の抜粋をみてみよう。

⑤日本のヒップホップ界のニューセンセーション、Awich（エイウィッチ）

三五歳の彼女は、「アジアの願いの子」という意味の芸人で、学生時代からラップを始め、日本最南端の県である沖縄のアンダーグラウンドクラブで活動を開始した。しかし、今年メジャーレーベル（ユニバーサル ミュージック ジャパン）から初のアルバム『Queendom』をリリースし、雑誌『VOGUE』での写真撮影や東京の有名な日本武道館でのコンサートなどで、彼女は本当にブレイクした。ニューアルバムのタイトルとなったこの曲は、一九歳でアトランタに移り住み、夫の暴力的な死、そして日本での娘の子育てについて歌った。「この曲は私の人生を数分に凝縮して表現している。だから、演奏するたびに感情がジェットコースターのような往復をすることになる」。（中略）

ステージでは、長いポニーテールを背中で揺らしながら、日本の音楽シーンに「異なるエネルギー」をもたらすことをアピールし、楽しげな自信を漂わせるAwich。また、「ブラック・ライブズ・マター」運動の活動家でもあり、「kawaii」という日本の女の子のステレオタイプに挑戦している。（『ル・フィガロ』二〇二二年八月二一日付）

ここで、「ブラック・ライブズ・マター」の活動家でもある日本のヒップホップを歌うAwichが紹介される。この日本人のヒップホップシンガーで「異なるエネルギー」をもたらしているAwichの特徴を説明するために、日本の女性のステレオタイプが「kawaii」であることを前提として構築し、そのうえで、「kawaii」日本女性たちとは異なるイメージを提示しようと挑戦している存在としてAwichを紹介している。この挑戦という言葉が使用されるほど、「kawaii」という日本女性のステレオタイプがフランスでどれだけ自明のものとして根付いているのかがより強調されて伝えられているといえるのではないだろうか。

本章の前半で考察したように、アジア諸国と異なり、日本の「かわいい」という概念を共有してこなかったフランスにおいて、「kawaii」という言葉は、日本のポップカルチャーがフランスの一部若者の間で隆盛し、日本政府も日本発の「ポップカルチャー」を広げていこうとし始めていた時、日本語のニュアンスを引き継がず、このポップカルチャーを示すために自由に解釈された結果として著者たちの間で認識されていたといえよう。同時に、本章後半で取り上げたように、二〇世紀末のフランスの新聞によって形成された世論で現れた「kawaii」という外来語は、ＡＩＢＯや村上隆の芸術作品など学生の回答より広い意味での日本のポップカルチャーやそれが含有する未熟性を示す語としてゼニスム、ペリグリニスム、そして借用語として用いられ、二〇一八年にはフランス語の辞書『ル・プティ・ロベール』にエントリーされるまでに至った。このようにフランスの文脈で借用語として用いられる際には、日本の未熟性を起点としていた「かわいい」という概念が、フランスで流行した日本のアニメ、ファッションといったポップカルチャー、テクノロジー、逸脱といったフランスで現れた特徴と結びつき使用される。その一方で、「kawaii」はフランス語の借用語として使用されるまでの過程で、日本や未熟性という意味がフランスの文脈にあわせて消し去られて、ポジティブ、心地よさを意味する語としても使われることになる。しかし、それでも未熟な日本人女性を形容する言葉として説明なく使用され続けることはなくならない。このように一世紀を超え"kawaii"を用い未熟な日本人女性像が構築され続けることで、それが社会の共有認識として「事実である」と根付く様子が窺えるのである。

注

1　調査に関しては、同大学ジャン＝ミシェル・ビュテル准教授（二〇一一年当時）に多大なるご協力をいただいた。心からお礼申し上げたい。アンケートはフランス語で行い、フランス語で回答してもらった。回答の翻訳に関しては筆者が行った。

2　フランス語の翻訳語訳は『ロワイヤル仏和中辞典』を参考としている。

3　これらの語の使用事例として、「『kawaii』ものが大好き」という一一歳と一四歳のパリ郊外の中学に通う女子学生二人に筆者が行ったインタビューの回答を挙げる。彼女たちに「『あなたはミニョンね』といったら嬉しいか」と質問をした際に、「ミニョンなものは好きだけど、私自身に対してミニョンと言われるのは嬉しくないわ。だって、まだ赤ん坊という意味で、一人の女性としてみなしてもらってないということだもの。親は『Tu es jolie（きれいだね）』と言うけど、やっぱりbelle（美しい）って言われたいわ。この語には、いわゆる女性として異性に対して魅力的という意味が込められているもの」という答えが返ってきた。三語の使用の際のニュアンスが異なることが窺える。

4　この二〇一一年の段階では、二〇〇九年にジャパン・エクスポのコンサートを開催したＡＫＢ48とは異なりフランスの日本ポップカルチャーの専用ケーブル「ノーライフ」（Nolife）チャンネルでも諸条件面で放映されやすかったモーニング娘。は音楽なども入手しやすく人気があったとされる（ノーライフ浅岡鈴果氏インタビュー、二〇一〇年一二月実施）。モーニング娘。は、二〇一二年のきゃりーぱみゅぱみゅやももいろクローバーZのブームに先駆けて二〇一〇年にも、フランスのジャパン・エクスポでコンサートを開催し、最初にジャパンポップカルチャーのスターとして認識されたアイコンの一グループといえるだろう。

5　例えばフランスの女性向け芸能ファッション雑誌『GALA』（二〇一四年二月二一日）で、「彼女は美しく（belle）、才能があって……」と紹介されている。

6　レズリー・ダウナー著『マダム貞奴——世界に舞った芸者』の中で、フランスに渡った川上音二郎と貞奴は、一九〇〇年（明治三三年）パリで行われた万国博覧会の一角にあったロイ・フラーの劇場で、要請を受けて、「芸者と武士」の二本立てを公演と記されている（ダウナー 二〇〇七）。

7　二〇一六年六月二七日に勤務先である明治大学情報コミュニケーション学部で筆者が担当していた「トランスナショナル・コミュニケーションにおける文化形成」を考える三年問題分析ゼミの中でタイ、ベトナム、ラオスから来た留学生一六人にゼミ所属学生がいくつかの写真を見せ形容詞でどういう存在かを答えてもらった結果、フランスやリトアニアでkawaiiとされていたきゃりーぱみゅぱみゅは、かわいいではなく「原宿系」とされ、最もかわいいとされたのは、八〇年代の「ぶりっこ」を彷彿させる首を傾げたおとなしめの一八歳ぐらいの女の子の写真であった（明治大学情報コミュニケーション学部高馬ゼミ三年田中、藤井、守谷、成井アンケート 二〇一六年）。

8　『ル・フィガロ』の週末版紙媒体の販売は、『ル・フィガロスコープ』『マダム・フィガロ』などの雑誌が含まれている。

9　Philippe Katerine X Le Bon Marché – Le Bon Marché (lebonmarche.com)（二〇二四年六月二二日）

10　Pourquoi Mignonisme de Philippe Katerine est le livre feel good à lire cet été – *Vogue France* (https://www.vogue.fr/culture/article/interview-philippe-katerine-livre-mignonisme 二〇二三年九月六日閲覧)

第3章

フランスにおける「kawaii」ファッションの構築と伝達

1．フランスを軸に二〇〇六年頃から展開していく「kawaii」ファッション

前章では、フランスにおける「kawaii」という言葉の認識の変遷について考察したが、本章では「kawaii」と表現される数々の事象の中でも、フランスの日本学専攻の学生にも「kawaii」ものとして指摘があった原宿ファッション、ロリータファッションといった日本の「かわいい」とされるスタイルに着目し、現代のヨーロッパ中心的な社会規範とは「異なる」とみなされる非西洋的なファッションとしてどのようにトランスナショナル化していったかをみていく。

岩渕功一は、人類学者のウルフ・ハナーツが定義した「トランスナショナル」を引用しながら[1]「グローバル化する力のもとで出現したアジア内の大衆文化の流れの複雑さと分断性は、インターナショナルやグローバルとは対照的に、トランスナショナルという言葉でよりよく表現される」（岩渕 二〇〇一：一六）と説明した。

本節では、フランスにおける「日本」文化のトランスナショナル化の一例といえるこの「kawaii」ファッション現象が複数の行為者の言説によって構築され、広められたプロセスを探ることにする。これらの拡散プロセスをフランスにおいてメインストリームとしてみなされてはいない「kawaii」ファッションの着用者・実践者である行為者自身のSNSでの発信、マスメディアや出版物の批評、フランスで「kawaii」スタイルをデザインソースの一部として取り入れたファッションブランドといった各分野の当事者としてのアクターの言説を通して考察する。これらの言説分析を通し、デジ

タルメディアの発展とともにフランスにおけるメインストリームではないマージナルな世界でいかに「日本」文化としての「kawaii」が自発的かつ戦術的に構築、伝達されてきたのかについて検討する。

戦後の「日本」文化とは何かを説明するうえで、海外のファッションを取り入れながら日本文化のフィルターを通して異文化を受容・変容させ形成された「kawaii」ファッションは、その一つの大きな事例といえるだろう。「kawaii」ファッションはどのようにしてフランスに「到着し、繁栄した」のだろうのか？　二〇一〇年代半ばから本格的にエスカレートし、ソーシャル・ネットワーキング・プラットフォームを通していかに展開していったのか、を調査することで特にマス・メディア時代のアメリカ文化にみられるようなグローバリゼーションによって垂直に文化が伝播していくのとは異なり、非西洋のファッション文化が越境し、水平かつ縦横無尽に伝播していくプロセスを明らかにする必要があるだろう。前述したように、原宿系ストリートファッションや一部のロリータファッションなど、次章で検討する日本の文脈で展開された「かわいい」ファッションとは異なり「kawaii」とされていたファッションスタイルは、二〇〇六年前後から、グローバル・マーケティングなどの影響の外で様々な行為者によって形成されてきた。これは、二一世紀のロリータファッションのブームの火付け役の一つともいえる映画『下妻物語』（Kamikaze Girls）』[2]がフランスでも上映され始め話題になった時期でもある。第1章で考察したように、日本政府のパブリック・ディプロマシーやクールジャパン政策などによって、日本のファッションがフランスで推進された時期とも重なる。また、二〇〇七年から二〇一八年までフランスで日本のポップカルチャーを発信したテレビ局「Nolife」の当時日本ビジネスマネージャーであった浅岡鈴香氏は、日本の少女漫画『ＮＡＮＡ』が配信され、ジャパン・エキスポ（一九八〇年代から日本のアニメファンだった人々が主催しているフランスのイベント）で「原宿ガールズコレクション」が開催された二〇〇六年から二〇〇七年にかけて、フランスのテレビで日本アニメのコンセプトや美意識が拡散し、日本の大衆文化や「kawaii」が認知され始めたとしていた[3]。その頃、日本でも二〇〇六年、『imidas』（二〇一三年以降はオンライン版で継続中）は、「カワイイ」を「日本独自の大衆文化が、アニメやマンガを中心に海外に輸入されて定着している状態」と、日本の辞書にあるかわいいとは異なる形で定義した。また、二〇〇六年[4]、二〇〇〇年から年一回で開催され二〇〇五年の開催が中止になった後、「ジャパンエキスポ」が一年ぶりに再開された年でもありここから来場者数が伸びていくことになる。このように、二〇〇六年当時というのは、「kawaii」ファッションをはじめとする日本のポップカルチャーがブームとなり、ジャパンエキスポの来場者が増え始めた年でもあるのだ。

　このように、「kawaii」ファッションが構築され伝播されていく過程は、二〇世紀にいわれていた文化のグローバル化＝アメリカナイゼーションの文化とそのローカリゼーションの図式とは異なっていたと考えられよう。

　以上を踏まえてここでは、二〇〇六年以降、カワイイファッションのトランスナショナル化に大きな役割を果たしたと思われる三者の主要な行為者に焦点をあてる。第一にフランスの「kawaii」の着用者、第二に「kawaii」を取り上げたフランスのファッションメディア、第三に「kawaii」からインスピレーションを得たファッションを提言したファッションデザイナーである。それぞれの「着よう」「着せよう」とする行為が何を意味するのか、また、これら「日本」文化としての「kawaii」を国内外のファッションデザイナーが自らのものとして取り入れる行為は何と名づけることができるのか。特に、「アプロプリエーション」「摸倣」「インスピレーション」「盗用」「アーティキュレーション」として考えられるのかについて考察する。

(1) トランスナショナル・コミュニケーション時代における表象としてのファッションの構築と伝達をめぐる言説

ここでは、メディアにおけるファッション言説によって構築されたその服が、「kawaii」ファッションとして構築された経緯を検討する。現実の衣服ではなく、ファッション(流行した衣服)に関する言説を分析する理由は以下の通りである。ロラン・バルト(Roland Barthes)は、『Système de la mode(モードの体系)』において、「雑誌がある衣服について言葉で説明する場合、それはただ一つの情報を伝えるためである。すなわちその情報の内容はファッションである」(Barthes Kindle版二〇一五:二五)と主張した。[5] さらにバルトは、「イメージは無限の可能性を凍結し、(一方)言葉は単一の確実性を決定する(中略)言語がイメージに加えるものは知識である」と述べるように、[6] 言説によって語ることで一枚の現実の服がファッションとして構築される過程を解読するために言説分析は非常に重要なアプローチの一つといえる。

フランスの言説分析家であるドミニク・マングノー(Dominique Maingueneau)は、ミシェル・フーコーの言説の思想に基づき、言説を社会歴史的に決定されたコミュニケーション行為の痕跡と定義している。[7] さらにマングノーは、言説は「知識（としてその特定の時空間で考えられているもの）」「文学（としてその特定の時空間で考えられているもの）」という観点からフレームを正統化すると付け加えている。[8] したがって、本研究では、二一世紀にフランスを基軸に構築され流布された「kawaii」ファッションという表象は、異なる社会（フランスと日本）にまたがるある時期（二一世紀初頭）において、様々な形態の権力によって条件づけられた主要な行為者三者、すなわち、着用者、フランスのファッションメディア、ファッションデザイナーの言説を通していかに構築されたのか検討する。

バルトが分析したのは、パリのオートクチュールが一世を風靡し、世界に一つのファッションスタイルを提案していた時代、一九五〇年代半ばから一九六〇年代にかけてのファッション言説であり、それがファッション誌の中で構築され、世界的に発信されていた時代である。現在では、インターネットやSNSなどの情報技術の発達により、「kawaii」ファッションなどのサブカルチャーを含む非西洋的なファッションは、たとえ西洋のマスメディアが重要視しなくても、他国へ発信することができる。伝統的なファッションメディアはバルトが分析した紙媒体から二一世紀になってオンライン方式なども含むようになり、ファッションデザイナーのみならず着用者など多岐にわたる発信者が中心のファッションメディアであるSNSは、画像のみならず、動画が流行を形成する。しかし、画像、動画が中心といえども、バルトも指摘したように、そこから多様に読み取れる意味からそのメディアが伝えたい意味を「投錨」するためには、やはり言説の存在が重要であると考えられよう。

インターネットやSNSといったコミュニケーション・ツールの発達により、人々は「kawaii」の情報を個人や小集団の間でトランスナショナルに共有し、それを自由に異文化受容、さらなる発信をすることができるようになった。本章で考察するように、メインストリームではない「kawaii」ファッションの着用者の情報、知識は、インターネットやSNS、ストリートファッション誌などを通じて得られ、その後にパリやロンドンのファッションデザイナーによって「デザインソース」として流用されることになる。そして、「kawaii」ファッションはクールジャパン政策[9]によって、「純粋な」日本文化として「自己流用」され、世界に再提供されていくことになる。このように、「kawaii」ファッションは、ジンメル（Georg Simmel）のいうトリクルダウン[10]だけでなく、複数のアクターを通じて「トリクルアップ」され、トランスナショナルに拡大していったといえるだろう。

これらすべてのアクターが「kawaii」ファッションの展開にどのように関係しているのかを考えることは重要である。岩渕は、ハナーツの論説に基づき、非ヨーロッパ、特にアジアの文化コンテンツが国境を越えるとき、この「トランスナショナルな場では、行為者は今や個人、グループ、運動、企業であり、少なからず、この組織の多様性を考慮しなければならない」と主張した。[11] この複数のアクターという概念は、ブルーノ・ラトゥール（Bruno Latour）のアクター・ネットワーク理論に基づき、「ファッションと身体」について論じるジョアン・エントウィスルが、ファッションを、「ファッション」あるいは「ファッショナブル」とラベルづけされた特定の商品を販売するために、人間や人間以外の多くの異なるアクターを登場させる、重なり合った市場の集合として指摘するが、販売に限らずファッションが作られ流布される際には多くのアクターが存在するといえるだろう。[12]

2.「kawaii」ファッションの着用者、実践者の言説

後節で論じるが、なぜ、フランスで「『kawaii』ファッション」は「ジャポニエズリー（日本のの ろま）」と揶揄されながらも、それを着用する人々が存在するのだろうか。また、彼らは、「『kawaii』ファッション」をいかに認識しそれを着用する自分を表現するのだろうか。フランスの着用者は、自ら着用する「『kawaii』ファッション」をエキゾチックな日本のファッションとみなして着用しているのか、それとも自文化として「流用」しているのだろうか。彼らは、このような「外国」のファッションを身に着けることでどのようなアイデンティティを形成しようとしているのか。またフランスの着用者の「『kawaii』ファッション」受容を通して、どのように日本の「『kawaii（かわいい）』ファッション」という表象が新たに形成されていくのか。本節では、これら様々な問いについて考えるために、これらを着用している人たちがいかに自己表象するかみていく[13]。

本節では、実際に着用者が多く集う場所であるジャパン・エキスポ内で示される「『kawaii』ファッション」、そして、日本が二〇一三年当時クールジャパン戦略の中で指し示していた「『kawaii』ファッション」[14]を一つの定義基準とし、具体的に①原宿ストリートファッション、②ロリータファッションを「『kawaii』ファッション」としてみなす。また、ここでは、特に西洋の「プリンセス・スタイル」を日本で異文化受容、変容したロリータファッションを中心に、それらの着用者の「『kawaii』ファッション」に対する意識を原宿ストリートファッション着用者、日仏ロリータ

ファッション着用者らの「kawaii」に対する意識と比較しながら考察する。

本節で紹介するフランスの「『kawaii』ファッション」着用者にインタビューを行い、その言説を分析、考察した時期は、『日経エンタテインメント!』において、ジャパン・エキスポのキーワードの一つが「『kawaii』ファッション」とされた二〇一一年、また、ジャパン・エキスポの来場者が初めて二三万人を超えた二〇一三年の二年間である。

フランスで「『kawaii』ファッション」について語ってくれる着用者を探す場所として、ストリートから愛好者の「集う場所」が移行しているとされるウェブ上のバーチャルな空間、[16] そして、ジャパン・エキスポを選択した。[15] これらの場は、着用者にとってある種「セイフティースペース」と言われる場である。つまりそこでは、フランスの世論で社会規範から外れているとされていた「『kawaii』ファッション」に対する批判的、特にある種暴力的な他者の視線から逃れながらこれらのファッションを身に着けることができていたのである。[17] 本節では、「『kawaii』ファッション」に関して、以下三つのセイフティースペースに集う「『kawaii』ファッション」を着用する人々の言説を調査した。

（一）フランスで初めて結成された「原宿ストリートファッション」愛好家たちのウェブ上のフォーラムR（仮称）

（二）ジャパン・エキスポ2012、2013の「原宿ストリートファッション」およびロリータファッションの出展ブースが並ぶ「若いクリエーター（jeunes creators）」コーナー

（三）フランスでロリータファッションイベントを運営するロリータファッション愛好家のコミュニティーフォーラムL（仮称）

ジャパン・エキスポ会場内の「『kawaii』ファッション」着用者に対しては、エスノグラフィック・インタビュー[18]および、バーチャル・エスノグラフィック・インタビュー[19]を行った。エスノグラフィック・インタビューに関しては、ジャパン・エキスポで、あらかじめ本書の問いに関連する質問(詳細は後述)を準備しておき、会場で、「『kawaii』ファッション」であるストリートファッション、また、ロリータファッションを着用している来場者にインタビューが可能かどうかを確認し、答えてもらったものである。ただ、会場では時間の制約があり、回答を強要できるわけではなかった。そこで、準備していた質問を軸に、彼らに意見を聞き、エキスポ後、バーチャル・エスノグラフィック・インタビューを通しての回答への協力を承諾してくれた着用者には、フェイスブックなどを通して質問をし、回答を得た。[20]

もちろん、バーチャルにしても実際会ってインタビューするにしても、回答を義務づけることはできず、回答者数、回答量は、参加者によって一様でなくなることは避けられなかった。

また、(二)のジャパン・エキスポでの「『kawaii』ファッション」着用者に対する問いは、ジャパン・エキスポを楽しみに来ている人々の制限された時間の関係上、補足インタビューを応じてくれた人には、その後SNSやメール等を用いて質問を送付し、自らの意見、考えを返信してもらった。本節で考察していくように、個人利用が可能なインターネットを中心としたコンテクストで伝達、形成される非西洋の文化である「『kawaii』ファッション」は、必ずしも、マスメディア、大企業の戦略に左右されているとは限らない。むしろ、文化背景の異なるいくつにも連なる小グループにおいて多様に受容、表象、形成されている度合いが強い。このように多元化し複雑さの増す「『kawaii』

ファッション」を受容する小グループの様々な関係性を明らかにするためには、量的に事例を考察するのではなく、少人数でも質的に考察し、「地域、時間、状況といった特殊な条件の影響を強く受ける」（フリック 二〇一一）「『kawaii』ファッション」に関する「様々な限定つきのナラティブ」（フリック 二〇一一）を分析する必要があると考えた。また、ここで着用者によって語られたことは事実というより、着用者が各々の答えを通してみせたい自分という自己表象であるということ（フリック 二〇一一）も指摘しておきたい。そもそも社会的規範とは異なるメインストリームなスタイルであるとはいえない「『kawaii』ファッション」の着用状況を知るために、少数ではあっても多様な着用者の主観の考察を通してトランスナショナル・コミュニケーション時代における「『kawaii』ファッション」の多様な表象を検討する糸口が提示できればと考えた。

そこで、本節では、自身によって語られたフランス人「『kawaii』ファッション」着用者像と

i. 日仏の観察者によって形成された「『kawaii』ファッション」着用者像との共通点および相違点

ii. 日本の「『kawaii《かわいい》』ファッション」着用者像との共通点、相違点

iii. それら共通点、相違点を生み出す社会システムとは何か

という三点について考察するために、以下の質問を基本の問いとして挙げた（kawaii ファッションには複数のサブスタイルがあり、その違いから話を聞くグループによって問いの内容は若干調整した）。

①あなたのスタイルは「『kawaii』スタイル」だと思いますか？ あなたにとって「『kawaii』スタ

イル」とは何ですか?

②なぜ、「『kawaii』スタイル」を着用するのですか?

③「『kawaii』スタイル」を身に着けたときに周りの反応はどうですか?

④「『kawaii』スタイル」は日本のスタイルだと思いますか? 「『kawaii』スタイル」を着ることで、日本人のように思われたいですか?

⑤「『kawaii』スタイル」はあなたにとってエキゾチックですか?

⑥「『kawaii』スタイル」は異性を引きつける服だと思いますか?

⑦あなたにとってkawaiiとは何ですか? kawaiiと聞いて何が思い浮かびますか?

⑧どこで、そしていつ「『kawaii』スタイル」を着用しますか?

⑨どのようにして「『kawaii』スタイル」を実現しますか? どこで「『kawaii』スタイル」を買いますか? プレゼントですか? それとも自分で買いますか?

⑩(当時放映されていた)NHKの国際放送の番組「東京 カワイイTV」「Kawaii International」、また、青木美沙子さん(ロリータファッションのカリスマとして二〇〇九年外務省からカワイイ大使に任命されていた)を知っていますか?

それではそれぞれの着用者による回答を以下に考察していこう。

(1) フランスの着用者が語る「原宿ストリートファッション」

本節でロリータファッション着用者がいかに「『kawaii』スタイル」について語るかをみる前に、

まず参考として、フランスにおいて「原宿ストリートファッション」の着用者でインタビューに応じてくれた人たちの声を聞いてみたい。

二〇一二年三月一一日にRのフォーラム投稿欄に質問を投稿し、メンバーからの回答を募った。二〇歳前後の三人が回答してくれたものをみていきたい。[21]また同年夏のジャパン・エキスポで、「『kawaii』スタイル」着用者にインタビューした中から、その後のSNSを通してのインタビューに応じてくれた一〇代、二〇代、および三〇代の各一人、計三人にも回答を依頼した。表1は、これら「『kawaii』ファッション」着用者六人のインタビューに対する回答をカテゴリー別にまとめたものである。

以上、表1にまとめた回答からみえてくる彼らの「『kawaii』ファッション」に対する認識を以下三点にまとめることができる。

①着用者のアイデンティティについて（問①〜③に関する回答のまとめ）

そもそもインタビューを快諾してくれた着用者は日常とは違う自分として『kawaii』スタイルを実践していることもあり、自分が日常の生活で何をしているのか、など具体的に個人的情報を聞くことは難しかった。ただ、その中でも本章で実施した話を聞いた三〇代の回答者は、回答の中で、職場以外でという言葉を使い、すでに仕事をしていることを明かしたうえで、職場以外で「『kawaii』スタイル」を着用し、「人と違う自分になれる」、そして「自由に解釈できる服」としてみなしている。そして、他の人と違う自分を装うために、自らを取り巻く社会にそのスタイルが受け入れられないこと

表 1　「『kawaii』ファッション」着用者 6 人のインタビューのまとめと引用[22]

	質問	R 参加者 (20 歳前後 3 人)	ジャパン・エキスポ (10 代 1 人、 20 代 1 人)	ジャパン・エキスポ (30 代 1 人)
①	「『kawaii』スタイル」とは何か	「創造性／独創性」 「笑顔」「子供の頃の美しさ」	「子供の頃のノスタルジー」 「このスタイルは kawaii ではなく、自分たちの想像源としての kawaii」	「現代の時折重苦しいこの世界における少しの甘さを組み込める世界」
②	なぜ「『kawaii』スタイル」を身に着けるのか	「創造性」 「自己表現」 「自分を肯定できるから」 「バーチャルコミュニティーは、自分が逃避できる場所」 「1 人ではないと思える他の人とシェアできる場所」	「大きな子供でいたい」 「ピンクのもの、パステルカラーのもの、パンダ、クマのぬいぐるみなど〈カワイイ〉キャラクターのものが好きだから」 「自分を受け入れるためのファッションではあるが、社会、仕事の場では受け入れられない」	「他の人とは違う恰好ができる。際立たせることができる」
③	「『kawaii』スタイル」に対する回りの反応はどうか	「オリジナリティ」 「理解できない」 「親は『kawaii』スタイル」「気に入っていない」 「親は応援してくれている」 「通りでは侮辱されたり尊重されないということがしばしばある」	「賞賛を受けることもあれば、ばかにした笑い、尊敬を欠いた若者の不快な視線など否定的注目を浴びるわ」 「否定的な視線をもつほかの人のせいで、なぜ着れなくなるのかわからない、自分のために生きているから」	「100 パーセント「『kawaii』スタイル」をしたら、周りの人にとってはいわゆる洋服というより仮装だわ」

④	「『kawaii』スタイル」は、エキゾチックと思うか	「日本から来たというだけでエキゾチックといえない」	「西洋には存在しないが、それは、エキゾチックではなく、オリジナルである」	「エキゾチックというよりオリジナルよ。日本以外にも普及しているし。ただ欧米では小さな女の子のみに許されているスタイルだわ。」
⑤	「『kawaii』スタイル」は異性の視線を引きつけるもてるための服か	「ハイヒールにミニスカートというような挑発するためのスタイルとは違い、一般的には気にいられない」「特殊すぎる」	「子供、大人、倒錯的変質者、まで偏った形で人を引き付けるにせよ、異性を引き付けるためのスタイルではなく、自分を引き寄せるためのスタイル」	「それが目的ではないけれど、結果として男性を引き付けるならそれは嬉しいわ」
⑥	「『kawaii』スタイル」を身に着けて日本人のようにみられたいか	「日本人のコピーだ」という批判があったり「日本人に似たいと最初は思った」こともあっても、また、このスタイルが「日本からきた」ものであっても、「どこからこようがスタイルはスタイル」「日本人のように見られたいとは思わない」	マンガのおかげで、日本文化は好きで、日本的なファッションとみなしながらも、自分たちが日本人のように見られたいとは思っていない	「全く思わないわ。第一難しいわ。身長1メートル70センチで金髪で青い目という風貌だもの」

⑦	kawaii が意味するものは何か	「笑い」「明るさ」「笑顔」「子供の頃」「いい気分」「色」「芸術」「日本」「創造性」	ピンクといったビビッドやパステルカラー、ぬいぐるみ、マンガキャラクターなどが表す「子供」「ノスタルジー」「成長することへの拒否」といった「子供のころへのノスタルジー」というもの、また、それらをベースとした「喜びをもたらす美的なパッション」	「『カワイイ！』と感じさせるもの」
⑧	いつ、どこで「『kawaii』スタイル」を身に着けるか	「いつでもどこでも」「毎日」「着たいときに」	「仕事以外はいつも」	「アクセサリーとか少しだけ取り入れるなら毎日だけど、「『kawaii』スタイル」をきちんと身に着けるのはジャパン・エキスポのような時よ。仕事では着れないわ」
⑨	「『kawaii』スタイル」の洋服をどこで購入するか	「姉、いとこ、伯母、友人からもらう」「古着」または、「ネット」「H＆M」「自分でつくる」「日本のショップからの輸入はしない」	日本のショップから直接輸入買い付けをするということはなく、購入するとしてもフランス資本のショップだったり、ジャパン・エキスポやオンライン上に出店しているブティックから比較的安価で購入	「私の周りで探すのは難しいけど、いろいろな場所で少しずつ買っているわ」

⑩	「東京カワイイＴＶ」「KAWAII INTER-NATIONAL」や青木美沙子さんを知っているか	「両方知っている」	「知らない」	「この質問のおかげで調べて知った」

を認識しつつ、「『kawaii』ファッション」を着用している。それゆえ、中傷される危険のある一般の通りなどではなく、自分と価値観を共有する他者の視線によって「『kawaii』ファッション」を着用する自分を承認してくれるセイフティースペースとしてのウェブ上のフォーラムや、ジャパン・エキスポなどの日本文化の祭典が、「『kawaii』ファッション」着用する重要な場所とする。それに対し、今回意見を聞いた二〇代までの着用者にとって、「『kawaii』ファッション」を着用するのは「子供の頃へのノスタルジー」的要素があるとし、「他者との差別化」と指摘する三〇代世代とは着用するモチベーションが異なっていた。

②「『kawaii』ファッション」は文化無臭的なスタイルとしてとらえられているのか、もしくは、オリエンタリズム、エキゾチシズムの流れでとらえられているかについて（問④〜⑦に関する回答のまとめ）

問④の答えでは、「日本の「『kawaii』ファッション」は、日本から到来したエキゾチックなファッションとは言えない」としながらも、「フランスの一般的なファッション、すなわち、異性を引きつけるためのファッションからは遠い」ものとされる傾向が強い。そのため、フランスにはない「特殊」なファッションとして認識されている。しかし、その特殊性は、ここでは、エキゾチックではなく「オリジナリティ／独創的」という言葉で表現されている。エキゾチックという表現には、サイード（Edward Said）の『オリエンタリズム』（Orientalism）の流れにある「西洋／東洋の優劣関係」が内在されていると考えられるが、本インタビューの回答においてはそのような明示的優劣関係はみられないといえるのではないか。

回答してくれた着用者たちは、「『kawaii』ファッション」は日本のスタイルと認めるものの、その「『kawaii』ファッション」を着て日本人のようにみられたいとは思っていなかった。また、「原宿ストリートファッション」をコーディネートし体現している回答者たちは、そのスタイルを「kawaii」ではなく、「kawaii」からインスパイアを受けたファッションを身に着けているとしていた。このように、ここでは、「『kawaii』ファッション」とされる「原宿ストリートファッション」は、日本人という他者をお手本とするのではなく、フランスの社会的規範から自分を解放する手段としてとらえられていることが読み取れよう。

③「『kawaii』ファッション」のビジネスチャンスとしての可能性について（問⑨～⑩に関する回答のまとめ）

問9の「『kawaii』スタイル」の洋服をどのように入手するかという問いの答えは、「知人からもらう」「古着」「H&M」フランス語圏の「オンラインショップ」等から入手とあるものの、日本のブティックから直接輸入するという回答はここでは得られなかった。日本からの輸入は、関税なども含み高額となるため、インターネットで集めた情報をお手本に、身近にあって手軽に入手できるものでアレンジしている様子が窺えた。このことは、当時西欧の「kawaii」ブームを受け「『kawaii』はビジネスチャンス」としていた試みとは合致しないだろう状況が見て取れる。

(2) フランスのロリータファッション着用者が語る「kawaii」

①インターネット・フォーラムの着用者が語る「kawaii」

本節で中心的に論じたい「『kawaii』ファッション」のもう一つのスタイル、ロリータファッションについて、愛好家が参加しているフォーラムL[23]に質問を掲示してもらい、二〇一二年四～五月の間にメールで自由に回答をしてもらった。その結果、一〇代から二〇代の年齢層の一九人のロリータファッション愛好家の回答を得た。先の「原宿ストリートファッション」のフランスの着用者に問いかけた質問からいくつかと、ロリータファッションに関与する内容を加えた次の七つの問に対する回答をみていこう。

(ア) なぜロリータファッションを着用するのか

この問いに対して最も多く寄せられた回答は「このスタイルは着用すると気分がいいの、まさに私自身よ」[24]というものであった。多くの着用者たちはなぜロリータファッションを身に着けると気分がよくなるのかその理由を、

(一) ロリータファッションは、マリー・アントワネットや一九世紀のエレガントな西洋風ドレスだから。[25]

(二) プリンセスのように感じるから。[26]

という二回答で提示し、ヨーロッパの貴族、プリンセス（のように振る舞うこと）に憧れ実現するという夢に影響されていると指摘する（少数だが、人形や海賊を憧れとするものも見受けられた）。しかし、「原宿ストリートファッション」と同様、ロリータファッションを着用して「日本人のようになりたい」という回答はみつけられなかった。このことは、明治維新による開国後、「パリジェンヌ」をお手本にしながら、フランスのファッションを追従していた日本人とは異なる（Koma 2014）。それとは違い、このインタビューを行ったロリータファッションを着用するフランス人たちからはその要因に「日本的なるもの」への憧れという理由はみつけられない。

（イ）ロリータファッションの起源は何か知っているか

この質問は、着用者がロリータファッション、「『kawaii』ファッション」をどのようにとらえているか、日本のファッションとみなしているのかどうかを確認するために尋ねたものである。この質問への回答は大きく三つに分類できる。

（一）ゴシックロリータは日本から来たもので、特にヴィジュアル系バンドのリーダー、マナ[27]によって影響を受けたものである。「『kawaii』ファッション」は日本のオリジナルなファッションである。（六回答）

（二）ほとんどのロリータファッションはヴィクトリア調スタイル、マリー・アントワネットスタイル、ロココスタイル、一〇世紀のイギリス、そしてフランス貴族スタイルである。さらに、日本のファッションブランド、ＭＩＬＫによって一九七〇年代に発掘され、一九九〇年代になってヴィジュアル系バンドのリーダー、マナや原宿によって提案された。（一一回答）

（三）ロリータファッションはヨーロッパのファッションである。（一一回答）

前記したように、この問いに対するほとんどの回答は（二）で、日本で生まれたロリータファッションではあるが、元来はヨーロッパで生まれたものを日本でアレンジし、受容、紹介されたものと認識しており、完全には日本のファッションとしてみなしていない。また、ロリータファッション着用者の間では、「『kawaii』ファッション」とはロリータファッションすべてを指すのではなく「スィートロリータ」という一ジャンル、および「原宿ストリートファッション」であるという意見が中心であった。

（ウ）ロリータファッションを着用するときに、あなたはこのスタイルをエキゾチックだと感じるか

この問いに関しては次の三種の回答が寄せられた。

（一）このスタイルはエキゾチックである。（三回答）

（二）このスタイルはヨーロッパのものである。（七回答）

（三）このスタイルは、ヨーロッパ的であり、かつ日本的である。（一一回答）

ここで、「『kawaii』ファッションはエキゾチックである」と述べたのは、三名のみであり、そのほか七人がヨーロッパスタイル、一一名がヨーロッパ的かつそれでも日本的スタイルだととらえている。

（一）の意見としては、「このスタイルのおかげで、日本を近く感じさせてくれる。ロリータファッションの中でもスィートロリータ、デコラー[28]はエキゾチックだと思う（二回答）」というものが挙げられた。

また、(二)の代表的意見として「確かに日本のおかげで知ったけど、このスタイルはそもそもロココ調、マリー・アントワネット、そしてヴィクトリア調スタイルが起源よ」「このスタイルを身に着けると時代を超えた迷子の気分になるわ」「このスタイルは日本人にとってはエキゾチックだろうけど、私たちには馴染みの深いものよ」等とみられるように、ロリータファッションはヨーロッパのファッションとして認識されている。

また、(三)の意見に、「ロリータスタイルはとてもヨーロッパ的よ。でも他の人は、私のロリータスタイルを、とてもエキゾチックで、フランスの社会規範から外れた者というようにみるわ。この観察者は、私を日本文化社会に属しているとみなすの。その理由は、確かにこれはとてもヨーロッパ的だけど、日本から来たからでしょうね」とあるように、ここでヨーロッパ的というのは、すなわち、ロココ調、一九世紀の貴婦人調、ヴィクトリア調スタイルということであって、日本的というのは、日本のおかげでそのスタイルを再発見したこと、また、本人の意志とは異なり、他者からの視線によって日本的とみなされていることを示している。

着用者の「真意」とは相反するこれらの視線は、フランスでのロリータファッション着用者のアイデンティティを、エキゾチックで、フランスの既成概念から外れたスタイルとして形成する。このような着用者のアイデンティティは、先に述べたように「他者と自己の視線の交差するところで形成され、他者によって表象され形成」すると考えられるのである。しかし、実際、着用者達は、このスタイルをどの程度ヨーロッパ的とみなしているのであろうか。次の二つの問いに対する回答をみてみよう。

（エ）どんなときにロリータファッションを着用するか
この問いに関しては次のような答えが寄せられた。
（一）週末か休日、友達と出かけるとき、授業がないとき、夏休み、週末など（九回答）
（二）ジャパン・エキスポ、コンベンション、ミーティング等エキセントリックな洋服を着ることができる場所（九回答）
（三）仕事場、仕事のインタビュー以外の日常（五回答）
（四）毎日着ている。状況によってスタイルを変える（あまり過激でないスタイルにする）（四回答）
（五）スポーツをしない時、一人ではないとき（三回答）
（六）服を汚したくないから（二回答）
（七）家族と一緒ではないとき（一回答）
毎日着ている時、スポーツをしない時、一人ではないときという回答以外、ほとんどはロリータスタイルを日常の生活の中では着用せず、仕事場等ではなく、週末や休日に、ジャパン・エキスポ、友人と集う時等特別な場所で着用すると回答している。
（オ）ロリータファッションを着用することで、異性を引きつけることが可能と思うか
（一）一般の人、お年寄りとか、子供とか、私のスタイルに興味をもった人は声をかけてくるわ。（五回答）
（二）一般の人をより引きつけるわ。普通の格好をするより、ロリータスタイルの方が男性も引き

つけるようね。このスタイルを纏うと、まさに私らしくいられて気分もいいわ。（四回答）
（三）他のロリータファッションの着用者、また周縁的ジャンルの人とか、アブノーマルなものに興味がある人を引きつけるみたい。（三回答）
（四）私のスタイルは街ではよく思われていないわ。（三回答）
（五）男性の気を引こうなんて思っていないけど、結果的に引きつけているわ。（二回答）
（六）他者の気を引くために着ているのではなくて、単に私のために着ているのよ。（二回答）
（七）男性はロリータスタイルの私と一緒に歩きたくないと思うわ。ピンクの服を着た私と街を歩くのは、彼にとってても難しいと思うわ。（一回答）
（八）私は街では心を閉ざすから、決して誰も引きつけないわ。（一回答）
多かれ少なかれ回答者らは、フランス社会で既成概念から外れたエキゾチックなファッションとみなされる観察者の視線を内在化し、「エキゾチックなファッション」として認識していることが窺えるのである。

（カ）「『kawaii』スタイル」とはあなたにとって何か。ロリータファッションは「『kawaii』スタイル」とみなすことができるか

この問いに関する回答は大きく三つのカテゴリーに分類できる。
（一）「『kawaii』スタイル」の特性としての色とデザイン
回答者の多くが述べたのは、「『kawaii』スタイル」とはピンク、パステル、明るい色を多く使うものとし、「たくさんのパステルカラーやローズカラーを使ったスタイル」「明るい色」「明るい色の

スタイル」「『kawaii』スタイル」は、クリアブルー、ピンク、またパステルカラー使ったスタイル」「ピンク、ボンボン、かわいいものを扱ったキュートスタイル」「キュート、カラフルを意味するスタイル」「カラフルな洋服とアクセサリー」「小さな動物、ケーキ、ボンボンなどのかわいいグリグリ」等と表現する。

色に関しては、ロリータファッションの中でも「『kawaii』スタイル」と考えられるスィートロリータでは、ブルー、ピンク、ミントカラーのような色が使われているが、私たちが通常「日常」着としてはあえて着用しないもの」というコメントもあった。このことは、ロリータファッション着用者らが、自分たちが日常で着るスタイルを「『kawaii』スタイル」とみなしていないことが窺える。

（二）「『kawaii』スタイル」の特性としての子供っぽさ

回答者は、具体的に子供っぽさとしての「『kawaii』スタイル」について次のように言及している。

(a)「『kawaii』スタイル」はキュートで少し子供っぽい。

(b)純粋さ、無垢さ、謙虚さ、といった子供時代の特徴を、既成概念から外れ、かつ娯楽的要素を通して表すスタイル。

(c)「『kawaii』スタイル」とは、デコラー、スィートロリータ等を指す。これらは、子供っぽいカラフルなスタイルである。

(d)子供やティーンエイジャーのためのスタイル。

(e)キュートでカラフルを意味するスタイルで、デコラーのようなその柔らかさ、また元気旺盛な表現方法によって、子供時代を想起させるスタイル。

(f)「『kawaii』スタイル」は子供時代に関する、キュートな要素が含まれていると思う。

(g)「『kawaii』スタイル」はしばしば子供っぽい世界、夢を喚起させる。個人的には、ファンタジーや無垢さのミックスだと思う。

ここでみられるように、回答者は自分たちの着用するロリータファッションとは区別した「『kawaii』スタイル」を、「子供の想像的世界」のように言い表している。それは次の回答にもみられる傾向である。

(三) フランス社会の規範から遠いスタイル

フランス社会の規範から遠いスタイルとして着用者たちはどのように発言しているのであろうか。

(a)純粋さ、無垢さ、謙虚さ、といった子供時代の特徴を、既成概念から外れ、かつ娯楽的要素を通して表すスタイル (〈二〉(b)と同様)。

(b)かわいいと同時に、風変わりな(すなわち普通でないもの)という語で定義されるもの。ロリータの中でもスィートとゴシックロリータが「『kawaii』スタイル」といえる。

(c)ロリータファッションの中で、「『kawaii』スタイル」と考えられるのは、いくつかあるスタイルの中でもスィートロリータという、ブルーとか、ピンクとかミントカラーのような色がつけられているスタイルであり、それらは、私たちが通常「日常」着としてはあえて着用しないもの(〈一〉と同様)。

このようにパステル、ピンクといった特徴的な色、デザイン、そして子供っぽさといったフランス社会の規範から遠いスタイルを「『kawaii』スタイル」と考えていることが読み取れるのである。

（キ）あなたにとって「kawaii」とはどんな意味ですか

この問いへの回答は次の四つのカテゴリーを指し示していた。

（一）ライフスタイル／生き方、服の着方

（二）ファッションの特徴

パステルカラー（四回答）、スィートロリータ、子供の頃の空間（三回答）、リボンつき（一回答）

（三）人物

マンガの登場人物、青木美沙子、カワイイ大使（四回答）、きゃりーぱみゅぱみゅ（二回答）、子供の幸せでダイナミックな要素を失っていない人

（四）ロリータもしくは「『kawaii』スタイル」ブランド

Angelic Pretty（七回答）、６％ＤＯＫＩＤＯＫＩ（三回答）、BABY, THE, STARS SHINE BRIGHT（三回答）等

このように、ロリータファッションの着用者による回答によって形成された「kawaii」の定義は、ライフスタイル、洋服の着方、ファッションの特徴、人々、ファッションブランド、マンガ、原宿「『kawaii』スタイル」のアイコンであるきゃりーぱみゅぱみゅ、青木美沙子などロリータの世界、「『kawaii』スタイル」に制限されていることが窺える。そして、この二〇一一年、二〇一二年の調査の回答は、次章で考察する二〇一二年の『anan』の「kawaii」特集のそれに近いものでもあり、当時、海外での考えが日本の「kawaii」に影響を与えていたことも読み取れる。

②ジャパン・エキスポにおけるロリータファッション着用者の例

二〇一二年のジャパン・エキスポでも多くみられたロリータファッションを着用する来場者何人かに対しても開催中の二〇一二年七月四日から七月七日の間に非構造化インタビューを行った。その中で、先に挙げた質問すべてはできなかったが、五人がロリータファッションに対するインタビューに自由に答えてくれたその意見をみてみよう。

（ア）イギリスからジャパン・エキスポに参加するために来た大学生

「家族は受け入れてくれているけど、私はこのロリータファッションをコンベンション、友達とのミーティング、コンサートのときしか着ないわ。というのも、確かにロンドンではこのスタイルは流行し始めたけど、私の住んでいる街は、ロンドンより小さいし、ロリータファッションを着ている人はとても少ないわ。日常生活では着用しないし。このドレスは布を買って自分で作っているの。だって日本のブランドのロリータファッションは、買うのには高すぎる。すごく好きだけど。ロリータスタイルはとても日本的だと思うわ。情報はネットから入手しているわ。私は「kawaii」といわれると嬉しい、でも三〇代、四〇代になったときにこのスタイルを着ているかどうかはわからない」

（イ）一四歳の少女

「ロリータファッションを着るけど、それは、コンベンションのときだけよ。だって、街で着ることはできないもの。このスタイルを受け入れられない人がいるし。私はこのスタイルは子供っぽいとは思わないけど、人形のようだと思う。このファッションを身に着けるのは、単に気に入っているからよ。でもこのスタイルはとにかく日本スタイルね。私はこのロリータファッションを身に着けても、日本人のようになりたいとは思わないわ」

（ウ）フランスの高校生

「ロリータスタイルで高校に行くわ。先生の反応はとても好意的だし、通りでも同じね。でも若い世代の反応は公共空間では、とても否定的よ。日本のことは好きだけど、日本人のようになるためにロリータファッションを身に着けるわけではないわ」

（エ）コスプレをする娘と一緒にロリータファッションを着用する母親

「娘とともにロリータを着始めました。娘が私にどんなスタイルかみせてくれて、それで始めました。娘がコスプレをして幸せそうにしてくれているのをみると私もとても幸せに感じます。私もこのロリータスタイルを楽しんでいます。娘から多くのコスプレーヤー、また「『kawaii』ファッション」の着用者が親との問題があり、理解してもらえないことを聞いています。だから私たち親子はラッキーだったと思います。でも、このような恰好をするのは、ジャパン・エキスポのようなイベントのときだけで、通りでは身に着けません。でないと、とても危険だからです。特に、私たちはパリではなくて、アルザスに住んでいるから。確かに、このスタイルを賞賛してくれている人たちも何人かはいます、でも、このスタイルをみる多くの人たちは変だと思っています。たとえ、そのように否定的にみられているスタイルだとしても、このスタイルが好きだから着続けていきたいと思っています」

このように、ジャパン・エキスポの会場で出会ったロリータファッション着用者たちも「『kawaii』ファッション」と同様、「他人の気を引きつけるためではなく自分のために着る」「街ではよく思われていない」という回答が多く、また「セクシャルな意味ではなく、お年寄りとか子供とかを引きつける」等とする回答が見受けられた。さらに、④で回答してくれた母親は、工場で働いていて、通勤にロリータファッションを着ることもあり、同僚から褒められるという。しかし母親は、自分の意思、アイデンティティ形成のためにこのファッションを身に着けるというよりも、とても仲の良い子供との共通の趣味をシェアするということが最も大きな目的とする。母が娘に衣装の作り方を教えることも含め、母親にとってもある種、娘との「コミュニケーションツール」として「『kawaii』ファッション」を実践していることがわかる。

また、ロリータにしてもコスプレにしてもこのスタイルは、日本のものではなく、ヨーロッパのスタイルであるとする。ロリータファッションは様々な決まりを順守する必要があり、「『kawaii』ストリートファッション」と異なり、「創造性」「自己表現」のためにロリータファッションを身に着けるのではなく、「自分自身でいるため」「人生スタイルにフィットする」「一九世紀のエレガントな西洋風ドレスだから」、そして「マリーアントワネット」「子供／人形のようなプリンセス効果のあるファッション」が好きだからという声が多く聞かれた。このように、「『kawaii』ファッション」とみなされる二つのスタイルの着用動機がここでは異なっていたことが窺える。

以上、ロリータファッションスタイルを着用する場として、仕事以外、週末、ヴァカンス、友人と出かけるとき、ジャパン・エキスポ、コンベンションなどのセイフティースペースが挙げられており、「『kawaii』ファッション」着用者とも回答は似ている。違う点は、仕事場で着る理由として、もちろん「よく思われない」という他者の目を気にすると同時に、少数意見ではあるが「服を汚したくないから」という回答もみられ、「またスポーツをしないとき」などスタイルに左右されている様子がわかる。また、家族と一緒でないときに着用する等、家族から承認を得ていない声も聞かれた。

みてきたフランスにおける原宿ストリートファッションとロリータファッション着用者の「『kawaii』ファッション」とは何か、次の通りである。

①子供スタイル（デコラー、スィートロリータに限り）

②日本で再発見されアレンジされた西洋のファッション、日本人ではなく、日本の「コードのない自由に好きなファッションスタイルを選択できる社会」としての日本に対する憧れを示すスタイル

③手作り、また身近な服でアレンジして実現するスタイル

このように、それぞれ全く異なる「ストリート原宿ファッション」と「ロリータファッション」を「kawaii」ファッションとして一括りにするのとは異なり、子供っぽさ、自由さ、を表すことのできるスタイルとしてみなされた。このようなフランスの表象としての「『kawaii』ファッション」着用者自身の「kawaii」をめぐる様々な言説を踏まえつつ、次に比較として日本における「kawaii」着用者に同じ質問をした結果と比較考察していこう。

(3) 日本の「『kawaii』ファッション」着用者

日本国内の「『kawaii』ファッション」着用者グループ二つにそれぞれ質問をした。質問をしてもすべて答えられていない場合や重複回答もあった。一つ目のグループとして、ロリータファッション、ストリートファッション着用者も含む広義の意味での「『kawaii』ファッション」の着用者グ

ループに二〇一四年六月にアンケートを実施したものである（今後「kawaii 日本意識調査A」とする）。回答してくれた六五人（一〇代八人（うち男性一人）、二〇代三〇人（うち男性一人）、三〇代八人（うち男性二人）、無記名一九人（うち男性二人）の着用者のスタイルは、ロリータファッションが多かったが、回答をまとめると次の通りである。

①なぜ「kawaii」／ロリータファッションを身に着けるのか

（一）フランスのお姫様みたいな恰好が好きだから（二二回答）

（二）本当の自分になれるから（飾らない自分、フリルなど好きなものに囲まれた自分、少女らしくいられる、子供の頃から憧れていて、好きなものを好きなように着られる、すべてをさらけ出せる）（一四回答）

（三）『下妻物語』[29]をみて（九回答）

（四）少女マンガの影響（『魔法の天使クリィミーマミ』『ベルサイユのばら』『黒執事』）（六回答）

（五）強くなれる気がするから（六回答）

（三）（四）以外は先のフランスのアンケート結果とほぼ同じ回答、すなわち、フランスのお姫様みたいな恰好としてロリータファッションをみなしていること、また、それらの姿に子供の頃から憧れていたことが挙げられている。また、日本独自のその憧れるきっかけの一つとしてフランスのお姫様を描いた少女マンガの存在も挙げられている。ロリータ系、原宿系を問わず、「『kawaii』ファッション」を着用するフランス人からも聞かれた回答と共通する「強くなれる気がする」という回答もみられる。

②どんなときに着るのか
（一）お出かけ、遊びに行くとき（一三回答）
（二）お茶会などロリータさんが集まるイベントのとき（九回答）
（三）普段から（九回答）
（四）親しい人と出かけるとき（八回答）
（五）お店に買い物に行くとき（六回答）
（六）休日のお出かけ、遊びに行くとき（六回答）
（七）着たいとき（五回答）
（八）生活に疲れたとき（一回答）
「普段から」という回答も九回答あるが、職場に着ていくという回答はなく、やはり仕事以外の場で着られていることが多いことが指摘できる。
③「kawaii」とは何か
（一）動物（一二回答）
（二）ロリータファッション（九回答）
（三）原宿（四回答）
（四）マンガ・アニメ（『ローゼンメーデン』他）（四回答）
（五）きゃりーぱみゅぱみゅ（三回答）
（六）クールジャパン（三回答）

（七）スイーツ（三回答）
（八）ピンク（三回答）
（九）リボン（三回答）
（一〇）デコラー（二回答）
（一一）日本、日本の文化（二回答）
（一二）マカロン（二回答）
（一三）ぬいぐるみ（二回答）

ロリータファッションの着用者が多かったということもあり、ロリータファッションは、九回答を占めているが、最も多くの回答数だったのは、フランスの着用者とは異なり、動物だった。

④「『kawaii』ファッション」とは何か

（一）ロリータファッション（二四回答）
（二）原宿系（三回答）
（三）ピンクのお洋服（三回答）
（四）フェアリー系（二回答）
（五）デコラー系（二回答）
（六）きゃりーぱみゅぱみゅ（一回答）

このように、フランスのロリータファッション着用者の回答と異なり、ロリータファッションのジャンルを問わず「『kawaii』ファッション」とみなされていることが窺える。

⑤『kawaii』ファッション」を身に着けたときの周りの反応
（一）（お世辞でも）かわいいと言ってくれる（一二回答）
（二）人が寄ってこない。冷たい（一〇回答）
（三）賛否両論（八回答）
（四）好評（七回答）
（五）驚かれる（七回答）
（六）二度見される。注目される（四回答）
（七）気にしたことはない（二回答）

フランスの場合と同様、ここでも周りの反応は賛否両論であることが見受けられるが、どちらにしても言えることは、人目を引きつけていることである。しかし、フランスのように「道で攻撃にあう」という反応は、日本の回答者からはみつけられない。

⑥kawaiiファッション／ロリータファッションは日本的か、西欧的か
（一）日本独自（四五回答）
（二）西欧独自（四回答）
（三）混合的（四回答）

フランスのお姫様のような恰好が好きだからとロリータファッション着用の理由を挙げながらも、フランスとは異なり、ほとんどの回答者がロリータファッション、原宿ストリートファッションは日本独自だと回答した。このことから、「日本独自」という考え方が何を示すかという問いが浮かび上

がる。すなわち、西欧的な恰好を異文化受容したものが日本独自とみなされている様子が窺える。
次に、二〇一四年九月から一〇月に日本国内のあるロリータファッション女性着用者グループに対しても同じアンケートを実施した(以下 kawaii 日本意識調査B)。回答者は一八歳から六〇代(一〇代二人、二〇代九人、三〇代五人、四〇代二人、六〇代一人、記述なし二人)までの二一人で、結果は次の通りである。

①なぜロリータファッションを身に着けるのか

(一)フランスのお姫様みたいな恰好が好きだから(九回答)
(二)かわいい服が好きだから(八回答)
(三)『下妻物語』の影響(四回答)
(四)二〇〇九年度の「kawaii」大使であった青木美沙子さんの影響(三回答)
(五)本当の自分になれるから(女性らしくなれる)(三回答)
(六)少女マンガの影響(二回答)
(七)強くなれる気がするから(二回答)
(八)好きなものは好きといえる、少女でいたい。大人になりたくない(二回答)
(九)気持ちが穏やかになるから(一回答)
(一〇)かわいい心の自分が好き(一回答)

スタイルの特徴によるもの((一)〜(二))、自らのアイデンティティに関わる回答((七)〜(一〇))、また好きになったきっかけ((三)〜(六))などが回答とされ、先のグループと似た結果となっている。これらの回答からも、ロリータファッションの着用者は、フランスへの憧れが今なおうち在していること、またフランス人と同じ理由でロリータファッションを受け入れていることが窺える。

②いつ、どんな場所でロリータファッションを身に着けるか

（一）休日
（二）ディズニーランドに行くとき
（三）ロリータファッションの友達に会うとき（町やカフェで）
（四）原宿に服を買いに行くとき
（五）パーティ、ホテル、洋館でのお茶会や食事会、観劇
（六）天気のよいオフの日、気分がのっている日、主に原宿や日帰り
（七）普段着として
（八）ソシアルダンスパーティー
（九）イベントやコンサートディナーショー
（一〇）友達との「ロリデ（ロリータファッションを着て出ける）」のとき
（一一）友達と遊ぶとき
（一二）ゆるキャライベント
（一三）職場の食事会

上記したように、職場の食事会という答えもあるものの、様々な着用場所、時間の共通点は、仕

事をしていないときということが窺える。このことは、先にみたフランスのロリータコンベンションメールインタビューの結果と同じである。

③「kawaii」と聞いて思い浮かぶもの、人は何か

（一）ロリータ関連のアクセサリーやブランドなど（一二回答）

（二）「原宿」「原宿系（のポップなファッション）」（六回答）

（三）深澤翠（三回答）

（四）青木美沙子（二回答）

（五）ロリータファッション（二回答）

（六）きゃりーぱみゅぱみゅ（二回答）

（七）木村優（一回答）

（八）ガーリーファッション（一回答）

（九）大使

ロリータスタイル着用者への質問からだったからか、「kawaii」という語に関して、通常のかわいいとは違う、世界を席巻している日本のポップカルチャーの有り様として、中でもファッションに「kawaii」という言葉を結びつけていることが窺える。

④ロリータスタイルを身に着けたときの周りの反応はどうか

（一）かわいいという声が多い

（二）冷ややかな目線もあるが、好印象

（三）人による。初対面ではあまりいい顔はされない
（四）親はあきれています。友達からは好評
（五）うらやましそう
（六）視線は感じますが慣れているので気にならない
（七）見慣れない人からはびっくりされる、都会の理解ある人からは褒められる。身うちにはみせない、友人は公認でいつも支えてくれる
（八）注目される、かわいいといわれる、値段を聞かれる
（九）小さなお子さんの目が釘づけになり、タッチしてくるお子さんもいる。街で知らない女性にかわいいと声をかけられる
（一〇）かわいい、きもい、ぱみゅぱみゅといわれる
（一一）そこまで驚かれません。着やすい時代になっているので
（一二）かわいいといってくれる人もいれば、歳を考えろといわれることもある
（一三）人は気にしない（アルバイト）、痛々しい目でみられるが気にしないようにしている
（一四）知り合いや家族はカワイイといってくれる人が多い。通行人とかにはけっこう悪口をいわれる
（一五）かわいいといってくれる。でも悪い反応もある。特に年齢とかで

⑤ロリータファッションの情報はどこから入手するか（複数回答）

（一）インターネット上の情報（七回答）、ロリータファッションブランドの公式サイト（四回答）、

旧Twitter（四回答）、青木美沙子さんやロリータさんのブログ（五回答）、ショップのホームページ）

（二）書籍（雑誌（二回答）、『KERA』（七回答）、『ゴシック&ロリータバイブル』（四回答））

（三）書店、ロリータ専門の古着屋などショップ（三回答）

ショップや雑誌、書籍等も挙げられてはいるが、フランス同様ロリータファッションの情報源は、旧ツイッター（現X）、ブログ、ブランドのサイトなどデジタルメディアが主に使用されている。もちろんサイトにおいて使用されている言語などは異なるにせよ、当時「『kawaii』ファッション」はインターネットに情報形成、伝播が大きく支えられたファッション文化といえるだろう。

⑥「『kawaii』ファッション」、ロリータファッションは日本独自のファッションだと思うか、それとも西洋のファッションだと思うか

（一）日本独自（一二回答）

（二）西洋だと思う（二回答）

（三）どちらも（二回答）

（四）どちらともいえない、いろいろな文化の混合（一回答）

フランスのロリータ着用者の回答に反して、ここでは多くの人が、「『kawaii』ファッション」、ロリータファッションは日本独自のファッションであると回答している。また、Aグループにしなかった次の問いと回答は以下の通りである。

⑦カワイイ大使の任命や、フランスなどでもロリータファッションを着用する人がみられ始める今

日、クールジャパンストラテジーに対してどう思うか

（一）外国の人が着るととても映えると思います。誇りに思う。

（二）いいことだと思う。もっと日本のポップカルチャーを広めたい。

（三）うれしい。共感してくれる人がもっと増えればいい。

（四）素敵なことだと思う。いつまでも続けたい。

（五）世界に広めるのはいいことだと思うが、ロリータファッションは日本人が着てこそカワイイと思う。日本発祥の大切な文化を誇りに思う。

（六）ロリータファッションという「普遍的な美しさ」を通し世界の人がつながろうとしている。

（七）可愛いものは増えていいと思います。

（八）日本の文化が広がって嬉しい。すごいことだと思う。ロリータファッションをかわいいと思ってくれる人が増えるのはうれしい。

（九）もっとメジャーに正確に理解してもらえたらうれしい。

（一〇）素敵なことだと思う。

先の「kawaii 日本意識調査A」と照らし合わせて考察しても、フランスのお姫様のような恰好をしたいといいつつ、ロリータファッションは「私たちの」日本のファッションであるという認識、それが世界に伝播していくことに誇りをもっていることが見受けられる。それは、フランスと異なる点といえよう。

(4) 総合考察

それでは、フランスのロリータファッション着用者における「『kawaii』ファッション」に対する認識と、日本の着用者、フランスの「『kawaii』ファッション」着用者、日仏の観察者(メディア、研究者)の諸認識との比較考察を行いたい。フランスの原宿系ストリートファッション、日仏ロリータファッションの着用者、そして主に日本のロリータファッションの着用者に「『kawaii』ファッション」に対して、主観的にどのように語り、「『kawaii』ファッション」という表象をいかに形成するか考察してきたが、そこからみえてくる共通点と相違点について検討する。

①日仏「『kawaii』ファッション」着用者の共通点、「本当の自分になれる」

本調査における日仏「『kawaii』ファッション」着用者の共通点として指摘できるのは、それぞれ「『kawaii』ファッション」を着用することで「本当の自分になれる」「強くなれる」ということであった。

「『kawaii』ファッション」の着用者は、公共空間でいかなる目的で、自己を提示しているのだろうか。先にみたように、フランスの着用者も街での否定的な視線を受けた経験をもつ傾向があり、「異性を引きつけるため」ではなく、「自分のため」に社会や異性が望むスタイルとは異なる、自らが望むスタイルとして「『kawaii』スタイル」を着用していることが指摘できうる。

このことは、自分たちのスタイルに否定的な視線の存在を知る着用者のアイデンティティを説明する際に、スーザン・カイザーが『被服と身体装飾の心理学(上)(下)』(一九九四年)の中で援用する、社会学者ミードが指摘する図式Ｉ（主我）とｍｅ（客我）の関係からも説明できるだろう。「一般化された他者の態度をとることで獲得された自我である客体としての自我」としての客我と、この客我に対して、「何らかの反応をする主体」、社会的に規定されない自我の側面をもつ自我をIとするものである。職業をもっている、また仕事を意識している年代の「『kawaii』ファッション」着用者は、仕事に関する場では「『kawaii』ファッション」を着用しないことからも、職場では、一般化された他者の態度をとりながら獲得する自我である客体の自我でいる。

また、マルコム・バーナード（Malcom Bernard 二〇〇二）がファッションと衣服の機能として、物質的機能（保護、謙虚と隠すこと、淫らさと誘引）と文化的機能（コミュニケーション、個人表現、社会価値と地位（性別、階級、仕事）、社会役割、経済的価値、政治的象徴）に分類するようにファッションには様々な機能がある。

ジンメルが、ファッションとは社会への適応と社会の要求からの個人的逸脱の間のせめぎあい（Simmel 1904, 1957）とするが、これをフランスにおける一〇代から二〇代前半の「『kawaii』ファッション」受容に置き換えるならば、社会的役割を多くもたない若者は、この社会の要求からの個人的逸脱、すなわち、個人表現、アイデンティティを表現する割合が多くなるといえるだろう。彼らの情報源はインターネットが中心であるが、言葉がわからなくとも、原宿ファッションを身に着けた若者の写真をみながら、それを真似してみる。すなわち、当時、誰もが到達可能なメディアを用い、距離を超えて、実践、伝達することができるファッションだった。まさに、カワイイファッションは、一九世紀のジャポニスムの際の「優劣」のあるエキゾチスムの他者ではなく、彼らにとって最も近くて遠い「平等の他者」(Rafoni, Sabre 2012) としてのエキゾチスムであったと言えよう。

セイフティースペースにおいては、社会的に規定されていない、主我としての自らを、「『kawaii』ファッション」を通して自由に表現する。たとえ「『kawaii』ファッション」を着用して街中で否定的な視線を浴びようが、そこは仕事場ではなく自分が誰かを特定されない匿名でいられる場所であり、そこで一般化された他者の態度をとる必要ではなく、社会的に規定され押し付けられない、「本来の自分でいられる自分」という主我形成が行われている。しかし、場が変わることで、主我か客我かという違いも生じよう。セイフティースペースうち、すなわち、「仲間うち」においては、そのうち側での一般化された他者の態度とは、まさに、「『kawaii』ファッション」を上手に着こなすことであり、「『kawaii』ファッション」着用者としてのｍｅ／客体としての自我が形成されるのである。

このように、「『kawaii』ファッション」を身に着けることによって形成される主体としての自我、客体としての自我は、彼らがどこにいるか(セイフティースペースなのか否か)等で主我から客我、客我から主我とスイッチしていくものと考えられよう。セイフティースペースでは、自分たちと価値観を共有する他者の同意／承認を得ながら「『kawaii』ファッション」着用者という客体としての自我形成を行う。このことは、公の場では他者承認を得ずとも、セイフティースペースで仲間から承認を得ることで「本当の私」というアイデンティティ形成を実践していたと考えられるのである。

②日仏「『kawaii』ファッション」着用者の相違点――「『kawaii』ファッション」は日本のファッションか西洋のファッションか

「原宿ストリートファッション」は日仏の着用者ともにその特異性から欧州にはない日本のファッションと考える声が多く聞かれるが、ロリータファッションに対しては、西洋のファッションか日本のファッションで日仏意見のずれが見受けられた。

すでにみてきたように、「フランス調査二〇一一」におけるフランスのロリータファッション着用者は、ロリータファッションを日本を通して知ったものの、多くは、このスタイルは西洋のものとみなしている。それに対して日本のロリータファッション着用者は、フランス人着用者と同様に西洋のプリンセスのようなドレスに憧れるとしながらも、ロリータファッションを日本のファッションだとする。このようなずれが形成される背景として、日本文化は西欧文化を受容、変容しながら、それらを自文化として形成してきたことの浸透が指摘できよう。ここで、フランスのロリータファッション着用者は、その西洋化を通して形成された西洋的日本文化を日本文化としては認めず、あくまでも西洋自らの文化として提示している。

③「『kawaii』ファッション」は未熟か成熟か

また、本書で行ったアンケートの回答者であるフランスのロリータファッションの着用者には、「kawaii」は子供っぽいとみられていることが多い。さらには、着用者自身による「風変わりな」「日常的でない」というロリータファッションスタイルについての指摘もあった。日本の着用者の中には、「少女のままでいたい」という動機を理由に挙げた人もいたが、先にみたように、日本のメディアで使われている「kawaii」は、まさに「未熟さ」に限定されていないといえるだろう。次章で改めて触れるが、フランスのティーン向けファッション誌等、西洋の消費社会は一五歳以降の少女を消費者として形成するために早熟な「ポップスター」をモデルとし、それにアイデンティティを投影させるようなメディアが多い（高馬二〇一七）[30]。

④日仏観察者とフランス着用者のずれ——皆日本人になりたいのか

日本のメディアと、本調査におけるフランスの着用者の意見を比較するときずれと感じるのは、フランスの「『kawaii』ファッション」着用者は、前述したような日本のいくつかのメディアや論考がいうような、日本人をお手本にし、日本人のようになるために「『kawaii』ファッション」を身に着けているというわけではないという点である。また、フランスのメディアとフランスの着用者の差異としては、ヨーロッパでも「原宿ストリートファッション」と認識されているものを身に着けることが不可能／可能としていることであろう。

また、ロリータファッションにしても、「観察者」の立場にある『ル・モンド』の日本特派員フィリップ・ポンス（Philippe Pons）が、二〇一〇年八月二〇日付同紙に寄稿した「エキセントリックな日本における彷徨」[31]の中で、最初に以下のように挙げていた。

「エキセントリックといえば、次のようなファッションを楽しんでいるおしゃれな街のこのいかれた若者のことだ。そのスタイルとは、子供っぽい、スィートさ、未来のサイバー、リボンで飾ったピンク、ヴィクトリア朝のゴシックといったロリータスタイル。［でもここで語るべきは、］これじゃない。この異物が混ざり純粋ではないエキセントリックの着用者は洋服のコードに従っているだけであって、単にそれがマイノリティーということなんだ」

このようなギャップが生まれる背景として、やはり、日本が西洋の――否定的肯定的に限らず――評価を取り入れることで、文化現象を形成しているという事実が浮かび上がるのである。

⑤日仏着用者のずれ――憧れとしての互いのファッション

以上みてきたようなずれが生まれる背景にあるのは、やはり、西洋／東洋、本物／摸倣、成熟／未成熟という近代的西洋中心主義の二項対立であり、この「『kawaii』ファッション」のそれぞれの表象のずれも二項対立がベースとなっているといえるのではないか。

そしてまた日本は、明治、そして本格的には第二次世界大戦以降、西洋の慣習にとらわれずに「日本的／自由」に西洋のファッションを異文化受容してきた。これらを背景に、日本の若い世代に社会の視線を考えることなく、自由に西洋的スタイルを発案し、また異文化受容することを可能にさせたと言えるだろう。ピエール・ブルデューが古典的名著『ディスタンクシオン』で展開したような、生活、消費を暗黙裏に規定するフランスの規範、文化コード、「場（champs）」に囚われファッションを身に着けるのとは異なり、ファッションを中心とする西洋文化の異文化受容における「逸脱的」受容（マリー・アントワネットなどのロココスタイルや一九世紀の貴婦人のファッションをヴィジュアル系バンドの男性や、ストリートファッションとして一〇代の若者が着てしまうというような）がみられるといえよう。この「逸脱的」受容に見受けられる日本の「自由」さ、「フレキシビリティ」そして「創造性」は、インターネットを通して逆受容され、フランス人のロリータスタイル愛好者たちに先祖のファッションを、現代でも着用してよいということを気づかせるに至る。このようなメインストリームではない「『kawaii』ファッション」にみる日本の異文化受容、変容特徴こそが、フランス人着用者にとって、自身をとりまく社会規範から逃れるための装置である「日本的なもの」として憧れられているといえるだろう。

本節でみてきたように、「kawaii」ファッションは日本とは異なる形でインターネットなどを通して着用者によって場を選びながらも自由に非規範的ファッションとして実践されてきた、といえるだろう。このようなフランスにおける周縁的に実践された「kawaii」ファッションは、伝統ファッションメディア（オンラインも含む）のファッションメディア言説を用いて、いかに形成、伝達されていくのであろうか。次節で考察していく。

3．「kawaii」ファッション――フランスのマスメディアと書籍で再定義される「kawaii」ファッション

「kawaii」ファッションは、そもそもマスメディアで紹介されて広まったのではなく、当初若者を中心とした限定的なファンたちが、日本のストリートファッションの情報をインターネット、デジタルメディア等を通して得て、インターネット上のフォーラム（その後場はＳＮＳに移行していくが）やジャパン・エキスポといった限られた空間を中心に広がっていったファッションである。そのように展開されていったフランスの「kawaii」ファッションは、トリクルダウンとは逆に、その後、フランスのマスメディアや書籍などで紹介されるようになるが、それはいかなるファッションとして説明され、フランスの世論として構築・伝達されていったのであろうか。フランスの女性誌、ファッション雑誌の中で、「kawaii」ファッションはいかに紹介されたのか、紹介されたとしたらそれはどのような形で紹介されていったのか。以下、フランスの代表的女性誌である『エル・フランス』を中心に考察する。

まず、次章で検討する『anan』の創刊時、姉妹誌であった『エル・フランス』の現状を『エル・フランス・オンライン』を一例に挙げて考察してみよう。

『エル・フランス・オンライン』の傾向として、『ル・フィガロ』と同様「kawaii」のかわりに、フランス語としてより自然な「カワイ」と発音する「kawaï」が多用されていたことが挙げられる。

『ル・フィガロ』と同様、『エル・フランス・オンライン』のような一般女性を対象とするメディアにおいては、全国紙の読者と比べ、ファッション情報に興味がある女性というようにターゲットを絞り込んで発信することが可能となるため、そうした読者向けに自由に流行している新語として「kawaii」を提示することができていたと考えられよう。まず「kawaii」ファッションがどのように言及されていたかを考察する前に「kawaii」という語がどのように使われていたかについて概略をみておこう。

第1章でみてきたように、「kawaii」ブームが本格的に始まりつつあった二〇〇七年から日本の政府に「短命文化」と命名された二〇一四年までの七年間の『エル・フランス・オンライン』上で、「kawaii」という語が使われている記事は、八五本みつかった。[32] 参考として他国の状況をみると、同時期のUK版、USA版、ドイツ版、韓国版、中国版の『ELLE』において「kawaii」という語が使われていたのは、二〇一四年一〇月二日時点で、UK版一、USA版二、ドイツ版および韓国版はゼロ、中国版は一〇であった。[33] 他国の『ELLE』に比べて、『エル・フランス』が最も多く「kawaii」を用いた記事を掲載していたことがわかる。

二〇一一年に調査した際は『エル・フランス・オンライン』で「kawaii」を含む記事数は、四二件だった。その時点で「kawaii」という語が使用されていた記事のテーマは、モード、料理、美容、インターネットサイト、ハイテクノロジー、インテリア、ラブ&セックス、店紹介の九テーマである。その中でも「kawaii」が形容していた項目が多かったのは、順にBento（お弁当）五記事、ハローキティ（化粧品、コンピュータ、ハローキティ取扱店など）三記事、日本のマスコット商品を扱う店舗紹介二記事であった。

その他、主に「kawaii」が指示する言葉を概観してみると、日本のマンガ、アニメ、「『kawaii』ファッション」に関するもの、また、日本のものとは限らず、マンガ、アニメ、キャラクター的要素がみられるもの、もしくは、マンガ、アニメ、キャラクター的要素とは関係はない日本的なもの——例えば、フランスの化粧品会社ランコムが日本人アーティスト草間彌生とコラボした水玉柄の容器のリップグロスや、フランスの伝統菓子の一つであるマカロンの折り紙風包装など——が挙げられる。また、二〇〇七年時点で、ガレット・ドゥ・ロワという「王様の菓子」という意味で、公現祭の日に食べるフランスの伝統菓子を形容する際も、前述の『ル・フィガロ』の例と同様「kawaii」という表現がすでに使われていた。つまり、メディアの言説によって、マンガ、アニメに関するもの、日本製のものだけではなく、日本製ではなくても形状がかわいらしいもの（丸みがある、パステルカラーなど）が「kawaii」ものとして構築されていたのである。

その後、二〇一四年の時点では『エル・フランス・オンライン版』で「kawaii」が使用された記事数は八五件となる。[34] それまでと同様ハローキティや村上隆などの記事もあるが、ここでも日本のポピュラーカルチャーに関するものだけではなく、日本のカフェで働くのろまの役を演じる俳優ブラッド・ピッドを指して「ブラッド・ピット、『kawaii』へ転向」（『エル・フランス・オンライン』二〇〇八年一二月一七日）と紹介されるなど、「kawaii」という語が日本をルーツとしない人物、もの等を指す傾向がよりみられるようになっている。

そのような中、『kawaii』という語がファッションを形容するのに使われたのは、二〇一四年一〇月二六日時点で、次の三つの記事においてであった。

（一）夜の時間、芸者を演出したい貴女、ソフィー・カット、コルセットの巫女は、貴女のために「芸者」モデルを考案しました（二三四ユーロ）。とても『kawaï』日本コットン・プリントのコルセットであなたの胸元を際立たせましょう（二〇〇七年六月一日）

（二）So kawaï このウルトラポップのカシミアは寒いときに kawaï ためのマストハブ（二〇〇七年一〇月二二日）

（三）マンガガール：色、ユーモア、セクシー、ストリートファッション、これが kawaï（二〇一三年四月一二日）

ここで「kawaï」は、日本女性のステレオタイプとして一九世紀以降フランスを中心に海外に強く根づくセクシャリティを十二分に強調する「Geisha スタイル」（高馬 二〇一八）を形容する語として使われるか、もしくは、幼児性、子供っぽさを喚起するマンガ、もしくはポップアニメを形容する語として使われていたのである。[35]

「kawaï」ファッションがフランスのマスメディアで扱われ始めた二〇一〇年前後の『エル・フランス』以外の雑誌も検討しておこう。二〇一〇年のファッション雑誌『グラマー』は、「『kawaii』スタイル」を日本のプレッピー・スタイルとして紹介しており、[36]また、ラルース社が出版したフランス人青少年向け日本文化紹介の本『kawaii　かわいすぎる100％日本』では、「『kawaii』ルック」は、「日本風のモードになるための唯一の合言葉、それは、できるだけ独創的で奇抜になること。目立てば目立つほどいい」と説明されている。

このように、当時『エル・フランス』やその他日本を紹介した本において、「『kawaii』スタイル」は、「独創的で奇抜」なものとして、そして、時に、ゲイシャや「マンガ・スタイル」と結びつけて表象される傾向があった。どちらにせよ、ここで日本の雑誌で使われている「かわいい」がもつ意味合いは含まれず、ストリートファッション、そして特に「マンガ・スタイル」と強く結びつけられている。これらは前述したように『エル・フランス・オンライン』における「ストリートファッション」「マンガ・スタイル」「ゲイシャ・スタイル」といった「kawaii」ファッションを指示するのに使われていた際の、子供っぽさとエロティシズム、そして「日本」という特異性が構築されているといえるだろう。このようなkawaiiに対するフランスメディアの視線は、第1章で前述したキンセラが「かわいい」を日本特有なものとしてみたその視線と重なっている。

『エル・フランス』に先駆け、フランスのマスメディアや出版物は、九〇年代にカワイイファッションとは何かを定義し始めた。二〇〇九年にフランスで出版された『*Dictionnaire du look*』では、カワイイスタイルは原宿のストリートファッションと定義されている。「日本文化のファンが指定するカワイイ世界・Rマンガに囲まれている、(それは)子供の世界である：ものすごくかわいい(そして)星、パンダ、赤ちゃん、ホタルでいっぱい」[39]とここでもマンガ、未熟な子供(厳密にいえば、赤ん坊)の世界とを結びつけ「kawaii」ファッションを定義しているのである。また女性誌『*Glamour France*』(二〇一〇年四月号)に「kawaii」スタイルに関する記事が掲載され、「KAWAII! 日差しが差し込むと、日本女性のプレッピー・ルックを取り入れる」とプレッピー・ルックという言葉から幼い少女を連想させうるだろうキャプションがつけられた。その四年後、二〇一四年四月に公開された「マンガガール」と題する『エル・フランス』のオンライン記事では、マークバイマークジェイコブス、フェンディ、プラダ、シャネル、マンゴ、H&M、エスプリといった欧米の高級ブランドやファストファッションブランドを「カラフルでユーモラスなストリートファッション、それがカワイイ」と評している。[40] このようにフランスのファッションメディア上での「kawaii」ファッションがマンガ、子供（未熟性）と結びつき構築されていたのである。

4. アプロプリエーションとインスピレーション、あるいは戦略と戦術？ フランス、日本、ロンドンのファッションデザイナーによる「カワイイ」の表象

ここまで、インターネットから情報を収集し「kawaii」ファッションを実践してきた着用者、それらを表象してきた伝統的ファッションメディアや書籍をみてきたが、ファッションデザイナーは自らのファッションを創作するうえで、「kawaii」からどのようにインスパイアーを受けてきたのであろうか。

ファッションを創作するときには、様々な文化や時代のファッションからインスパイアーを受けることが常である。ロラン・バルトは六〇年余前にファッションとは「好みの場、自由な想像と気まぐれと軽みの場」ではなく、もはや「奥深い規則性」しか見いだされない（Barthes 1967）としてきたが、本質的にはそれは変わらないといえるのではないか。他の時代、文化からデザインアイデアを借用するという行為は、借用する―借用される両者の関係性によって様々に定義される。デジ

タルメディアの隆盛とともに議論されてきたものが文化盗用（カルチュラル・アプロプリエーション）の問題で、植民地など過去の被支配者の文化を旧支配者が、また西洋が非西洋の文化からインスピレーションやデザインソースを借用し、西洋ファッションの視点からの文化盗用（Kawamura 202, Adongo 2021）ファッション産業（Ayres 2017）、アプロプリエーション（占有）かアプロプリエーション（賞賛）（Ling, Lorusso, Reinach 2019）、伝統文化と盗用（北島 二〇二二）、著作権（家田 二〇二一）、メディア（Gurova and Vanska 2020）、ジェンダー（Taylor and Jacob 2017）と摸倣の関係（山田 二〇〇二）など様々な観点から議論されている。その中でも旧支配者が得られるはずの利益を自らが得るという行為は文化盗用としてSNSを炎上させるものである。また文化遺産として認定されていないような非西洋、被支配者の文化を保護する問題なども議論されているといえるだろう。

アプロプリエーション（占有、流用）という行為は、しばしば「産業」「イデオロギー」「経済」「政治」「制度」など、何らかの権力によって条件づけられている。[41] それはある活動がアプロプリエーションとみなされるかインスピレーションとみなされるかの判断基準となる可能性がある。ジフとラオ（Ziff and Rao）は、「文化の伝達は、支配的な集団が従属的な集団に関連する文化形式を借用する際に、批判され挑戦されるプロセスである、充当的な実践とみなすことができる」と述べている。[42]

メインストリームのファッションとは異なり、インターネットを通じて着用者の間で流通した「kawaii」ファッションは、そのブームが日本でも話題にならなくなった頃からパリやロンドンのファッションデザイナーによって再流用された。これらのコレクションとして、ルイ・ヴィトン（二〇一六年春夏パリ・プレタポルテコレクション）、コムデギャルソン（二〇一八年春夏パリ・プレタポルテコレクション）、ライアン・ロー（二〇一七～一八年秋冬ロンドン・プレタポルテコレクション）が挙げられる。これら三者のデザイナーが作り上げた「kawaii」ファッションの表現は、モバイルアプリ「Vogue Runway Application」で考察したところ、キャプションにおいて、様々な解釈がなされている。それぞれどのような解釈がなされているのか、次にみていこう。

まず、ルイ・ヴィトンのキャプションは、「Nicolas Ghèsquière……彼の参照点はたくさんあった：ウォン・カーウァイ監督の『二〇四六』やアニメ『エヴァンゲリオン』シリーズがバックステージに登場する」[43]と書かれている。

マンガやアニメ（具体的にはアニメ『エヴァンゲリオン』シリーズ）から想起されるこのスタイルは、フランスでは一種の「kawaii」ファッションとしてメディア上で構築される。このタイプのファッションは、『ル・モンド』のジャーナリスト が二〇一五年一〇月八日付の「パリはスタイリストを支援する」と題する記事言説においても以下のように構築されている。[44]「最初のモデル……［は］赤い髪をした美しいアジア人である……として、このパンクと「カワイイ」人形の一団は聖人のような顔をしている」と。しかし、同じジャーナリストが二〇一四年一月一七日付の『ル・モンド』の記事では原宿のこの「kawaii」ファッションを、一九世紀のジャポニスムの隆盛のときに使われた「ジャポニズリー（日本趣味）」をもじって「ジャポニエズリー（日本ののろま）」と指摘し、日本から遠く離れたこのヨーロッパでは「絶対に受け入れられない」と断言していたのである。[45]ファッションのハイブランドであるルイ・ヴィトンが、フランスの高級顧客向けに日本の「kawaii」ファッションをとりいれると、同じジャーナリストの「kawaii」ファッションを構築する姿勢は真逆になることが見て取れる。

このように「kawaii」をとりいれたことを評されたルイ・ヴィトンとは異なり、第2章で考察したようにフランスの一部のマイノリティ集団に受容され、日本で話題になっていた「kawaii」ファッションのようなスタイルをとりいれ提言したコムデギャルソンの、二〇一八年春夏のパリコレクションで発表した。

このスタイルへのキャプションは、「ハローキティやプラスチックの子供向けノベルティが首飾りとして積み上げられ、宇宙姫のウィッグに埋め込まれている。青い目のマンガのお姫様の顔とブロンドの髪が、(中略)コートを飾っている」というものであった。また、「堂々とした白いツイードスーツを着た、時代を超越したシックなファッションの女神である川久保玲のエンジェルは、カラフルでシュールな、漫画のような、カワイイおもちゃやコンピューターゲームを紹介するパレードの中心で現れた、唯一の人格として際立っていた」と説明言説が併記されている。[46] 確かに、このショーでは、一六世紀の画家アルチンボルドの野菜や果物を用いた肖像画などの作品のデジタルプリントも発表されていたが、このことを『*VOGUE RUNWAY*』においてジャーナリストは、「ミレニアル世代の文化の記念品や創造的なアートをコラージュし、ショーの最後で葬送音楽で締めくくり消費と浪費の現代を終わらせせようと意図している」と述べ、ある種批判的態度をアイロニカルに表しているようである。しかし、このように否定的に扱うにせよ、それはそれまでの作風とは異なり、フランス等海外で流行している日本のポップカルチャーである「kawaii」スタイルをとりこんでいる。それまで「kawaii」のようなスタイルを用いてこず、キャプションにもあるように『シックなファッションの女神』と評されていた日本のファッションブランド・コムデギャルソンが全く異なる「kawaii」ファッションのようなスタイルを提言する行動は、キャプションを読まない場合、自己流用とみなされる可能性が、デザイナー自身の意図の有無に問わず、あるといえるだろう。

さらに、ロンドンでプレタポルテコレクションを発表している香港出身のデザイナー ライアン・ロー（Ryan Lo）の「kawaii」ファッションスタイルに対するのキャプションには、「デザイナーの今シーズンの主な参照先は、ロンドンでの二〇一七年のコレクション前に廃刊になった日本のスタイルマガジン『FRUiTS』であり、パイみたいにかわいくて 超消費型 原宿ガールが国際的に有名になったのはこの雑誌が大きく貢献していると言える」と記されていた。デザイナーライアン・ローの動機は、流用という行為に含まれる文化盗用という支配ではなく、自分が好きだった、日本で廃刊となった雑誌『FRUiTS』へのリスペクトに基づくインスピレーションとして形成されていた。[47]

以上の三人のデザイナーは「kawaii」ファッションをデザインソースとして占有している。前述したように、ある活動がアプロプリエーションとみなされるかインスピレーションとみなされるかの判断基準となりうる「産業」「イデオロギー」「経済」「政治」「制度」（Ziff and Rao 1997: 7）など、何らかの権力の形態が、その行為をいかに条件づけているのであろうか。

先に挙げたZiffとRaoのアプロプリエーションの定義「文化的な伝達は、充当的な実践として見ることができ、支配的な集団が従属的な集団に関連する文化形式を借用するときに、批判され、挑戦されるかもしれないプロセス」[48]をベースに考えると、前述のルイ・ヴィトンの事例のように、フランスの大手ラグジュアリーブランドが、「kawaii」ファッションを取り入れ自分たちの新しいファッションスタイルを生み出す現象は、デザイナーがたとえ「kawaii」文化に対して尊敬の念を抱いていたとしても、結果的にアプロプリエーション行為とみなされる危険性も否めないのではないか。それは、限られたファンの間で行われる周縁的なファッションである「kawaii」のデザイン要素を、権力と資金を持つ欧米や日本の大企業が、グローバルなファッションブランドとして取り入れたことから、インスピレーションとみなされない可能性が生じうると考えられよう。というのも、前述した二〇一四年と二〇一五年の『ル・モンド』の記事にあったように、日本のコンテクストで使われるものは「日本ののろま」と評され、フランスのルイ・ヴィトンに取り入れられたとたん「聖なる」という西洋／非西洋の言葉まで使われるようになるということからも、やはり対等な関係性ではなく、二一世紀の今なお上下関係を有するアプロプリエーション的行為とみなされていることが『ル・モンド』のジャーナリストの文章からは見て取れるからなのである。

また、高級ファッション企業であるルイ・ヴィトンがフランスの高級顧客のために日本のストリート・ファッションを積極的に流用したと考えるならば、この行為は、先にも援用したミシェル・ド・セルトー（Michel de Certeau）の定義に従えば、彼の著作『*L'invention du quotidien, Tome 1: Arts de faire*』で用いられた「戦略」とも考えることができる。[49] その場合、「kawaii」ファッションの要素は、西洋のファッション界の戦略的パワーとメディアを利用して、間接的かつ「戦術」的に世界的に流通することができたとも考えられるのである。

「kawaii」スタイルを彷彿させるファッションデザインをパリ・ロンドンという西洋の舞台で発表

した二つの非西洋人のブランド、コムデギャルソンやライアン・ローの場合、カワイイを取り入れそれぞれのファッションスタイルを作り上げている。コムデギャルソンは、前述の通り、フランス的な意味での「kawaii」というスタイルを自己流用したともみなされてしまう可能性もあるだろうし、また、ライアン・ローは、雑誌『FRUiTS』への憧れや尊敬からの制作であり、それは、「kawaii」ファッションに触発されたとはしても、「kawaii」ファッション文化を力で盗用する、ということにはあてはまらないと言えるだろう。

「kawaii」ファッションは、フランスという文脈の中で、着用者、マスメディア、ファッションデザイナーなど、複数のアクターを通じて構築・発信される。デジタルメディアが発達し、複数のアクターが自ら情報を拡散できるようになった現在、日本のファッション文化は、日本の言語や文化を共有しない他者によってトランスナショナル・コミュニケーション空間の中で「発見」されるのである。

前述したように、着用者／ネットユーザー、メディア、ファッションデザイナーという三者の行為者によるフランスにおける「kawaii」ファッションの構築は、それぞれ賞賛／他者流用、自己流用、インスピレーション／尊敬とみなすことができる。主にマスメディアを通じて発信されるグローバル化された西洋ファッションとは異なり、「kawaii」ファッションのような非西洋のトレンドは、デジタル社会におけるトランスナショナルなファッションといえるだろう。したがって、非西洋的なファッション、特に「kawaii」ファッションは、様々な方向に構築され、流通する可能性がある。ファッションは、文化的生産の再生産が争われ、そして／あるいは媒介される場であると考えられるように、kawaii などの非西洋的ファッションは、流用的実践を開く場である危険性を伴うと同時に、大きな権力を戦術的に利用しながら変容しつつ、世界に浸透していける可能性もそこには内包していると考えられるのではないだろうか。

以上考察したように、「kawaii」ファッションは実践者たちにとって、従来の規範的女性像とは異なる「本当の私になれるファッション」としてみなされ実践されていたことが明らかになった。しかし、それらがネット上で浸透していく中で、ファッションメディアやファッションブランドは逆トリクルダウン的にそれを取り入れ、発信することとなる。またファッションデザイナーに関しても、アプロプリエーションの行為やオマージュという行為がみられたのである。

フランスを事例に、「kawaii」を事例に「日本」文化が海外の文脈で構築され広がっていく様子を様々な要因を反映しながら分析していくと、このように、フランスにおける「kawaii」ファッションはトップダウン的に均質に構築、伝達されるのではなく、オンラインの発達のおかげでまずメインストリームファッションを追従しないであろう人々に受容され、それらがファッションメディア、そして様々な立場のファッションデザイナーによって様々な意味合いを含意するアプロプリエーションがなされていったことがわかるのである。六〇年代のミニスカートがストリートで流行し、オートクチュール・コレクションにクレージュが取り入れ、そのスタイルが世界に広がり洋裁を通してコピーされた。二一世紀はオンライン、SNSを通してフランスをはじめとする世界の愛好家に広がり、それをブランドが追従する形で広がっていく。このように流行の構築・伝達の方が変容していったのである。

注

1 Ulf Hannerz, *Transnational Connections : Culture People Places*（Routlegde, 1969）。
2 深田恭子と土屋アンナが出演し映画化されたもの。二〇〇四年五月より公開されたが、同年、フランスのカンヌ国際映画祭に併設されたフィルム・マーケットでも上映。Kamikaze Girls というタイトルで人気を博し、二〇〇六年にはカンヌjrフェスティバルでグランプリを獲得。フランスでも約一〇〇館で上演された。
3 二〇一一年一月二一日、筆者によるインタビュー。
4 Imidas, 2006.
5 Roland Barthes, *Systeme de la mode*（Paris: Points, 1967）. バルトは Jobling 1999; Rocamora 2009; Bartlett, Cole and Rocamora 2013 に引用されている）。
6 ロラン・バルト 一九九〇：一三、一四、一七。
7 （Maingueneau 2015）。
8 同上
9 内閣府によると、「クールジャパン」とは、アニメ、マンガ、キャラクター、ゲームなど、現代日本の文化や商品を指す。また、日本の伝統料理や新しい価値を発見する商品、日本のハイテクロボットや最先端のグリーンテクノロジーも「クールジャパン」である。
www.cao.go.jp/cool_japan/english/pdf/cooljapan_%20initiative.pdf（二〇一〇年五月一四日閲覧）。
10 ピーター・マクニールは、ジンメルのトリクルダウン理論を次のように説明している：誰もがますます洗練された異なる系統のバラを育種するようになり、人々はバラの育種が自分たちの生活にとって二次的な関連性しか持たず、もはや成功の証ではないことを感じとった。これは、ファッションの話題のために、トリクルダウン理論と呼ばれるようになったものの典型例である」（McNeil in Rocamora and Smelik p.69）。
11 （岩渕 二〇〇二：一六）。
12 （Entwistle 2016: Kindle 版、五六三五）。
13 意見を聞かせてくださったフランス、日本の着用者の方々に心よりお礼申し上げたい。また、回答してくださった方々のプライバシー尊重のため、お名前や調査グループについての情報は掲載を控えている。

14 日本が国としていかに「『kawaii』ファッション」を定義し、世界に伝播しようとしているかは、日本語以外、英、仏、中、露、西、アラビア語で発行されている日本の外務省発行の広報誌『にぽにか／NIPONICA』二〇一三年九月号で特集された「日本のポップカルチャー 次のステージへ」をみるとよくわかる。そこでは、「ファッション、アニメ、漫画といった日本のポップカルチャーは、日本国内にとどまらず、世界各国の若者も虜にしている。こうした文化は、若者を中心に生活の中で育まれ、磨かれることによって、一層豊かなものへと成長してきた。ここでは、ポップカルチャーが日本人によって、どのように愛され、楽しまれているのか、その現状をレポートする」ための、日本発信の日本のポップカルチャーの特集がなされている。そこで、「『kawaii』ファッション」とは、青木美沙子をアイコンとするロリータファッションときゃりーぱみゅぱみゅに代表されるような原宿ストリートファッション（とそれをプロデュースする増田セバスチャン）が紹介されている。

15 二〇一一年三月に一度だけ発刊された雑誌『@二・五』（角川グループパブリッシング）（前述の『にぽにか』で「『kawaii』ファッション」の代表として表象されている、セバスチャン増田によってプロデュースされたきゃりーぱみゅぱみゅが初めてメディアに掲載され表紙を飾ったもの）において、原宿は歩行者天国もなくなり、その後若者が集まった原宿交差点のGAP前も、ビルが建ち消滅し、以前あった原宿ストリートファッション着用者の集う場所は、原宿のストリートからネット上に移行していると指摘されている。

16 情報空間を、鈴木は「デジタル情報技術によって物理空間に生み出された意味の空間」［鈴木 二〇一三：二六］と定義する。また、「こうした情報が生み出した現実と、実際の現実の間に生じるずれや葛藤」［同前書］に関する問題意識を提示する。

17 パリで、原宿ストリートファッションを取り扱い、様々なイベントを発信し、当時きゃりーぱみゅぱみゅもパリでのコンサートの際は、訪れたというブティックBoddywood（二〇一四年春閉店）やいくつかの「『kawaii』ファッション」を取り扱うブティックが立ち並ぶ界隈パリ一一区にあるケラー通り（Rue Keller）は現実空間として「『kawaii』ファッション」着用者の集う場所の一つであったといえる。しかし、このケラー通りでフランスの「『kawaii』ファッション」を扱う中心的存在であったBoddywoodが長期にわたる経営不振のため、二〇一四年春に閉店している（http://boddywood.blogspot.jp/　二〇一五年五月四日）。「〈カワイイ〉はビジネスチャンス」と指摘される日本の一部の動きに反し、このことは、フランスにおける「『kawaii』ファッション」ビジネスの難しさを露呈しているだろう。

18　これは、「研究対象に関わる特殊な経験を体系だって語ってもらう」性質をもったものであり、「打ち解けた会話から区別されるような」要素として、「（研究設問に由来する）インタビューするという明確な目的」および「エスノグラフィー的質問：描写的質問、構造的質問（研究対象に関して、インフォーマントがいかに知識を編成しているかを明らかにする問い）、対照質問（インフォーマントが彼らの世界の対象物や出来事を区別するために用いている、意味の次元に関する情報を引き出す問い）」が挙げられている［Spradeley 1975: 58-59］／フリックによる引用［2011: 206］。

19　量的研究をする傾向にあるとされるウェブでの質的研究活用については様々な研究者（［Mann and Stewart 2000; Hine C.2000: french］が提言しているとされている。オンライン・インタビューの場合は、「ほとんどのインタビューの手法をインターネット調査へと適合させることができる」が、それは、インタビュイーの状況によって変化していく「半構造化インタビューというより、サーベイのために質問票を送付するという状況に近くなる」とし、「eメール交換の形をとることになる」としている（フリック［二〇一一：三二六］）。また、「遠距離に住んでいたり」「参加者は匿名でいることができる」というのは、利点となるとしている（前掲書：三二八）。その反面、限界点として、①必ずしもその研究への参加に興味をもってくれるわけではない。②参加者の匿名性からデータの真正性が生じる。③質的な研究の具体例はまだ少ない（前掲書三三八－三四三）などが指摘されている。ただ、本章のように、「『kawaii』ファッション」の着用者が自らを提示する重要な場の一つがウェブ上であることからも、そこで彼らがどのようなアイデンティティを構築したいと願っているかを考察するには、ウェブインタビューを面識インタビューに加え補足的に行うことは、有益だと思われる。

20　『ウェブ社会のゆくえ』（ＮＨＫ出版、二〇一三年）を論じた鈴木謙介は、「空間も、時間も、そして人間関係も、私達を取り巻くあらゆる現実の要素がウェブの情報として取り込まれ、それこそが現実であるかのごとく感じさせられるようになるという変化に直面している」（鈴木 二〇一三：五八）とし、この状態の最も大きな問題として「「リアル」「バーチャル」等二項対立でウェブをとらえることができなくなり、ウェブを客観的に捉える視点が失われてしまう」ことを挙げている。そして「どちらかが「ほんもの」かではなく、どちらが自分にとって、社会にとって大事なのか」を自身で判断しなければならないとしている（同前書）。本書の「『kawaii』ファッション」の場合、バーチャルコミュニティーやオンラインショップがジャパン・エキスポのようなイベント会場に出展しkawaiiファッションという現実空間を形成される。そこでオンラインショップ、着用者などが存在した写真、出来事などがまた、バーチャルコミュニティー内で紹介されるという、「『kawaii』ファッション」のバーチャル、リアル空間の循環的形成が生まれているといえるだろう。「『kawaii』ファッション」にとっては、バーチャル空間こそが日常で、リアルな場所が、稀にしか味わえない「非日常」の場所となっているとはいえ、着用者にとってもバーチャルとリアルの間に優劣はないと想像されうる。インタビューを、「『kawaii』ファッション」を着用できるセイフティスペースである「リアル」「バーチャル」それぞれの空間にいる着用者にするにしても、どちらもがセイフティスペースということもあり、エスノグラフィー、バーチャルエスノグラフィーを通して同一人物に得られた回答は、同じ条件のもと、回答されたものとみなす。

21 このフォーラムを知るきっかけになったのは、二〇一一年末、後述するパリの「カワイイカフェ」（Kawaii café）の存在や、パリの一一区レピュブリック大通りで出会ったフォーラムメンバーAさんという二四歳の女性（当時）との出会いである。彼女はマンガ好きが高じて、二〇〇六年頃からジャパン・エキスポにいったときにヴィクトリア朝の「『kawaii』ファッション」をみつけ、それ以来、インターネットで情報を集め、安い古着などを買い始めたという。ロリータは遵守すべきコードが多すぎるので、むしろ自由にコーディネートできるデコラーやFRUiTS系のファッションを好むという。彼女が「kawaii」服を着る理由として、「美しくて「kawaii」人形を演じる」ためであり、「カラフルなものが好きだから「『kawaii』ファッション」を選ぶ」と答えてくれた。しかし、街の中でkawaiiという肯定的視線と、「そんな格好をして恥ずかしくないのか」「子供の服だ」という批判的視線の両方を受けるという彼女は、「『kawaii』ファッション」を「私は売春婦ではない、異性を引きつけるためではなく、自分自身気分がいいから」身に着けるという。というわけで、彼女に紹介されたRのサイトの訪問者が投稿できるページで前述の通り「なぜ「『kawaii』ファッション」を身に着けるのか」に関連する質問をした。登録人数は二〇一五年五月三日現在一八〇人であるが、実際に回答してくれたのは、三名（B（二二歳）、C（一九歳）、D（一九歳））であった。

22 以下フランス人着用者のインタビュー回答は著者による翻訳である。

23 このフォーラムは、二〇〇九年にフランスのロリータファッション愛好家によって形成されたL（仮称）というヴァーチャルコミュニティーで、通常会員の情報交換、関連記事を通して、ロリータファッションの推進および、関連するクリエイターをサポートする活動をしてきている。パリにおいてロリータファッションのイベント「ロリータコンヴェンション」を二〇一〇年から二〇一三年まで年に一度開催してきた。

24 具体的には以下のような回答が寄せられた。

(a)私がこのスタイルを着用するのは、私の人格を映し出しているから。ロリータファッションを身に着けると、とても気分がいいの。完全に私自身だわ。このスタイルを着ると気分がいいわ、このロリータスタイルは私の人生観とぴったりよ。エレガントで、入念で、純真で、めったになくて。

(b)これらのロリータスタイルを着ていると気分がいいわ。下品にならずに女性らしくなれるから。

(c)だって、この特別で洗練された宇宙が気に入っているわ。美しいドレス、そしてほとんどのロリータスタイルのドレスが好きよ。この服は私に夢をみせてくれる。この宇宙が私を引きつけるのは、このドレスが特別なもので、まさにこのスタイルを着用するととても気分がいいから。

(d)ええ、私はロリータスタイルを着るわ。ロリータスタイルは私が探しているものに対応しているわ。女性性、自由、エレガンス、ロマンス、純真さというものに。

(e)私はいろいろなロリータスタイルを身に着けるわ。それらは、私の性格の様々な異なる側面を表すから。

(f)私は（ロリータ）ドレスのカットのフレーヤー効果がとても好き。それらは、私に一五世紀、一六世紀のフランス女性像を喚起するわ。これらは私にとって、とてもエレガントで、特別で、誇示的ではなくオリジナルなスタイルよ。そして私にとって、それはとても着用しやすいスタイルよ。というのも、私の体型にもあっているし、それを着るととてもきれいでいい感じだわ。私は常に貴族の精神、美しい素材が好きなの。

(g)私がこれらのスタイルを最初に着たのは、私の創造性を表現できるから。みなと同じような格好は面白くないわ。私はこのスタイルが好きだし、本当に快適に感じる。だって、私の人生スタイルととても調和しているから。

(h)私はこのロリータスタイルが好き。なぜなら、とても女性的で、エレガントで純粋だし、自然で歴史的なタッチも感じられるわ。このスタイルを着るととても気分がいいの、だって、私の生き方にぴったりなんですもの。

25 具体的には以下のような回答が寄せられた。

(a)私はとても美しいドレスを着て女性らしく感じるのが好き。一九世紀の貴婦人、またはマリー・アントワネットのようにエレガントでいるのが好きなの

(b)ヴィクトリア調、もしくはそれより以前の美しい貴婦人に類似する美しいドレスを身に纏うことができる。

(c)このスタイルはエレガントでどんなクラシックな西洋のドレスよりも美しいわ。

(d)ロリータスタイルを身に着けているわ。私は日常でロリータを着用するのはすでに、洋服の形が好きということだけではなく、このスタイルが与えてくれる女性性によるわ（でもカワイイとはみられたくはないわ）。

(e)私がロリータファッションは着るけどスィートは着ないわ。つまり、カワイイスタイルは着ないわ。

26 この回答は先の(a)にも類似する。違いとして、(a)では一九世紀の貴婦人、マリー・アントワネットが指摘されていた代わりに、ここでは、「プリンセス」という言葉が使われている。

(a)私はスィートロリータを着用するわ。レースやピンクなものが全部好きよ。このスタイルは私にぴったりよ、ロリータを着ると、プリンセスのように感じるわ。

(b)私はロリータを着るのは、エレガントで子供っぽいからよ。美しい小さな少女でいることは、私にとっての理想よ。

(c)私は人形効果、プリンセス効果のあるこのファッションが好きよ。このファッションで、カワイイものに満たされた全く異なる空間に入るのよ。

(d)ええ、私はもう五年来ロリータを着ているわ。プリンセスとしてこのスタイルを着るとエレガントで美しく感じるわ^^。

27 MANAに関するフランスのネット上で流布する一般知識の目安として、現代文化の情報をも簡単に多言語で入

力・調査できるインターネット百科事典『ウィキペディア』のフランス語版のゴシックロリータの項目をみてみると、「mana　ヴィジュアル系のスターで、もとMALICE MIZER（現在MOI DIX MOIS）のギタリストはこのロリータファッションを一九九〇年代に広め、自らのブランドMoi-Même-Moitié、EGL（エレガント・ゴシックロリータ）EGA（エレガント・ゴシック・アリストクラット）GL（ゴシック・ロリータ）という三スタイルを創った」という紹介がなされている（フランス語翻訳はすべて筆者による）。(https://fr.wikipedia.org/wiki/Lolita_（mode）二〇一六年六月一四日閲覧）

28　注14と同様の目的からフランス語版『ウィキペディア』を参考にすると、デコラーの定義は以下のとおりである。「デコラスタイルはエキセントリックなスタイルで二〇〇〇年代に原宿（東京）で誕生した。（中略）このスタイルは、アクセサリーや洋服を重ねること、« kawaii »（日本語でかわいいの意味）の誇張以外に洋服コードはない。このスタイルはその前身であるFRUiTSとは異なり、カラフルなヘアピンや、ネックレス、ブレスレットを非常にたくさん身に着け、靴下も重ね着をするものである」(https://fr.wikipedia.org/wiki/D%C三%A9cora　二〇一六年六月一四日閲覧）

29　『kamikaze girls』として海外でも公開された映画『下妻物語』もロリータファッションを世に知らしめるきっかけとなった映画である。

30　フランスにおける少女マンガキャラクターの受容とも同じ背景がみられる。詳細は、高馬京子「第九章　少女——フランス女性読者のアイデンティティ形成とキャラクターの役割」（山田奨治編『マンガ・アニメで論文・レポートを書く』ミネルヴァ書房、二〇一七年）で論じている。

31　Le 20 aout 2010, Philippe Pons « Errance dans le Japon excentrique » http://www.lemonde.fr/asie-pacifique/article/2010/08/20/errance-dans-le-japon-excentrique_1400998_3216.html?xtmc=japon_excentrique&xtcr=1（二〇一六年九月一二日閲覧）

32　後述の注でサイトの調査年度を記載しているが、本書を執筆中の二〇二四年現在、再接続してもサイトは残っていないものもみられる。

33　イタリアファッションスタイルを示す際に、ブランドの意図とは別に、「日本文化の基準」（『ELLE USA』二〇一三年一〇月三日）という表現が使われたり、日本女性の髪のお手入れの入念さを指摘しながら、それらを基にしたソフトウエーブの髪型を「東京の現在のkawaïiキューティクレージーの一部だ」（『ELLE USA』二〇一三年四月一九日）と指摘するなど。また、中国では日本の「kawaii」を「ポップカルチャーのありよう」としてではなく、日本の従来の意味で使われている傾向があるのに対し、UK版、USA版では、日本のデザイナーのファッションの特徴などを示すときに、「kawaii」という語を使用しているケースがみられる。

34 二〇一六年五月六日の時点では一〇〇記事となっている。二〇一四年一〇月三〇日時点でフランスの『ELLE』オンライン上でkawaiという言葉が使われた記事の総数は八五件に上った。（http://www.elle.fr/recherche/recherche-globale?searchText=kawai&getsection=all#）。しかし、調査していると、同じ記事が二度紹介されるなどもみられ、八五の異なる記事が掲載されているわけではなかった。Kawaiiまたはkawaïiという語が使われた記事数は次の表のとおりである。

表　フランスの『ELLE』オンライン上でkawaiという語が使われた記事数

年度	記事数
二〇〇七	六
二〇〇八	九
二〇〇九	六
二〇一〇	四
二〇一一	四
二〇一二	五
二〇一三	四
二〇一四	五

Kawaiiまたはkawaïiが形容するものとして、二〇〇七年度は、韓国のマンガキャラクター、動物、フランスのお菓子、日本のマンガの登場人物を模倣する西洋の女優、二〇〇八年度は、日本人ではない俳優、ファッション、ティーサロン、化粧、日本のお弁当箱、ハローキティー、モデルなど、二〇〇九年度は日本的ではないスタイルの

女の子、日本の化粧品、ハローキティー、二〇一〇年は日本の風呂敷やマンガキャラクター、二〇一一年は日本人デザイナー・ツモリチサトのファッション、二〇一二年はレディー・ガガの日本のアニメを彷彿させるファッション、二〇一四年は日本食や日本のネイル、アジアのお菓子等というようにすでに二〇〇七年から日本のマンガ、キャラクター、ファッション、食べ物だけではなく、動物や、アジアのもの、そして全くアジアとは関係のないフランスのお菓子などを形容する際にもkawaiという言葉が使われ始めている状況がみられる。Kawaiiまたはkawaïという語のフランスの『ELLE』オンライン上の使用はさらにゆるやかに増加し、二〇一六年三月現在でも総数一〇〇記事（重複はあるにせよ）であると提示されていた。二〇二四年一一月現在では、それまでみられた記事も整理・削除され一三記事まで減少し、二〇二二年三月一八日の記事を最後にkawaii kawaïが用いられている記事はみられない。

35 前記の（三）の記事では、マンガ・「カワイイ」スタイルの特徴として、ストリートファッション、カラフルな色使いをしたスタイルをフランスの高級ブランドを用いて再提案することで、『ELLE』の解釈・提案するマンガ、「kawaïファッション」を形成している。しかし、それでもネットユーザーはコメント欄に、「これは日本のマンガ、アニメからはかけ離れたもの」と投稿している。この前記引用（三）でマンガガールのスタイルとして提案されているのは、欧州の高級ブランドとスタイリッシュに組み合わせたファッションスタイルで、そこからマンガや「kawaï」を彷彿させるのは確かに困難である。

36 米国の有名大学をめざす進学専門の私立中学、高等学校の基本的な装い（『デジタル大辞泉』）。

37 『グラマー』（Glamour）二〇一〇年四月号。

38 一八五二年にピエール・ラルースらによって設立された主に辞書、事典に特化した出版社である。（http://www.editions-larousse.fr/qui/（二〇一四年四月一六日閲覧）。

39 原文：「日本文化のファン、カワイイ世界。マンガに囲まれた、幼いころの世界。：パンダやほたるなど、幼い頃の思い出が詰まっている」。（de magargerie 2009: 131）。

40 www.elle.fr/Mode/Dossiers-mode/Manga-Girl（二〇二〇年六月二一日閲覧）。

41 （Ziff and Rao 1997: 7）.

42 同上。

43 このコレクションはVoguecom onlineでも扱われた。www.vogue.com/fashion-shows/spring-2016-ready-to-wear/louis-vuitton（二〇二〇年六月二一日閲覧）。

44 www.lemonde.fr/fashion-week/article/2015/10/08/paris-soutient-les-stylistes_4785444_1824875.html（accessed 21 June 2020）.

45 www.lemonde.fr/mode/article/2014/01/17/les-japoniaiseries_4348994_1383317.html（二〇二〇年六月二一日閲覧）。

46 このコレクションもVoguecom onlineで扱われた。www.vogue.com/fashion-shows/spring-2018-ready-to-wear/comme-des-garcons/slideshow/collection#15（二〇二〇年六月二一日閲覧）。

47 このコレクションは、Vogue.com onlineでも扱われた。www.vogue.com/fashion-shows/fall-2017-ready-to-wear/ryan-lo（二〇二〇年六月二一日閲覧）。

48 （Ziff and Rao 1997: 7）.

49 Michel De Certeau, *L'invention du quotidien, Tome 1: Arts de faire*（Paris: Union générale d'éditions, 1980）.

第4章

フランスにおける「かわいい」未熟な日本女性像の変遷

フランスの全国紙（オンライン版）の調査でもみたように、自明の理として、日本女性のステレオタイプとして「kawaii」という語が使われるが、この考え方はいつから、そしてどのような文脈で使われ始めたのであろうか。フランスのメディアにおいて、なぜ日本女性に、「kawaii」というステレオタイプが付与されていったのであろうか。これらを明らかにするために、フランスメディアにおいて構築された日本人女性像について、日本との比較、またフランスのメディアにおける規範的女性像について、

①ジャポニスム期：フランスにおいて受容された mousmé の変遷

②一九九〇年代～二〇一四年：フランスにおける日本のポップカルチャーの隆盛と shôjo, kawaii 女性たちの構築

を検討し、一世紀以上にわたってフランスにおける未熟な「かわいい」日本人女性像がどう構築され続けてきたかの変遷を明らかにする。そして、今なおフランスで未熟な「かわいい」日本人女性像が形成され続ける理由を解明するために、

③日本における「かわいい」女性、ジェンダー像の変遷

④フランスにおいて構築される規範的女性像

を検討する。

③日本における「かわいい」女性、ジェンダー像の変遷の検討を通して、日本の「かわいい」女性像とフランスにおける「かわいい」女性像は合致するのか、何が異なるのか、お互いにいかなる影響を与え合ってるのか、を明示する。また、日本の「かわいい」女性像が受け入れられるフランスにお

いて要請される④「規範的女性像」とはどのようなものかを検討することで、なぜ彼女ら彼らは日本の「かわいい」女性像を受容したのかについて明らかにする。

社会背景など異なっているにもかかわらず、一九世紀末から二〇世紀はじめにフランスで受容されたジャポニスム作品、また、現代日本のポップカルチャーにおいて一貫した共通項として挙げられるものに、日本の若い女性を示すジャポニスム期の「mousmé（ムスメ）」、現代日本のポップカルチャー隆盛期の「shôjo（ショウジョ）」、さらには一貫して使用され続ける「geisha（ゲイシャ）」という語、またそれらを形容する言葉としての「mignon／kawaii（かわいい）」がある。これらを通し、フランスの一部の愛好者の間で支持された日本の一ファッション現象と関連づけられ表象される日本女性像、またそれを形容してきた未熟さを表す「かわいい」という描写について考察する。

特に一九世紀末から二〇世紀にかけてのフランスでは、美術、舞台といったジャポニスム作品の中で日本女性像が形成されていた。本章では、まずジャポニスム作品の中で形成され、認知されていった日本女性像が、当時の室内着としてのキモノやキモノ袖といったキモノブーム[1]、また二一世紀の「kawaii ファッション」ブーム[2]を背景に、どのようにフランスのメディアで展開していったのかをいくつかの事例について考察する。そのために、まず日本女性像がいかに構築されたかについて、一九〇一年創刊のフランスのブルジョワ向け女性ファッション雑誌 *Fémina*[3] を事例に検討する。

そのうえで日本のポピュラーカルチャーブームが巻き起こった二一世紀において、その中、「kawaii ファッション」とされるファッションとの関連でいかなる日本女性像が形成されていったのかを考察する。このように、元来、芸術を中心とするジャポニスムの運動を通して特にフランスを中心に認知されていった日本女性像が、二つの時代、フランス社会の中でどのように「継承」／「修正」されていったのか、また、果たしてそれは「継承」といえるのか、二〇世紀のキモノブーム、そして二一世紀の「kawaii ファッション」ブームを背景に、なぜフランスでは、一世紀を超えて、同じように未熟さに関わるイメージを通して日本女性をみようするのか、何がその欲望を支えているのか提示を試みる。

1．小さくてかわいい mousmé（ムスメ）の誕生

『ロベールフランス語歴史辞典（*Le Robert dictionnaire historique de la langue française*）』によると、フランスで geisha（guécha）、mousmé という言葉が使われたのは一八八七年、すなわち、フランスの保守的全国紙である『ル・フィガロ（*Le Figaro*）』（一八二六年に創刊したフランスの新聞）でピエール・ロティの自伝的小説『お菊さん（Madame Chrysanthème）』の連載がされた時期と重なっている。しかし、隠岐由紀子が指摘するように、一八六七年のパリ万国博覧会で「三人の柳橋の芸者という触れ込みの本物の日本女性が『陳列』され」[4]ており、また、馬渕明子[5]が一八七六年にパリで上演された『美しいサイナラ』の中で geisha や mousmé という言葉はすでに使われていると指摘している。一九世紀に入り、新聞というメディアに掲載された『お菊さん』を通して、このムスメ像、ゲイシャ像がさらに当時のフランス一般社会に広がっていったと考えられよう。このピエール・ロティの『お菊さん』の中で、語り手（主人公）は、

「私は本当に小さい（petit）という形容詞を濫用している。それはよくわかっている。でもどうしろというのだ。この国（日本）のことを書くために一行につき一〇回はこの語の使用が試みられている。小さい（petit）、甘ったるさ（mièvre）、かわいらしさ（mignard）、身体的、精神的日本はこの三語に完全に収まるのだ」[6]

と言及する。ここで、ピエール・ロティは「kawaii」という日本語そのものは使わないものの、日本を「小さい」とか「かわいらしい」という語を用い紹介している。他にもロティはこの小説の中で、日本女性のことを「ムスメ（mousmé）」と形容し、その際に、「本当にかわいい」「さっき、この菊は本当にかわいかった」など小説の中で「mignon」（「かわいい」と訳される語）を使用している。

この「ムスメ（mousmé）」という語は、現代の「kawaii」につながる子供っぽさという性格を有するものであり、「ゲイシャ（geisha, guécha）」と同様、フランス語辞書『ル・プチ・ロベール』にも所収された言葉である。

このムスメというイメージについては、日本研究者であるピエール＝フランソワ・スイリ（Pierre=françois Souyri）とフランス中道左派の『ル・モンド』紙の日本特派員であったフィリップ・ポンスが『日本人の日本』（*Le Japon des Japonais*）[7]の中で、こう指摘している。

この小説『お菊さん』は、いわゆる東洋の神秘的な女性というイメージに、日本人女性特有の「男性の欲望に対し、少し甘ったるい従順さ」を追加させることで日本女性独特のエキゾチックなイメージを構築し、ロティのムスメ以来構築された日本人女性のイメージは一世紀を経ても最も変化していないものの一つといえるだろう。

彼らによればここで描かれた日本女性像は、その後一世紀以上にわたり絶対的なものとして海外に浸透するとされる。

日本女性とは私たちの東洋のファンタスムの一部分をなす。東洋女性が持つ官能性に、日本女性は少ししとやかな「従順さ」を男性の欲望に付与する。（中略）その最も有名な代表者はゲイシャである。[8]

と指摘されている。また、Tzvetan Todorov も主人公とお菊さんの「関係は（中略）、男性として、女性に対する優位性だけではなく、西欧人として多民族に対する優位性を享受する」[9]としている。

この『フェミナ』の特徴は、松田祐子も指摘するように、創刊号の冒頭に次のように表れている。

「『フェミナ』は、フェミニズムや女性解放についてのものでは全くありません。女性を男性化し、その甘美な魅力をなくす役目は他のものにまかせておきましょう。そうではなく、真の女性、エレガントで、上品、優雅という最高の伝統の中で健全に育ったフランス女性のためのものです。『フェミナ』は、既婚女性と未婚女性の理想の雑誌となるでしょう」[10][11]

また松田は、『フェミナ』をモード、演劇、社交界だけではなく様々な働く女性を紹介し、教育についてもイギリスやドイツの女子教育の様子を紹介しているとし、フェミニスト日刊紙であった *La Fronde* と同様のフェミニズムの精神を紹介しつつフランス女性としての新しい様々な生き方を提案する[12]雑誌としている。当時のファッションを追従する層であった「余裕のある中・上層のブルジョワのフランス人女性」[13]といった『フェミナ』の理想的モデル読者像に、それとは全く異なるムスメそしてゲイシャといった日本の女性像はどのような役割を果たすために構築されたのだろうか。一九〇一年の創刊号から日露戦争を挟み、一九〇七年あたりの日本のキモノ袖ブームが起こった[14]時期の間で、ムスメ、ゲイシャといった日本の女性像が掲載された号をみていこう。

(1)「野蛮」で「奇妙」なゲイシャ・ムスメ像

『フェミナ』で初めて紹介された日本女性の一人に、パリ万国博覧会で演劇を披露した川上貞奴がいる。川上貞奴は、川上音二郎とともに一九〇〇年博覧会の劇場で『芸者と武士』の公演時に、ゲイシャと腹切りをみせてほしいと興行主から言われたという(白田 二〇一三:九五)。[15]『ル・フィガロ』で連載されていた『お菊さん』で構築されたムスメ・ゲイシャを、一九〇〇年に

ファッションページにも「お菊さん」ファッションが仮装の特集ページで紹介されている。

具現化し、パリに知らしめたのが川上貞奴だった。また、詩人テオフィル・ゴーティエの娘でアジアの情景・風俗・慣習の織り込まれた著作を発表していたジュディット・ゴーティエ[16]が川上貞奴を紹介した記事[17]の中で、ゲイシャを具現化した川上貞奴について「魅力的で奇妙」「上品で野蛮」と形容している。モンテーニュが「私たちの慣習でないものは野蛮と呼ぶ」としたよう（Todorov 1989）に、どん何「魅力的」「上品」と賞賛しても、この記事の中で、このように「奇妙」「野蛮」という形容をすることで、日本人女性は「私たちフランス人女性」とは異なる他者として構築されていたのである。

このように貞奴によって日本の芸者像が再強化・具現化されたが、このような記事は、「ジュディット・ゴーティエによる日本の女性」（一九〇三年八月一日）でも窺える。ジュディット・ゴーティエがこの記事で日本女性として紹介するのは、「femme（女性）」ではなく、「ムスメ」と「ゲイシャ」、そして「オイラン」なのである。

日本の西洋化は認めつつも、まだここでは日本女性像は、「ムスメ」「ゲイシャ」「オイラン」という語を通して構築され、依然として「未開」な日本を示す女性像が強化されている様子が窺えるのである。自分たちとは異なる魅力的をもつ遠い他者として「ムスメ」や「ゲイシャ」が描かれ、まさに近代の西欧中心主義、サイードが言うところのオリエンタリズム（Said 1978）的な視線がここにみられる。

(2) 西洋化したムスメ

『フェミナ』における、日本のステレオタイプを強化したような日本の女性像、日本像の西洋化は、一九〇四年から一九〇五年にかけての日露戦争を機に出現し始める。一九〇四年一〇月一日付の『フェミナ』で、日本の女学校を通して日露戦争における日本の「奮闘」=「西欧化=近代化」を紹介しつつ、「ムスメの学校(Ecole de Mousmes)」という記事が掲載された。

> 読者のみなさんはこの記事から、いかなる方法で、いかに優れ、かつ快い教育を通して、ムスメという夢の小さな魅力的な人物の飾り棚の置物としての役割が、賢く勇敢な伴侶の役割にまで変化し成長していったかを知ることになるでしょう。[18]

この「飾り棚の置物」という日本女性を指す言葉は、まさに、次にみられるようにロティが『お菊さん』の中で日本女性を表現する際に使った言葉である。

> 人形さん、貴女方はほぼかわいい、それを認めよう。(中略)結局、取るに足らないほどに小さく、飾り棚の置物の雰囲気、猿のような、何かわからない雰囲気である。[19]

ロティは日本人女性の風貌をキモノと対比し、かわいい、すなわち小さく、何かわからない雰囲気をもつ飾り棚の置物のような人形として描いている。『フェミナ』の書き手は、ロティの表現「飾り棚の置物」を用いながら、飾り棚の置物の存在であったムスメの戦闘的妻への変貌を示している。このように、日本も戦争に勝利したことにより「西洋化」して日本女性が「女性」として認められたとしても——ここでの対象は女学生ということもあり——結果的にムスメという表現は日本女性を指示する際に使用され続けることになったと考えられよう。

このように、ムスメが「戦闘的妻」へと変貌するための教育の場である女学校が『フェミナ』に紹介されたのは、日露戦争を機に「野蛮な国」から世界の列強に名を連ねるようになった一九〇四年である。松田も指摘するように、『フェミナ』は欧州の女子教育にも力を入れ、各国の学校についても紹介している[20]。その一環として、日露戦争の「勝利」を機として、それを支える女性教育の西洋化、すなわち、自分たちをモデルにした日本の女子教育という側面に焦点があてられ紹介されたともいえるだろう。

西洋化した日本の女性を生み出した日本の教育制度を賞賛することは、西欧人であるフランス人読者のアイデンティティの再認識を行う装置となり、西欧化された日本女性であるムスメの構築につながった考えられるのではないか[21]。

フランスにおける日本研究者のベイユヴェール（Beillevaire）は、フランスの男性小説家が描いてきた日本人女性像は、エキゾチックな日本女性像を望み、日本女性の衣服の西洋化を残念がっていた[22]と論じている。しかし、ブルジョワ女性を読者対象とする『フェミナ』では、西洋人である自分たちを手本にしたことで大国の一員になった日本の女性の生活スタイル、教育、ファッション、言語取得などが描かれたのである。

(3) フランス人女性によるムスメの模倣

『フェミナ』における ムスメに関する表象の三つめの特徴は、フランス人女性による「ムスメ」の模倣である。

一九〇三年五月一五日号の『フェミナ』の中で、一人のパリの伯爵夫人が世界中を旅し、その際に訪れた日本の旅行印象記がその伯爵夫人の写真とともに紹介されている。その写真は、伯爵夫人がキモノをムスメのように着て、かごにのって日本を旅しているものであった。また、他の例として、一九〇七年一月一五日発行『フェミナ』で、「日本の日本人、パリの日本人」という記事が掲載された。その二つの写真のうち、一つはキモノ姿で踊る日本人女性たちで、説明文として、「本物のムスメ」と書かれていた。そして、その横には、キモノ姿のムスメに扮した女優の写真が掲載されており、その説明文として、「とてもパリ風の日本人、愛のプリンセスにおけるマダム・ジュディット・ゴーティエの舞台の主役を演じるミス・モード・アミ」がつけられていた。

さらには、一九〇三年二月一日号では「仮装」というファッションテーマで、Madame Chrysanthème スタイルと名づけられたファッションが掲載されている。この「仮装」という言葉からも、このお菊さん的ファッションを身に着けることは、主流のフランスモードを追従するのではなく、あくまでも仮装であることを意味していることが見受けられる。このようなファッションの受容は、ジャン＝マルク・ムラ（Jean-Marc Moura）が『エキゾチシズムを読む』（*Lire l'Exotisme*）で『お菊さん』に対して述べたように、気晴らしとして「ちょっと楽しむための行為」[23]といえるだろう。

これらの行為は東洋に旅行した一九世紀のフランスの作家の言説を分析したヴェロニク・マグリが述べるように、「旅行は他者を自分たちのものとし、その奇妙さの習得をする行為であり、旅行者は自らの優位性を占有という言葉と比較して確認する」[24]という行為と関連して考えられよう。このように野蛮な、そして西洋化されていったムスメは、当時のフランス人女性にとってのちょっとした「気晴らし」、そして自分たちのアイデンティティを承認する存在として、「アプロプリエーション」（占有）されていく、といえるのではないだろうか。

このように形成されたかわいく未熟なムスメとしての日本の女性表象は、現代のコンテクストでも見受けることができる。それはいかに形成されていったのか、また、ここまで考察した二〇世紀初頭前後のジャポニスム期と比較して、それはどのような役割があったのか、次にみていこう。

2．現代フランスにおける kawaii、shôjo[25] の表象

前に考察したように、二〇世紀初頭前後のフランス社会で流布していた日本女性像の特徴として、ムスメ、かわいい、ゲイシャというものが挙げられた。しかし、現代フランス、特に現代フランスにおける日本ポップカルチャーの受容というコンテクストにおいても、日本人女性が表象される際に、それらと共通する shôjo、kawaii、ゲイシャという語が用いられていることが指摘できよう。

まずその背景として、フランスにおける日本のポップカルチャーの隆盛が挙げられる。日本のポップカルチャーの祭典『ジャパン・エキスポ』のCEOであるトマ・シルデへのインタビューの際に、その理由について確認したところ、次の通り回答してくれた。シルデによると一九八七年から一〇年間放映されたフランスの子供向け番組「クラブ・ドロテ」(Club Dorothée)」で日本のアニメが放映された。ここから日本のアニメファンが増えていったが、フランス社会党のセゴレーヌ・ロワイヤルが暴力シーンなどが描かれた日本のアニメを批判した(Royal 1989)[26]ため、この番組は中断に追い込まれた。その後、トマ・シルデをはじめとするこのときのアニメファンの数人が二〇〇〇年に日本のポップカルチャーの祭典であるジャパン・エキスポを開催し、フランスにおける日本のアニメファン、ポップカルチャーファンを結びつけ、増やしていくことになった(トマ・シルデ氏に対する著者による二〇一三年九月実施)。特に、二〇一二年からは来場者も四日間で二〇万人を超えるに至るほどに人気が出たということが指摘できる。また、動員数が増加するにつれて、日本政府、日本企業も参入しはじめ、日本主導型の文化提案をしていこうとする動きもみられていく。

このように、ジャパン・エキスポは、様々な行為者によって文化発信がなされ、協働かつせめぎあいの場となっている。そして、このジャパン・エキスポの隆盛は本章でも論じる shôjo、kawaii(kawai)文化を広め推進する基盤の一つとなったといえよう。

以上を背景に、ジャポニスム時代と共通する特徴を有する日本女性像である shôjo、kawaii(kawai)、そして geisha が二一世紀のフランスでどのように受容されていったのか、いくつか事例をみていこう。

（1）フランスにおける shôjo 受容と表象

shôjo が現代フランス社会でいかに浸透していったのか、歴史的背景をみていこう。世論としての shôjo は新聞上でいかに構築されていったのであろうか。フランスの『ル・フィガロ』『ル・モンド』で shôjo という語を検索すると、『ル・フィガロ』（二〇〇三～二〇一六年）で九記事が、『ル・モンド』（一九八五～二〇一六年）まで一六記事がみつかった。『ル・モンド』一九八五年一月一八日付の記事で初出した shôjo という言葉は、「女子向けのマンガ（manga pour les filles）」として説明されている。その後、二〇〇九年以降の記事で shôjo が説明なく少女マンガを指すようになる。

この shôjo という言葉の使用がフランスで本格的に展開された背景としてテレビで少女向けの日本のアニメが放映された点が指摘できる。一九七八年からフランスアンテンヌ2（現在のフランス2）で『キャンディ♡キャンディ』が、一九七九年に池田理代子原作の『ベルサイユのばら』のアニメが『レディー・オスカー』として、また先に紹介したテレビ番組『クラブ・ドロテ』の中で、少女テレビアニメとして世界的に大人気を評した『美少女戦士セーラームーン』が一九九三年一二月から一九九七年八月まで放映された。

フランスにおける少女マンガを指す shôjo としては、『美少女戦士セーラームーン』が刊行されている。

フランスの shôjo を取り扱う出版社の一つソレイユ・マンガ（Soleil Manga）のデザイナーであったソレーヌ・プシュロー（Solene Puchereau）にしたメールインタビュー（二〇一三年〇月八日実施）によると、二〇〇二年からマンガ市場が増大し、二〇〇二年アカタ／デルクール出版から shôjo

である『フルーツバスケット』『NANA』のフランス語翻訳版が刊行され、ヒットへとつながったという。この shôjo のターゲット読者は一〇～一七歳であるが、内容によっては二二～二四歳ぐらいまでの読者もいると想定している。

shôjo がフランスで一部の層に支持されていった背景として、フランスとドイツのテレビ局アルテの『プリンセス・ポップスターとガールズ・パワー』を参考にあげよう。この番組では幼年期はフランスのマスメディアにおいて理想的女性像をディズニーなどのプリンセスとしているものの、一〇代半ばでは、成熟でセクシーなポップスターに移行しているとされていた。先のプシュローも指摘するように、自分たちのモデルを探せなかったフランス人の少女たちの救済の場として shôjo／少女マンガが存在したとも考えられる。

このようなフランスにおける shôjo のブームを受けて、ファンの集いである CLUB shôjo というファンサイト[27]が設立されている。フランスの読者がなぜ shôjo キャラクターを理想として追い求めるのかを検討するために、日本政府も後押ししていた日本のポップカルチャーの海外展開が全盛期だった二〇一二年、二〇一三年に意識調査を行った。その結果集まった一九一人の回答のうちの一四三人がフランスのメディアで形成される規範的女性像とはかけ離れている「kawaii」要素を shôjo キャラクターに理想像として求める。さらには、フランスでもヒットしたマンガ、幼いながらも勇敢に戦う魔法少女『カードキャプターさくら』のように、フランスの一〇代から二〇代の読者は、ドジ、まぬけといった未熟な反応に「奇妙さ」を感じつつも、その根底にある強さを見出し、社会通念的に形成されたフランスの女性像とは異なる、自己と闘いながらあきらめずに目標を成し遂げようとする強さにあこがれ、自己投影している様子も窺える。[28]

フランスの少女たちという同性の視線による日本の未熟でかわいい少女の消費については、そこにジャポニスムの時代のような優劣ではなく、前述した「遠くにいるけれども平等な他者」[29]への視線がみられるのである。

3．「kawaii」日本人女性像──フランスにおけるジャポニスムと現代日本文化受容との関係を通して

二一世紀に入ってフランスにおける日本由来の女性像として、shôjo、「kawaii」ファッションに加え、人形を中心に事例を提示してきた。ジャポニスムの頃のムスメと通底する点は、未熟さ、かわいらしさである。ジャポニスム時代と現代では消費する主体が異なる、すなわちエリート層か一般の若者かという違いはあるにせよ、そこには一世紀を超えて通底して存在する未熟、かわいいという、自国とは異なる他者のエキゾチックな要素を欲するフランスという存在が明らかになったといえるだろう。

エキゾチスムの定義を考えると、ジャポニスムの時代は西欧中心主義だったため、優劣という視点が前提としてあったと考えられる。現代はメディアの発達もあり、ファッションを享受できる層が広がり、前述したRafoniとSabreが述べるように、優劣ではなく「平等」だけれども、「最も遠くて近くの他者」であるとして受け入れられる。

この視点で比較すると、本章で考察してきたように、現代文化において、日本の未熟でかわいい女性像はフランス社会における規範的女性像を追従できない若者たちの「平等な他者」として存在しているといえるだろう。ただしかし同時に、マスメディアによる表象レベルでは、第3章で考察したように、ジャポニスムの頃と変わらない優劣的な視点が感じられるのである。

本節で考察してきたように、フランスで、ジャポニスムが隆盛した二〇世紀初頭前後、そして、若者を中心とする日本のポップカルチャーが隆盛した二一世紀初頭前後に、同じような未熟な日本人女性像やファッションが提言、受容されたが、それは全く異なる時代のコンテクストで生じたことであり、その現象そのものには基本的に系譜的な要素はないといえよう。ただ、この現象において、連続性をもって語るべきは、「私たち以外を野蛮という」という、Todorov や Said も指摘した西洋近代中心主義的に議論された他者をみる視線が一世紀を超えた今でも存在するということといえるのではないか。ジャポニスム時代に形成された「未熟でかわいい日本女性像」というステレオタイプは、ゲイシャという例とともに、フランス社会で百科事典的知識として存在し続け、日本女性像を理解するときの一つの「道しるべ」として用いられていると考えられるだろう。

現代社会は、デジタルメディアの発達によってファッションを享受できる層も広がり、多様なファッション情報が国境を越えながら多様な人々の間でリゾーム的に伝播していて、ファッションの一見「民主主義」的な消費がみられるようにも思われる。そこでは、様々なアクター（マスメディア、周縁的な若者、ファッションブランド）などによって文化が創り出されているため、その文化をみつめ、構築、消費する視線が数多く存在することとなる。現代における「kawaii」ファッション、

shôjo についても、第3章、そして本章で考察してきたように、「遠くて異なるけれども平等な他者」「私も shôjo のように強くなりたい」「私が私になれるためのファッション、スタイル」と憧れの視点で認める若者もいれば、「ジャポニエズリー」と西洋中心主義的視点から侮蔑の視線を送るマスメディアも共存するのである。

ゲイシャという言葉は、ムスメや shôjo と異なり、一九世紀末から二〇世紀初頭のジャポニスムが隆盛していた時期にフランスで使用されるようになって以来、継続的に使用されている。一九九五年以降の『ル・フィガロ』『ル・モンド』では、ゲイシャという言葉は様々なコンテクストで『日本人女性』と同義語としても用いられてさえいる[30]（高馬 二〇一八）。

フランスの新聞『ル・フィガロ』の提携雑誌『MADAME FIGARO』のオンライン記事（二〇一七年一〇月二〇日）を紹介しておきたい。日本の「kawaii」ファッションの一つであるストリートファッションの特集がなされた。その中で一人の若い女性のストリートファッションの姿が映し出されていたが、この女性を示す言葉として一四〇年近く前のジャポニスムの時代にフランスでも使われるようになったゲイシャという語が使われていた。「どんな蛆虫がこのゲイシャを刺しうるのか」というキャプションが付与された「kawaii」ファッションを身にまとった女性は、一〇〇年以上前に着物をまとった mousmé と同じロジックが構築されているといえるのではないか。ジャポニスムの時代に作られた日本女性像はこのように時代や社会が変わろうともフランスにおける固定観念としてそこに存在しつづけ、使用されることで強化されていくといえるのではないだろうか。

フランスにおいて、時代を超えて、空間を超えて、分野を超えて、時には日本の様々な立場と結びつきながら、複数の行為者によってフランスにおける「kawaii」は形成されていく。それは、もうすでに日本の「かわいい」とは異なるものとして言及され、辞書にエントリーされているが、それをも乗り越えて、また日本のことを示さない新しい「kawaii」という定義が生まれていく。これはフランスが日本にフランスが影響を受けたということなのか、それとも占有、すなわちアプロプリエーションなのだろうか。それは最後の総合考察で考えていきたい。

フランスにおいて一世紀以上にわたり「かわいい」未熟な日本女性像が形成されたのはなぜなのか。この問いを明らかにするために、①フランスにおいてどのような規範的女性像が社会に要請されていて、そこで「かわいい」未熟な日本女性像はどのような役割を果たしてきたのか、②そもそも日本ではいかなる「かわいい」女性像が形成されてきたのか、それはどのようにフランスから影響を受け、またフランスに影響を与えたのか、次から考察していきたい。

4．日仏ファッションメディアにおける規範的女性像の変遷

ここでは、フランスで「ファム（femme）」とみなされない mousmé、shōjo といった日本の未熟で「かわいい」女性像が受け入れられてきたその背景を知るため、以下に点において考察したい。一つには、日本のファッションメディアにおいて、「かわいい」規範／理想的女性像、ジェンダー像が社会によっていかに要請され、そして様々な視線によっていかに構築されてきたかを通史的に考察する。そのうえでフランスのファッションメディアではいかなる規範的かつ理想的ジェンダー像が構

築されていたのか、そこに「かわいい」女性像も構築されていたとすればどのようにであったか、また、日本のファッションメディアにおいて消費を促すべく読者に追わせようとする理想的・規範的女性像の特徴の中に、いかに「かわいい」という要素が入り込んでいるのか、フランスメディアとの違いは何かについて明らかにしていく。日本政府が「kawaii」という言葉を様々な外交、経済戦略に使っていった二〇一三年前後までを中心に考察しつつ、その後の状況と比較検討する。検討する日仏のファッション誌は、主に、日本のファッション誌の原型ともいわれ、「かわいい」特集が定期的に組まれた『anan』と、その準備号刊行当時から一九八〇年代初頭まで姉妹誌でもありフランスを代表する女性誌である『ELLE』(以降『エル・フランス』)とする。

(1)日本の女性ファッション誌にみる「kawaii」の表象——『anan』を事例に

日本における女性や少女向けメディア・広告のジェンダー表象分析において少女性(girlhood)は中心的な問題として議論されてきた。メイナードとテイラー(Maynard and Taylor 1999)は、一九九〇年代の少女向け雑誌の『Seventeen』日本版とアメリカ版の掲載広告における少女像を比較検討し、その結果、アメリカの広告では、独立(independence)、決意(determination)のみならず、権力への抵抗というイメージと結びついているものが多かったが、対して日本の広告では、幸せ(happy)、じゃれている(playful)、子供っぽい(childlike)、少女っぽい(girlish)イメージが多いことが明らかとなった(Maynard and Taylor 1999: 46)としている。さらにMaynard and Taylor(1999)によると、アメリカに比べ、日本の広告は「少女性」の度合いが高い傾向があったと指摘する（同前書）。

また、フリス、ショウ、チェン（Frith, Shaw, and Cheng 2005）によるメディアにおける女性の描写に関する研究でも、日本の広告には、特にかわいらしさがみられるとしている。その他にもソロモン、アシュモア、ロンゴ（Solomon, Ashmore and Longo 1992）は、主要なアメリカのファッション雑誌において描かれる女性の特徴としては、女性的（feminine）、セクシー（sexy）、エキゾチック（exotic）、キュート（cute）、親しみやすい（familiar）、官能的な（sexual）、魅力的な（attractive）、若い（young）、最新流行の（trendy）という言葉で表されるとするが、その中でも分析結果から、アメリカの広告においてはキュート（cute）という語があまり使われていないと結論づけている。

飯野・伊佐治・竹内（一九八九）は、「かわいさ志向」に加え「ヨーロッパ系白人を世界的な「美」の基準とする文化的侵食のさまが見て取れる」とし（飯野・伊佐治・竹内 一九八九：一四八）、女性雑誌における日本人女性モデルの価値として「従順な愛玩物的女性役割」（同前書：一六八）が描かれていると指摘した。このように、私たち日本人は生来の身体特徴からフランスのメディアで提言されていたスタンダートとしての西洋白人の規範的女性像は、憧れることはできてもたどり着くことは不可能で、常にたどり着けない（劣っている）と認識し続けなければならないものと同時に、「かわいい」が提案されてきた。それによってある種のコンプレックスをベースとする「規範的不安」（Giet 2005: 71）を構築し、消費に引き込もうとしていたと考えられるのではないか。またその代わりに少し手を伸ばすと日本人でも実現できるだろう「かわいらしさ」を提示することで、ファッションメディアは二方向から消費を促すための理想像を提示してきたのではないだろうか。

(2)「かわいい」日本女性像の構築における問い

時代の変遷とともにメディア言説によってどのようなかわいい女性像が構築されていったかを考察する前提として二つの問いがある。フランスのファッション雑誌『ELLE（エル・フランス）』の姉妹誌として創刊された『anan』において、いかなる女性像が形成されていったのか、それは、西洋の理想的女性像と結びついていたのか、もしくは、「従順な愛玩物」としての「かわいい」日本の女性像が今も構築されているのであろうか。

すでに第1章でみてきたように、日本社会において「かわいい」は多様なコンテクストで使用されてきたが、もともとは、『広辞苑第七版』によると、「かわいそう」「愛しい」「小さくて美しい」などの定義が挙げられる。一九八〇年代以降、辞書の定義を超えた新しい意味を担う言葉として、日本の「少女」文化において取り上げられるようになった。それ以前、西洋化が進む一九七〇年代に「かわいい」という言葉が、ふるまい、生活スタイルなどをする示す際に、日本の少女、若者たちによって使われるようになる。この時期、第1章で考察したように、論者はあらゆるものをかわいいという言葉で言い表す少女の現象について研究し（山根 一九八六、増渕 一九九四、Kinsella 1995、大塚 一九九五）、「かわいい」とは「卒業すべきもの」としてみなしていた。それから五〇年近くたって、日本のファッションメディアは、「西洋の理想的女性像」を実現するファッションを提言しながら「かわいい」という言葉を使い続けるが、ここでまず一点目の問いとして本研究対象である『anan』でどのような意味を内包する「かわいい」女性像が構築されてきたのか、ということを挙げたい。『anan』で構築された「かわいい」女性像も、ファッションの欧米化に伴い、欧米化していったのだろうか。

二点目は、「かわいい」女性が、いかに「女性はいつも若々しい身体を持ち、美しく化粧し、ファッショナブルな服を身に着け、性的魅力に富んだ存在」（井上 一九八九：三‐一〇）として構築されていったかということである。雑誌上で構築された「女性像」の先行研究として、井上（一九八九）が提示するように、メディアは一九六〇年代までは、結婚し、家事・育児に専念することこそ女の幸せとする性役割イデオロギーを宣伝していた（井上 一九八九：三‐一〇）。しかし、まさに本調査対象期間である一九七〇年代以降は、井上によると性役割の「再編成」が起こり、女性のライフスタイルの多様化、若さ、美しさを強調することによって、女性の性役割に「女性は美しくなければいけない」ということが加えられたとする（同前書）。そのように男性から「見られる」存在として、「女性はいつも若々しい身体をもち、美しく化粧し、ファッショナブルな服を身に着け、性的魅力に富んだ存在」（同前書）として構築されていたとする。

井上も指摘する「女性はいつも若々しい身体をもち、美しく化粧し、ファッショナブルな服を身に着け、性的魅力に富んだ存在」としての女性像を、本論の調査対象である『anan』はいかに「かわいい」という言葉を通して構築してきたのであろうか。本章では、『anan』における「かわいい」女性像を構築する言説の変遷を以下考察する。

（3）『anan』における「かわいい」という規範的女性性の構築と変遷

本節では、『anan』の準備号『臨時増刊 平凡パンチ女性版』（一九六六年六月一〇日号、八月一〇日号、一九六九年一二月二四日号、一九七〇年二月二〇日号）から『anan』創刊を経て、二〇一三年に「かわいいはもう卒業。身につけたいのは女の色気」という特集号が刊行されるまでの間に、「かわいい」という言葉がいかに女性像を構築していったか、各時代の日本、女性をとりまく社会背景、『anan』の経営上戦略に条件づけられながら、「かわいい」という語がどのような意味合いをもって各時代女性の欲望を反映・構築する理想的女性像形成に使われてきたか、特集記事を中心に考察する。

結論を先取りすると、大きく分けて、①『anan』創刊前後のフランスの第二波フェミニズムに影響を受けたかっこいい女性像、②一九八〇年代以降の『ELLE JAPON』との提携が終了した『anan』における無理のない自然体のかわいらしさ、③二〇〇〇年代の大人かわいい、④かわいいから卒業し色気へ、という四つに分類できる。以下、各段階について検討する。

①『anan』創刊時における「カワイイ」――クールでかっこよい自立女性

『anan』の創刊スタッフで、後に編集長となった赤木洋一は、その著書『「アンアン」1970』（平凡社新書、二〇〇七）の中で、『anan』に掲載する写真を選ぶ際の判断基準として、「カワイイ」と「カワイクナイ」があったと以下のように語っている。

> 編集のぼくとカメラマンが絵柄や構図から判断して「やっぱりコレだね」と意見が一致した一点を、「念のため」と新しく参加した女性編集者にみせる。（中略）

「この二点のうち、掲載するとすればどちらがイイと思う?」

「コレですね」

カメラマンと二人でディスカッションしながら選んだものと、違うほうを指さす。しかも判断が速い。迷いというものが感じられない。

「なぜ? 写真としてはこちらもイイと思うンだけど」

「写真は良くても、カワイクナイです」

人を代えてみるが二人目も三人目も同じ選択をする。選んだ理由は「カワイイ」から。それしか出てこない。理屈が皆無なのだ。あげくの果てには、こんなことも言われた。

「またオトコの目で選んでいる」

この判断基準「カワイイ」と「カワイクナイ」にはずいぶん悩まされた。(赤木 二〇〇七:一六五-一六八)

一九六九年にフランスの女性誌『ELLE』との提携が決まった後、一九六九年一二月二四日号で「急募! 新女性誌スタッフ」という募集を告知しているように、『anan』になって女性スタッフが導入され、『臨時増刊 平凡パンチ女性版』とは異なる男性編集者にとって「理屈が皆無」のカワイイ/カワイクナイ基準が、雑誌づくりの核となっていたことが読み取れる。

実際に、かわいいという語がキーワードとして『anan』の特集に明示的に使われるようになるには、後にみるように一九八二年まで待たなければならないが、すでに編集段階で女性の編集者の感性である「理屈が皆無」のカワイイ／カワイクナイ基準が、『anan』創刊号からファッションのＩＮ／ＯＵＴといった判定基準になっていることが読み取れる。

「『理屈が皆無』のカワイイ／カワイクナイ基準」をベースにしながらも、『anan』は、創刊号、創刊準備号以来、「いい女」、「カッコイイ女」を理想の女性像として提示してきた。その背景として、当時、六八年の五月革命のもと、女性解放へ向かっていたフランスの風潮、さらには西欧の全世界的潮流を反映した『ELLE』の影響が考えられ、その姉妹誌である『anan』も、自然に「いい女」「かっこいい」という女性像が形成されていたといえる。その傾向がまずみられるものとして、『anan』の前身として一九六六年六月および八月、そして少し間をあけて一九六九年一二月、一九七〇年二月に出版された『臨時増刊 平凡パンチ女性版』をみてみよう。

戦後、一九四七年にクリスチャン・ディオールがフレアたっぷりの女性らしいラインを強調し、米ファッション雑『ハーパーズマザー』の当時の編集長カーメルー・スノーによって名づけられたスタイル「ニュールック」をオートクチュールとして提示して以来、エレガント、女性らしさをキーワードとしながら世界のファッションをけん引してきたのはパリ・オートクチュールであった。しかし、『臨時増刊 平凡パンチ女性版』や『anan』が発刊された一九六〇年代後半から七〇年頃は、女性解放運動が盛んだった時代で、社会の変化に伴い、ファッション界においてもフランス人デザイナー、アンドレ・クレージュによってミニスカートがオートクチュールにも提言され、ファッション雑誌においても自立した女性が理想的鏡像として提示され始めた。その傾向を映し出す記事として、『臨時増刊 平凡パンチ女性版』の第一号の巻頭に掲載された「キミはパンチガール――ぼくたちの求めている現代のカッコいい女性像がこれだ」という特集がある。そこでいうカッコイイ女性とは、以下のように表される。

おしゃれにユーカンに遊ぶこと。愛すること、生きることにテッテイする行動派。あたらしい都会っ子のエレガンス。甘ったれモード　サラバ！レースサラバ！ゴテゴテさらば。なよなよサラバ。パンタロンをはこう。シャッキリ　キッパリ。スカート短かく。ヒザッ小僧にお化粧を。職場の花よサラバ。仕事するならスペシャリスト。才能にツヨく。お金にツヨく。音にゃ弱いが楽器にツヨく。不平不満はらんちきパーティで解消！

また、さらに、「パンチガール（行動派）のおしゃれとは何か？　この特集はキミに命令する＝美しくなってほしいから」というテーマでファッション特集が組まれているが、そこでは「パンチ・ヘア：マリーアントワネットを処刑せよ」として、次のように提案されている。

帝政風　ロココ風など　昔の貴族のヘアスタイルをアレンジしたものがついにこのあいだまで世界の流行であった。ふんわりふくらませて大きめに結った髪がそれだった。今ファッションはごてごてした懐古趣味から脱皮して、行動派の手に移りつつある。キミも早くマリーアントワネット調をパシリと切るべきだ。

ここには、当時流行していたミニスカートを身に着け、女性解放の精神を反映した女性像をパンチガールとして提示している。現在「kawaii」ファッションとしても認識される傾向のあるロココ風、マリーアントワネット調を基とするロリータファッション的スタイルを否定する動きすら見受けられる。

このように、当時のフランス社会を反映した『ELLE』における女性像をお手本として雑誌が編集されており、そこには子供っぽさや未熟さという表現は見当たらない。このようなものとは無縁のカッコよさこそが、当初『anan』編集部で使われていたという「理屈ではないカワイイ、カワイクナイ」であったといえるのではないか。

その一方で、一九八〇年代、一九九〇年代の論考で、前述したなだいなだが述べたような従来のかわいいとは異なる少女による上下関係を反転させた「かわいい」表現が、それよりずっと前の一九六六年六月刊行の『臨時増刊 平凡パンチ女性版』ですでにみられる。「サア、パリに着いたぞ」というタイトルのファッション記事でパリの駅らしい場所にファッションモデルの横に座っている老紳士の写真が「かわいいオジサン、頑固そうなところが素敵」というテクストとともに紹介される。また同号の「パリの『エル』からのモード便」というパリ・ファッションの最新特集で、ブラジャーがみえる透けたラメのトップスを着用しているモデルに対するコメントとして、「これ、ブラ取った方がカワイイネ、ソウネ」という言葉が併載されている。ここでは一九六八年のフランス五月革命の際、女性解放運動が盛んになる中、保守的なファッションからミニスカートなどが身体露出の多いファッションへと移行するフランスのファッションの影響が見て取れる。

このように、『anan』創刊時において、若い世代の女性向けに提言されるフランスの女性のかっこよさや、初老男性の形容の際に言われ続けてきた言葉を彼女たち自身が使用することで、自立、そして男性との対等さを表そうとしている様子が「かわいい」から窺えるのである。

②『anan』における「かわいい」特集

「かわいい」雑貨のように、かわいいが何かを形容するための形容詞として『anan』の記事タイトルで使われているものの総数を大宅壮一文庫雑誌検索で調査したところ、一九八三年から二〇一六年四月末日までの期間に出版された『anan』では三一四記事に上った。一九八三年以前は大宅壮一文庫雑誌検索では調査できないため、国際日本文化研究センター図書館の協力を得て一九七〇年の創刊号から一九八三年までの『anan』の目次を収集し調査したところ、記事タイトルに「かわいい」もしくは「キュート」が使われていたのは三記事のみであった。

そのうちの一つの一九七〇年代にかわいいがタイトルで紹介されたものとして、一九七〇年四月二〇日号の「こんにちは、キュートなドレス」というファッション記事がみられるが、そこには子供っぽさやかわいらしさからは程遠いモデルが大人っぽいミニ丈のワンピースを着用している様子が紹介されていた。また、「かわいい・モノセックス」という子供のファッションの特集記事や、先に指摘したように日本のかわいいを研究したキンセラが『anan』が「新しいかわいいという概念を提言」(Kinsella 1995: 228) したとする一九七五年五月の記事もあった。しかし、それは高校生向けのファッション記事で日本の辞書的な意味あいで高校生を指示する際に使われる一般的な「かわいい」

表1　年別「かわいい」という語の『anan』の記事タイトルにおける使用頻度

年	記事数	年	記事数	年	記事数	年	記事数
—		1990	6	2000	4	2010	12
—		1991	2	2001	1	2011	5
—		1992	5	2002	5	2012	9
1983	2	1993	1	2003	8	2013	19
1984	20	1994	2	2004	17	2014	11
1985	35	1995	19	2005	7	2015	7
1986	6	1996	1	2006	26		
1987	1	1997	3	2007	33		
1988	2	1998	2	2008	13		
1989	5	1999	0	2009	29		

（大宅壮一文庫雑誌検索）

という形容詞であった。

上の調査の背景として考えられるのは、一九八二年五月に『Elle Japon』が創刊され、『anan』は平凡出版（後のマガジンハウス）の独自の雑誌となったことである。『anan』は、フランスの『ELLE』誌の影響から「解放」され、当時のフランスの独立した女性像への既成概念や価値観にとらわれることのない、日本独自の女性像を提言していく基盤ができたともいえる。フランス版『ELLE』からの「解放」直後、それを反映するかのように、『anan』はフランス的な感覚とは違う「かわいい」という形容詞を記事タイトルに使用するようになり、同時に「かわいい」という日本の美意識の特集記事を始めるようになる。

表1は年度別にかわいい（あるいは、カワイイ／kawaiiという標記もある）という語が『anan』の記事タイトルに使用されている記事数を調べたものである。

一九八四年、一九八五年はかわいい特集記事はないものの、様々なもの、人が「かわいい」という語で形容されタイトルとなっていることが窺える。一九八四年、一九八五年、その

表2　「かわいい」が『anan』の特集記事タイトルの中で使われている事例

発行日	雑誌タイトル	かわいい特集記事タイトル
1982年7月2日	いい女からかわいい女へ	「いい女からかわいい女へ」
1982年11月26日	ワンテーマをもたず、いくつかの特集記事のタイトルが掲載	「an・an ルポルタージュ、かわいい女か？　セクシーな女か」
1992年5月22日	『anan』は考えます。これからの美人の条件は？	「美人！　かわいい！　きれい！　いちばんの褒め言葉は」
2000年11月3日	知らないうちにあなたに忍び寄るおばさんの気配に要注意！　思い通りの年齢にみられる方法	大人の女 vs かわいい女 メークでイメージ通りの年齢に見られる技
2004年9月22日	どこに差がある？どちらを目指す？　カッコいい女 vs. かわいい女	• 今目指すべき女性像は？カッコいい女&かわいい女の魅力解剖 • 愛される女は2つの顔を持つ?!　かわいさ&カッコよさ、使い分け方29 • カッコいい代表 vs. かわいい代表2人に学ぶ生き方のエッセンス • かわいいもカッコいいも思いのまま • 最新にして最強の女性?!「カッコかわいい女」研究 • 座談会とアンケートで探る、男の本音クール vs. キュート、本当はどっちが好き
2006年4月19日	カワイイの新定義	• 誰もがハッピーになれる魔法、自分流の“カワイイ”をみつけよう • 変幻自在のイメージチェンジが、木村佳乃流かわいいの新奥義

2007年12月5日	いくつになっても“かわいい”は女の最強の武器 今愛されるのは“大人かわいい”女	• いま愛される女のキーワード、“大人かわいい”の魅力を探る • 理想の“大人かわいい”NO１！“松田聖子がチャーミングな理由 • 大人のかわいさを引き立てるコーディネートルール７ • これはもう社会現象です キュートな30代急増中の理由 • ２つの表情でアプローチ、大人のキュートメイク研究 • 男たちの“かわいいの基準”大調査 • 大人だからこそ忘れたくない、かわいい恋の純粋なパワー • ピンチをチャンスに変換する、大人の女のキュート作法 • 大人はそれなりに気を付けて…、“ラブリー”のやりすぎ注意報 • 心理テストで初めて発見！ あなたのキュート・ポイントは？ • コーディネートのかわいさ倍増！　今すぐ欲しいプラスワンアイテム • 女子のハートをわしづかみ！『anan』かわいいもの捜索隊

2009年8月26日	エイジレス＆チャーミングでいたいから 大人かわいいの教科書	• エイジレス＆チャーミングであり続ける秘訣とは？ • 大人かわいいの教科書 • 大人かわいいのお手本 • 深津絵里を作る要素ファクターとは？ • かわいいプラス、かっこいい！ • 大人のスイートアイテム攻略法 • エイジレスガールの必須条件 • 大人かわいい仕事術をマスター • “成熟”も“フレッシュさ”も必要！ • 大人の女のメンタルバランス講座 • “かわいい”の最前線に立ち続ける
2012年5月16日	世界が仰天！ KAWAII☆JAPAN	• “カワイイカルチャーが世界を席巻”と聞くけれど • どんなことが起きてるの⁇ カワイイはまだまだ増殖中‼ • 大人女子が楽しめる最新NEWS • 米国ファッションジャーナリスト、ミーシャ・ジャネットさんが分析 • まず発想が“あり得ない”！ 日本のKawaiiは世界で1番です • otona ♥ kawaii
2013年2月6日	“かわいい”はもう卒業。身につけたいのは女の色気	
2014年2月5日	密かにアイドル研究！	かわいい、カッコいい、友達になりたい！　女子が好きなアイドルグループBEST 5

後、一九九五年を経て、二〇〇〇年代後半からはコンスタントにかわいいという言葉が使われている。先に挙げたように、一九八二年以降、フランスの『ELLE』の姉妹誌でなくなった『anan』が日本独自の価値基準を自由に提言できるようになったと考えられるときにも重なっている。

ここで「かわいい」という形容詞が使われるタイトルの例を挙げてみると、「かわいいチョコレート屋さん見つけた」（一九八四年二月一〇日号）、「こんなかわいい容器に入れ替えて」（一九八四年三月二三日号）、「安くてかわいい靴見つけた」（一九八四年七月一三日号）と様々なモノが形容され、加えて、一九八五年以降は「スポーツしている絶対おすすめのかわいいオトコ大集合図鑑」（一九八五年五月三一日号）といったように、男性を形容するために「かわいい」が使われる記事タイトルもみつかった。このように様々なモノや男女問わずかわいいという語で形容する傾向は、二〇一六年まで一貫してみられる。その中でも、女性の魅力を表す価値基準として肯定的、または否定的に「かわいい」という形容詞が特集記事タイトルに使われるようになるのは、表2にみられるように一九八二年からである。

③一九八〇年代『anan』における「かわいい」――いい女からかわいい女へ

表2にあるように、『anan』は一九八二年七月二日号で「いい女からかわいい女へ」という特集を初めて組み、かわいい女性になるための次のように提言している。

正確に言いますと、いい女ブリッ子からかわいい女へ。なんとなくありますよね、いい女風の装いとかポーズ。でも、外見を作っていい女になったつもりでいるけど、結局中身が追いつかないというのが実情というところ。（中略）でも、かわいい女とブリッコを混同しないで下さい。季節感を大切にし、流行にも敏感であり、今の自分に一番ピタッとくる服を着ます。つまり、自然であればかわいいのです。本物のかわいい女の段階を経てこそ、いつの日が、無理なくいい女へと成長していけるのではないかしら。（『anan』一九八二年七月二日号、二五頁）

このように、『anan』が創刊時から提言してきた当時のフランス社会の女性像を反映してきた「いい女」に対して、無理にいい女風にすることの批判という意味、自然体という意味でのかわいさを提案しているといえよう。そして、いつまでもかわいい女でいるわけではなく、それは一時的な通過儀礼であり、目指すモデルとしてはやはりいい女が提示され、ここでも前章で論じた「卒業すべきかわいい」として紹介されているのである。そして、一九八二年の『anan』で表象される「かわいい」とは、「季節感を大切にし、流行にも敏感であり、今の自分に一番ぴったりとくる服を着る」かわいいであり、それこそが、いい女へ成長していく過程としての自然なかわいいなのである。すなわち、この当時に提言されたかわいいとは、フランスの『ELLE』が提言するような西洋の規範としての美しさとは違う、一方でそれを対立軸として考える幼稚さでもない、日本人独自の自然体でいようとするための「かわいい」であったといえるのではないだろうか。

また、一九八二年一一月二六日号に「anan ルポルタージュ、かわいい女か？　セクシーな女か」という記事も掲載されているが、ここでは相容れない選択肢としてかわいいが使われていることが読み取れる。

④二〇〇〇年代『anan』におけるかわいいの変遷――「大人かわいい」「kawaii」そしてかわいいからの卒業」へ

一九八二年の特集以降は、『かわいい』特集が大々的に組まれてはおらず、一九九〇年代も一九九二年五月二二日号の「美人！　かわいい！　きれい！　いちばんの褒め言葉は」といった記事タイトルの中で一つの選択肢として提言されている。

二〇〇〇年代になって、『anan』は、かわいいの対立項として「大人」を提言するようになってくる。「大人の女vs.かわいい女　メークでイメージ通りの年齢に見られる技」（二〇〇〇年一一月三日号）という特集を組み、かわいいを「老けないイメージ」のキーワードとして提言し始める。この二〇〇〇年というのは『anan』によって、かわいいという日本独自の女性の理想像が読者向けに最初に特集されて一八年を経た時期である。『anan』によってフランスの『ELLE』とは違う「かわいい」を女性らしさの基準として提言された世代の日本女性たちが、それなりの年齢を重ねていく中で、いつまでも若さを保つという意味で、彼女たちのキーワードの一つである「かわいい」が提示されていったともいえるのではないか。

また、一九八二年に提示された最初の対立である「(カッコ）いい」と「かわいい」は、「どこに差がある？　どちらを目指す？　カッコいい女vs.かわいい女」（二〇〇四年九月二二日号）という特集で再度提言され「かわいい」と対立するものとして「カッコいい」を提示している。しかしそこ

「どこに差がある？　どちらを目指す？　カッコいい女 vs. かわいい女」（2004 年 9 月 22 日号）

2006 年 4 月 19 日号の「カワイイの新定義」という特集

2007 年 12 月 5 日号「いま愛されるのは " 大人かわいい "」

では、「愛される女は、二つの顔を持つ？　かわいさ&カッコよさ、使い分け方二九」企画内で「クールやキュートは褒め言葉だけれど、それ一辺倒では飽きられます。状況に合わせ、二つの面を出していける女性こそ素敵。（後略）」という文章が掲載（二六－三二頁）され、一九八二年の「いい女からかわいい女へ」とは異なり、「カッコいい」「かわいい」を対立させずにそれらを両有することが提言され始める。

また、二〇〇六年四月一九日号の「カワイイの新定義」という特集においては、かわいいという語が成熟とか大人とさらに強く結びつけられた。表紙にはかわいい女性として女優の木村佳乃が紹介され、「木村佳乃流かわいいの新奥義」として、「かわいい」とは「成熟した女性だけがもつ余裕。これをもつ人が、真のかわいいをさらっと表現できるんだと思う」と、子供っぽさや幼児性としてとらえるのではなく、成熟した女性と関連づけて再定義がなされている。この傾向は、松田聖子を表紙のモデルとした二〇〇七年一二月五日号「いま愛される

2013年2月6日の『anan』で提示し、「〝かわいい〟はもう卒業。身につけたいのは、女の色気」という特集を組まれている

のは〝大人かわいい〟」でもみられる。このように、「かわいい」は、日本において、若い女性向けだけではなく大人の女性を形容するためにも使用されており、「幼児性」という属性のみを表す語ではなく、「老けない」という若さを象徴する言葉として使われていることが窺える。古賀が「雑誌の作りだす『かわいい』のイメージ」（古賀二〇〇九：一二四-一四七）は、「二〇〇五年後半頃をピークに若い女性向け雑誌だけではなく、広く女性誌の表紙で多用され、その意味は一元的なものではなかった」と指摘するように、かわいいは多義的に使用されている。

このように、この時期の日本の「かわいい」には、異性の視線を拒絶するものとそれをいかに引きつけるかという両極の意味が包含されていると考えられる。つまり、必ずしも西洋のように未熟、子供っぽさと結びつけて論じられてはいないのである。

他方、通常の「かわいい」は相変わらず日本の女性ファッションメディアで使われ続けはしているが、それとは異なる「かわいい」に対する記事もみられる。「世界で受容されている日本ポップカルチャーの有り様」としてのkawaiiという語が使われた特集が組まれ（二〇一二年五月一六日）、様々な意で多用されてきたかわいいの使われ方にも変化が表れる。二〇〇〇年代後半、「大人かわいい」特集などそれまで成熟した大人を読者対象としていた『anan』が、アイドルグループＡＫＢ48の柏木由紀（当時二一歳）をその理想像として二〇一三年二月六日の『anan』で提示し、「〝かわいい〟はもう卒業。身につけたいのは、女の色気」という特集を組まれている。しかし、言葉では「〝かわいい〟はもう卒業」といっていても、そのモデルとして紹介されているのは、元来かわいいとみなされているアイドルなのである。すなわち、「大人かわいい」と言われていた人々が目指すことが不可能と考えられるかわいいアイドルを提示し、肌を露出させることでセクシーさを提示するという形となり、幼さを前提としたかわいらしさをベースにしたセクシーさの混在がみえ始めるのである。[31]

⑤『anan』における「かわいい」の変遷を通してみえてくるもの

このように、五〇年にわたり『anan』の中で異なる意味を伴いながら、「かわいい」という言葉が理想的女性像を提示するキーワードの一つとして使われてきた。最後に、『anan』で「かわいい」特集が組まれた時期のフランスの『ELLE』のファッションページと比較しながら、『anan』における「かわいい」女性像形成について考察する。次の五点は「かわいい」がどのような文脈で『anan』に現れたかを示すものである。

一．創刊前後の『anan』：フランスの『ELLE』と提携していた『anan』の目指すものはフランスに代表される「自由な自立したかっこいい女性」像（一九六六年）

二．日本独自の編集を行うようになった直後の『anan』における初めてのかわいい特集：「いい女」像からの解放という意味で、自然体＝日本的に、という意味で西洋の美的基準から距離を置く理想として「かわいい」女性像が形成

三．かわいいが、その対概念（セクシー、きれい、大人）として形成（一九八二年、一九九二年、二〇〇〇年）

四．木村佳乃、松田聖子といった有名人を起用しながら、かわいいとかっこよさ、かわいいと成熟の結びついた形を形成（二〇〇四年、二〇〇六年、二〇〇七年、二〇〇九年）

五．ＡＫＢ48の柏木由紀を起用しながらかわいいからの卒業という言説の浮上：色気と幼児性のコンビネーション（二〇一三年）

『anan』誌上では、準備号、刊行当初はフランスに代表されるかっこいい自立してかっこいい女性像に追従し、一九八〇年代、『anan』が『ELLE』から袂を分かつと、自然体＝日本的に、という意味で西洋の美的基準から距離を置くものとして「かわいい」は形成されていく。二〇〇〇年代は、「老化」に抗う「大人」「成熟」「自立」という言葉と結びつけられて使用される。それは、「かわいい」を一つの美的標準として提示されてきた読者が年齢を重ねたことによって提示されていると考えられよう。そして二〇一三年になり、大人の色気を目指す（未熟な）女性像と結びつくようになる。

このように、時代の変遷とともに、かわいいの反意語は、「（かっこ）いい」、「未熟」、そしてそれらを卒業するという意味で「色気」「素敵」「美しい」等が設定されていること、さらにはかわいいの表記も、かわいい／カワイイ／kawaii と変遷がみられたのである。それは、大人かわいい、となった女性読者の世代を「切り捨て」、急激に若く「かわいい」女性に読者対象を設定しなおしたことの表れとも考えられる。時代を超え日本のコンテクストにおいて、様々にニュアンスが付与され、使われてきた「かわいい」／「カワイイ」は、「自然」「無理のなさ」「成熟」「若々しさ」と意味が変化していきつつ、使い続けられていった。本論で考察した『anan』において使用されてきた「かわいい」には、未熟という意味は必ずしも含意されておらず、読者に「かわいい」という語を通して提示する規範的女性像は時代毎に変化していた。この事実は一体何を示しているのであろうか。様々に新しい女性像が提言されていたとしても、「かわいい」という言葉が本来もつ「未熟さ」「幼さ」「従順さ」といった意味こそが、読者の欲望を反映しつつ、それを具現化し、追従させようと、社会的・文化的・経済的に要請された規範的女性像の特徴といえるのではないだろうか。

二〇一四年以降、『anan』において、形容詞として「かわいい」が使用されることはいくつかあったが、「かわいい」という言葉を使って特集が組まれたのは、二〇二〇年一月一五日号の「〝かわいい〟のその先へ⁉ カルチャー進行形 TOPICS」においてである。そこでは「かわいい」そのものを論じる、というよりは先ほどの「卒業」と同様「その先へ」という今までの「かわいい」を乗り越えた何かが提案されている、ということになる。「かわいい」について以下のように書かれている。

どのようなものに対しても使える「かわいい」という便利な言葉。従来は愛らしいものやラブリーなテイストを表現する言葉として使われていたけど、いまや「いいね！」や英語の「COOL!」のように、肯定全般を表す意味に。〝かわいい〟が多様化するなか、流行を発信する立場の女性が今、感覚的に惹かれるものを探った。

「癒されるかわいさより、自立していてピリッとスパイスが聞いているけれど、方の力は抜けている感じが今っぽい」（中略）「常にチャレンジしていたり、個を追求していたり、〝かわいい〟

だけの人より、かっこよさのある人にあこがれる人も多いです」（後略）

このような定義からも二つのことが考えられる。まず第一に、「かわいい」からはすでに卒業し、その先を目指し憧れる状況が構築されていること、そして第二に、「かわいい」が肯定的なこと全般を指す多様化した言葉として使われていることである。

「かわいい」未熟な女性像という側面は、もはや明示的には構築されておらず、それを乗り越えた形の「かわいいの先に行った」女性像が形成されていることが読み取れる。その一方で、何を指すにも、この「かわいい」という言葉が、たとえ未熟という意味を含有しない形でいいねやCOOLとして使われるにしても、先にも述べたように他の言葉ではない「かわいい」という未熟を含有した形容詞を用い続けるということこそが、「かわいい」が含有する未熟性はより暗示的に強化され日本社会に浸透していくといえるのではないか。

このように日本のファッションメディアで構築された未熟で「かわいい」女性像はどのようにフランスへ影響を与えたのであろうか。確かに、二一世紀のフランスの一部に「kawaii」が広がったのは、日本の未熟なかわいい規範的女性像というよりは、『anan』で取り上げられなかったマンガやアニメ、日本においても非規範的モードとしてのロリータや「kawaii」原宿ファッション（これらが『anan』で紹介されたのは、「kawaii」がフランスで話題となったときである）などにおいての「かわいい」であろう。しかし、フランスにおける日本の「kawaii」女性像は、すべてフランス人との比較において、フランスには存在しえないもの、フランスの美の基準とは異なる、かわいらしさ、として描かれているのである。ポンスが書いたように、日本の若い女性が「かわいい」と言っているのを聞いてそれを取り上げたことも、かわいいという言葉が広がった原因にもなる、という意味では、『anan』でかわいい特集が組まれるなどして日本で「かわいい」が取り沙汰されるほど、フランスにおける「kawaii」ムーブメントが際立ってくるとはいえるかもしれない。

また、フランスからの影響としては、最初は「かわいい」がフランスの第二派フェミニズムの影響を受け女性の解放、自立を表す言葉になっていたこと、そしてフランスをはじめとする世界で理解された形の「kawaii」が日本にフィードバックされる形で紹介されたと考えられるだろう。次にフランスメディアについて検討していこう。

(4) 戦後フランスの *ELLE* における規範的女性像の変遷

女性雑誌『anan』のかわいい特集の変遷をみてきたが、フランスのファッション雑誌においてフランス女性の理想像はいかに形成されているのであろうか。

ファッション雑誌とそこで提示される理想像との関係はどのようなものなのであろうか。諸橋泰樹は、マスメディアとしての女性雑誌では、「エディターや世間の人々が女性をどうあらしめたいかという力と、オーディエンスである当事者の女性がどうありたいかという力のネゴシエイト(せめぎあい)の中で、これからも存在してゆく」(諸橋 二〇〇九:五〇)とし、その言説も、読み手である女性の欲望を先取り/喚起しながら、女性のなりたい女性像/(男性)社会から要請される女性像を提言していく部分があると考えられてきた。また同じく、女性を読者とする雑誌におけるジェンダー像を検討したものとして、フランスの研究者ジエ（Giet）がある。その著書、『*Soyez libre, c'est un ordre*（自由であれ、それは命令よ）』（二〇〇五）の中で、ファッション雑誌において構成される「自由な」女性像が同時に雑誌による強制をも表すという両義性について論じている。すなわち、女性ファッション雑誌は、第二派フェミニズムといった女性解放運動などを経て、自由になった女性が自らの意思で性的に身体を露出するなどの解放に至るといった「現実」を映し出しているのか、それとも女性に肌をみせ性的であることを強いる男性中心の社会による要請なのかという問いである。国広陽子による、たいていのファッションとは、女性の価値を推進するために用いられる装置、すなわち、女性雑誌というマスメディアにおいて掲示される女性像を考察する（異性愛の）女性たちが（異性愛の）男性を魅了するためにある（国広 二〇一二：二五三）という指摘もある。このように女性のファッション雑誌とは、言説によって、女性が男性の欲望を内在化させ、男性中心社会に要請される女性像を提言する場としても考えられるのである。[32]

「ファッションの都パリ」というステレオタイプで語られるフランスに目をやってみよう。ロカモフ（Rocamora）は *Vogue Paris* を「理想的でファッショナブルなフランス人女性像がパリジェンヌとして再生産されてきた」とされる「パリジェンヌ像」（Rocamora 2019）が掲載されてきたフランスの「国際的なファッション分野における支配的制度」（Rocamora 2019: 84）と分析を行っている。しかし、ファッションに特化し最先端のファッションを提案するためプロのスーパーモデルを中心に起用している *Vogue* とは異なり、他のフランスファッションメディアではどのような女性像が形成されていたのであろうか。これらの問いを検討するため、先に分析した『anan』の「かわいい」特集が刊行された時期（一九八二年から二〇一三年まで）と同時期に刊行された*ELLE France*の女性有名人のインタビューページとファッション（メイクを含む）ページ、さらに最近の傾向をみるため、二〇一八、二〇一九年の夏にフランスで刊行された発行部数の多い男性ファッション誌、女性ファッション誌の女性モデルの掲載記事（ヌード、ファッション、メイク）を一つの事例に、掲載されている女性モデルにどのような形容詞が使われているのか言説分析を通し、考察を通して、フランスの女性誌においてどのような理想的女性像が形成されていたのか検討する。

①ファッションとジェンダー表象をめぐるメディア言説分析

ロラン・バルトの*Système de la mode*で示された記号学的分析のように、伝達を無視し、どんな意味が構築されているか意味作用のみを明らかにしようとする構造主義的分析を乗り越える形で、言葉をコンテクストとの関係から考察する言説分析では、「言語の使用面」「発話行為」「論証」といった概念が注目されてきた（Angermuller 2007: 9-22）。すなわち「社会歴史的に限定された伝達行為」としての言説は、例えばその社会、歴史的に限定されたコンテクストの元、「フランス人女性とは……である」というような「枠組み」（知識、文学、哲学、広告等）を正当化するものである。このような言説を分析する目的は、テクストの構成と社会的に限定された場とを結ぶ発話行為の装置を考えること（Maingueneau et Charaudeau 2002 :41-45）とされている。すなわち、その言葉が使われている社会・時代のコンテクストを踏まえて言説を分析することで、その社会・時代に要請されたどのような「事実」が表象として構築されたかその過程を明らかにすることができるだろう。本章では、日本／フランス、フランスの女性誌／フランスの男性誌、時代のいくつかの事例を並行して考察することで、各社会、各時代に要請されて、それぞれのファッション誌の中でどのような女性像が形成されるのかを検討し、社会・時代に要請されて構築された表象であることを明示したい。

②欧米のファッションメディアにおける「グラマラス」

欧米における女性向け雑誌のジェンダー表象の先行研究は先に挙げた通り、前述したように一九九〇年代のアメリカの研究では、日本の女性雑誌における女性の特徴としてかわいらしさは紹介されていなかった。アメリカ、ヨーロッパの女性誌では、理想的女性像を描写する形容詞として、一九世紀の初めに詩人・小説家であるウォルター・スコットによって初出され、ハリウッド映画などでも使われるようになった「グラマラス」という言葉が様々な意味とともに用いられてきた（Gundle 2010: 69-84）とされている。果たして、本章で分析をしていくフランスのファッション誌では、日本において女性を形容する特徴的な言葉の一つとされる「かわいい」は見当たらないのか、また、欧米の理想的女性像の特徴である「グラマラス」に関係する語がみられるのか、それ以外にはどのような傾向があるのかについて考察していく。

③一九六六〜一九八二年（『anan』で「かわいい」特集が組まれる前、*ELLE France* の姉妹誌であった時代）

『anan』が創刊時にお手本にした *ELLE France* の歴史についてまとめた本『テル・ケル——彼女

たちのように（*Telles qu'ELLE*）』（一九九五）によると、一九六〇年代に創刊された*ELLE France*では、結婚生活の幸せのためのメイクであったり、料理レシピの記事をのせ、幸せなよい妻のイメージを構築していた（Pringle 1995 :12-13）。世界的な第二派フェミニズム時のフランスの五月革命（一九六八年）が起こった一九六〇年代、yéyésといった若いアイドルたちが紹介されるようになり、「ご婦人売り場」が消え去り、また貞淑な妻だけではなく、母親や娘が紹介されるようになったとされている（同前書：一六、写真頁五－六）。

ファッションにおいても、一九四七年に発表されたクリスチャン・ディオールのロングスカート『ニュールック』以来、「幸せなよい妻」向けのエレガントをキーワードにするファッションスタイルがオートクチュールコレクションとして提案されていた（同前書：三三）。一九六五年にクレージュがオートクチュールコレクションでミニスカートを提言しセンセーショナルを巻き起こしたことを皮切りに、パリ・ファッションイメージの若年化が進み、それまでの保守的なエレガントな主婦像とは異なる、自由で、クールで、若い女性像がファッションメディアの中で提示されるきっかけとなった（同前書：三三）。本章第三節でみてきたように一九六六年から一九八二年にかけて*ELLE France*が『anan』の姉妹誌として機能していたが、創刊当初の『anan』は、ファッションページにおいて姉妹誌である*ELLE France*の影響を受け、自由でクールで若い女性のイメージといった女性像が形成されていたことは確認した通りである。

また前節で考察したように、フランスの*ELLE France*との提携を一九八一年に終えた『anan』は、ELLEの影響から脱した誌面構成が可能になったと考えられ、『anan』一九八二年七月二日号の

「いい女からかわいい女へ」という特集において、フランス的な「かっこよさ」ではなく、日本人読者にとっても無理のない自然体のかわいい女を理想像として提示した。ここから*ELLE France*と『anan』という日仏女性ファッション誌において形成される女性像に相違点がみられるようになる。

日本の『anan』で一九八二年七月二日号の「いい女からかわいい女へ」という特集が組まれていた同時期、一九八二年七月二日に発売された*ELLE France*のファッション特集をみてみよう。そこでファッションスタイル、それを着用するモデルを形容する言葉としてみられるのは、「セクシー」「肌をみせる」「タイトにフィットしている」「妖艶な」もしくは「glam（グラム）」という言葉である。グンデ（Gunde 2007）によるとglam、glamourousという言葉が、ファッション雑誌*VOGUE*（アメリカでは一八九八年、フランスでは一九二〇年発刊）のようなフランスおよびアメリカの女性雑誌のキー概念であり続けていたとしている。グンデは一九九四年から二〇〇〇年の事例の中で、スーツ、ハイヒール、赤い口紅などをグラマラススタイルとして、セクシーなスタイルを喚起していたとする（Gunde 2007）。これらは「かわいい」とは真逆にある言葉ともいえるだろう。

また、同誌におけるフランスの女優イザベル・ユペールが二九歳のときにインタビュー記事において、かわいいに該当するような形容詞は使われなかったものの、半分大人、半分子供な女性として描かれており、未熟さという側面が間接的に表されてはいるが、未熟な部分だけではなく、大人の面も持ち合わせている女性像として構築されている。

④一九九〇年代～二〇〇〇年代

一九九〇年代、唯一あったかわいい特集は、日本の『anan』一九九二年五月一二日号に掲載されたカワイイに関する特集で「美人！かわいい！きれい！いちばんの褒め言葉は」というものであった。同時期の *ELLE France* のファッション特集記事において、かわいいに相当するフランス語はみつからなかった。

しかし、マレーネ・ディートリッヒによってインスパイアされたファッション特集（*ELLE France*, 一九九二年五月二二日号）で、ディートリッヒはエレガントであるが、半分悪魔、半分天使であるとしている。『ル・プチ・ロベール辞典』では天使とは、「スピリチュアルで完全な人」と定義されていたことからも、この半分天使というのは、半分完全、すなわち、半分大人として対応する。このことは、この *ELLE France* において未熟性を有する女性像が形成される際には、日本と異なり成熟したエレガントなスタイルと暗示的に組み合わされうるということが見て取れる。

また、前節で考察したように、二〇〇〇年代の『anan』では、「大人かわいい」という言葉で代表されるような未熟と成熟が組み合わさった規範的女性像が提言されていた（二〇〇四年九月二二日号、二〇〇六年四月一九日号、二〇〇九年八月二六日号）。先のフランスの成熟を未熟のコンビネーションとは異なり、特に、「かわいい」という少女のもつ美意識をもって過ごした女性たちが大人になったときに、その彼女らの若々しさをもち続けようとする気持ちを指す言葉として、「かわいい」が使われたと考えられたのであった。

このような日本の『anan』で大人かわいいという規範的女性像が提言されたとき、同時期の

ELLE France の女性のインタビューページ、また、ファッションページではどのような女性像が形成されていたのであろうか。イタリア人女優モニカ・ベルッチと当時のパートナーの二人を表現するのに「最もグラマラスなカップル」（*ELLE France* 二〇〇四年九月二〇日号）とグラマラスという形容詞が用いられたり、フランス人女優であるエレーヌ・フィリエールを描写するのに、「美しい」だけではなく、「強い」「力強い」「支配的」という形容詞が使用される（*ELLE France* 二〇〇六年四月一三、二〇日号）。これらの用語は、「愛」と「パワー」を手にしたいとする読者の欲望を反映させながらも強制しようとしているといえよう。

また対照的に、ファッション特集においては、「美しい」（*ELLE France* 二〇〇四年九月二〇日号）、「超女性的」（同二〇〇六年四月六日号）「スーパーセクシー」（同二〇〇六年四月六日）「グラマラス」（同 二〇〇七年一二月三日）のみならず「かわいい "pretty"」（*ELLE France* 二〇〇七年一二月三日）「愛しの chouchou（darling）」（*ELLE France* 二〇〇七年一二月三日）、「ガールズ」「ガーリー」（*ELLE France* 二〇〇九年八月二八日号）という用語も使用され、一見日本の形容詞「かわいい」の意味を彷彿させる言葉が Solomon、Ashmore & Longo（一九九二）の議論と異なり散見されたが、かわいいという形容詞を用いられた女性モデルの写真イメージは決して幼くなく、一つの選択肢として提示されているものの、日本のかわいいとは同じコンテクストで使われていないことが窺える。

⑤二〇一〇年代

前述の通り、二〇一三年一月三〇日号の『anan』で『〃かわいい〃はもう卒業。身につけたいのは、女の色気」という特集が組まれたのであった。しかし、そこで使用されたのは当時のかわいいアイドルであり、それに色気を付与したものである。このように、『anan』は単純なセクシーさではなく、かわいらしさ、未熟さが共存する色気を形成したと考えられる。二〇〇〇年代は大人かわいいという理想像を三〇代、四〇代に設定していたが、二〇一〇年代は、『anan』のモデル読者の若年化傾向がみられ[33]、未熟的なかわいさと色気が混在する形式になっていたのである。

(5) 現代フランスの男性ファッション誌、女性ファッション誌における規範的女性像の形成

本節では、社会的、時代的視座の違いによってフランスのファッション雑誌においていかなる規範的女性像が形成されたのか、「kawaii」という語がフランス語の辞書にエントリーされた二〇一八年と翌年の二〇一九年のフランスの男性誌、女性ファッション誌における女性表象を事例に検討する。雑誌を資料選定するにあたって、フランスのACPM(メディア、メディア統計同盟)で発行部数の多い雑誌を選択し、分析対象とした。その結果、男性ファッション雑誌である*GQ*、*LUI*という雑誌、女性ファッション誌では*madame FIGARO*、*marie claire*、*ELLE FRANCE*、*BIBA*を分析資料体とする。

①男性ファッション誌*GQ*, *LUI*において構築される女性像――裸体女性を事例に

『anan』では未熟なかわいさとセクシーさが混在する女性像が提言されていたが、フランスの雑誌ではセクシーな女性像がどのように構築されているのであろうか。男性ファッション誌*GQ*と*LUI*を事例に考察していく。この二誌ではどちらとも実際の読者ではなく雑誌が想定している読者、すなわちモデル読者（Maingueneau 2018: 58）が異なる。二種類の女性表象が共通してみられる。一点は、歌手、女優といった活動を紹介するもの、もう一点は男性によってみられる客体としての裸体の女性モデルである。

二〇一七年六月一二日付フランスの左派系全国紙*Libération*において「ジャンル……男性誌の変化（Genre……les magazines ont changé）」の記事が掲載され、当時のフランスの男性誌の変容が特集された[34]。それによると、*GQ*は男性ファッション誌とはいえ、男性読者のみならず女性読者もターゲットにしているとされている（*Libération* 二〇一七年六月一二日*GQ*編集長談）。そんな*GQ*二〇一八年八月号では「強い女性（Femmes puissantes）」というタイトルの特集が組まれ、九〇年代のスーパーモデルであったケイト・モスが裸体で誌面に登場している。タイトルの「強さ」にもあるように、先の日本の『anan』で紹介されたかわいらしさを前提とした色気ではなく、女性のセクシャリティーと強さが組み合わさって紹介されている。

*LUI*という男性季刊誌は、「いつまでも車を購入し、女の子の服を脱がしたいと思う『少年』である読者向けの雑誌」（*Libération* 二〇一七年六月一二日*LUI*編集長談）である。前記した*GQ*と同じ時期に刊行した二〇一八年春夏号において、同じように裸の女性の記事をみつけることができる。

そのタイトルは「notre fille（私たちの女の子）」と、先ほどの「成人女性（femmes）」を指す言葉ではなく「娘、女の子（fille）」という言葉を用いており、成熟していない女性を謳っている。しかし、ここでモデルとして掲載されている「女の子」は写真のイメージでも未熟さを感じさせない女性であり、その「女の子」が手にしている小道具としてタバコが使用されることによって、成人、大人のイメージを形成しており、「女の子」という言葉から来る未熟さを含意する可能性を打ち消していたのである。

②二〇一八年、二〇一九年夏におけるフランスの女性ファッション雑誌における規範的女性像の形成

次に同時代のフランスの女性ファッション誌をみていこう。ここで分析対象としたのは、表紙モデルも二〇代など若い読者層を対象していることを想定させる *BIBA*、二五歳から四九歳の読者層をもつ *marie claire*、フランスの保守系全国紙 *Le Figaro* に週末の付録として配布される *madame FIGARO*、二〇代〜七〇代の幅広い読者層をもつ *ELLE France* である。

BIBA と *marie claire* をみていると、ファッションページやメイク特集のページでモデルを務めるのは「若く」て「細く」て「白い」女性が中心で、その規範にそぐわない女性たちは後から記すように読み物やインタビューなど別の場所で取り上げられる。多様性やインクルーシヴを謳うファッションメディアではあるが、消費に伴う記事では若い規範的理想的女性が用いられることから、メディアによる規範的美を提示する方法は多様ではなく、今までと変わらないものといえるだろう。そして、若い規範的理想的女性たちを形容するのに使われるのは「かわいい」ではなく、「自由」「エレガン

ス」「喜び」「欲望」「やさしさ」「優雅さ」（*BIBA* 二〇一九年八月号）という言葉である。

しかし、*marie claire* のファッションページでは、「若くて、細くて、白人」の女性であるモデルが起用されていた。新しいファッションやメイクを身に着けるモデルを形容する時に、「セクシー」「自由」「独創的」という言葉のみならず、力強さとセクシーとの結びつきを彷彿させる「セクシーなスリップドレスを身にまとうエレガントな歩兵」（*marie claire* 二〇一九年七月号）というキャプションが用いられている。

同時に、*marie claire* 同号の、「編集者の手紙」という挨拶のところで、フランスの中道左派を読者対象とした全国紙である *Le Monde* が、ある映画監督が仕事をするなら若い女優を好むと発言した記事を紹介しながら、若さ主義を批判している。

他にも、これらの雑誌は五〇代、六〇代の女性を表象し、成熟した女性を尊重するよう促すこともある（*BIBA* 二〇一八年七月号）。また、*marie claire* でも「女性にとって老いるということは何を意味するのか」という特集において、皺などを隠さない成熟した女性、女優の写真とそのインタビューが掲載される（*marie claire* 二〇一九年七月号）。このことが表しているのは、ファッションやメイクなど消費を暗黙裡に促すページでは、理想像として「白くて若くて細い」女性がモデルとして起用されているが、インタビューなどはその限りではないということである。ただ、*ELLE France* や *madame figaro* は五〇代の女優を、「強度」「人気のある」「デリケートな」という言葉で描写しながら表紙やファッションページにモデルとしても起用しているのである。

③考察

本章ではフランスのファッションメディアの言説によっていかなる規範的女性像が構築されていったか、①『anan』（創刊〜二〇一四年）でそれぞれかわいい特集が組まれた同時期の *ELLE France*（『anan』の創刊時の姉妹誌）の女優のインタビュー記事、ファッション、メイク関連記事②現代の状況、かつ他の媒体もみるために、「kawaii」がフランスの辞書に登録された二〇一八年、二〇一九年、水着など露出も増えセクシーという言葉が使われる可能性が高い夏に発刊されたフランスの女性ファッション雑誌におけるファッションページ、男性ファッション誌の女性のヌード写真の取り扱い方について比較考察することで、フランスのそれぞれの時代のファッションメディアでは様々な視点を踏まえてどのような規範的理想的女性像が構築きたのかについて考察した。

最初に立てた問い「フランスが日本の女性像にどのように影響を与えていたのか」に答えるならば、*ELLE France* が『anan』の日本人モデルに直接影響を与えていたのは、すでに述べた通り、両誌が姉妹誌として提携していた初期の頃に限定されていたといえる。また、欧米のファッション雑誌では、「グラマラス」な女性像が形成されてきたという先行研究もあったが、考察した中では、日本に比べてフランスの雑誌の読者層は細かくセグメント化されておらず、様々な世代で多様な女性が読者として想定されていること、その結果、多様な読者像に対応する様々な形容詞を用い、表紙、ファッションページにおける理想の女性像が形成されていたことが考えられる。確かに、日本社会において理想的女性像を提示するのに特有の言葉の一つでもある「かわいい」という形容詞は、日本でのみ使われているものではない。日本の「かわいい」を彷彿させる語と考えられうる「ガーリー」

「プリティ」「女の子」などの言葉を用いながらフランスの男性誌、女性誌上で理想的女性像が構築されるなど、理想的女性像の若年化も一部みられはした。しかし、それは「大人」や、「強い」という形容詞、女の子ではなく「女性」、もしくは女の子という言葉を使ったとしてもタバコなどをもたせて強いイメージを作り上げて未熟さを打ち消し提示される強さ、と結びついた若さでもあった。このように、日仏ともに「かわいい」という言葉を使うにしても、フランスのメディアでは、フランスの読者向けに、未熟ではない様を表す表現とともに多様な理想的女性像が構築、提示されていたのであった。また、前述したように「白い」「若い」「細い」モデルが必須とされるフランスにおいて、ファッション、メイクなど消費を促す記事においては、若さは実際の「若さ」だけではなく、時として「若々しい」年配の女性もが提示されていた。どちらにしても「若さ」は、それは日本のような未熟とはイコールではない形といえるだろう。

それでも、なぜフランスで未熟な日本女性像が形成され続けたのであろうか。

そもそも日本では、フランス的な自立したかっこいい女性像から、かっこよくなるようにがんばらなくてよい自然体の女性像へ、そして大人で若々しい女性像まで、「かわいい」という形容詞を用いて構築してきた。この自然体の女性としてのかわいいが認められるのは一九八〇年代――すなわち、敗戦後、自らの文化を否定しながら経済を発展させ、ジャパンアズＮｏ．１と評されるに至ったことと重なる――といえるだろう。そのほか「大人」「エロ」「ぶさ」「きも」などといった様々な形容詞が「かわいい」と結びつき、多様な特徴が肯定的に受け入れられるようになっていた。すでに前述したように、どのような女性像を形成する際も「かわいい」ければ許され、認められるということなのである。「かわいいはもう卒業」と言い「大人の色気」を出そうとして表紙に使われた当時のアイドルの写真に注目すると、まさにあどけなさ（未熟さ）を感じさせる「かわいらしさ」を前提にした存在として構築されていることがわかる。すなわち、「かわいい」という言葉が使われるとき、未熟さを含有しながらも「かわいく」あることこそが規範であるということが示されているといえるのではないか。

それに対し、フランスでもかわいらしさ、むすめ（fille）、などという語が若さと結びつき多様に提案される女性像の一つの理想像を表す形容詞として使われていたが、かわいらしさや若さは「未熟さ」ではなく強さと結びついていたのであった。

フランスで日本女性像が受容される理由としては、二〇世紀初頭前後は、やはりオリエンタリズムの流れで、フランスにおいて西洋から遅れをとっていたと考えられていた時代の日本女性像はエキゾチックな文化として「享受」されていたからといえるだろう。現代においては、少女マンガの受容の分析のところでも論じたように、まずフランス社会に要請される女性像の一つとして、たとえかわいく、若くても「未熟さ」を含有しない規範的女性像に当てはまらない女性たちのための理想像を提言できている、ということがいえるのではないか。この未熟さは、幼さという劣等を表すというよりも、フランスの辞典に所収された「kawaii」の定義にもあったように、大人になり社会に要請される規範的女性像のためにあきらめなければならなかったもの、大人になる前の夢のある世界を体現するものとしてとらえられていることがこれまでみてきた「kawaii」ファッションの着用者のアンケートや、ミニョニズムのアーティストの活動、*Le Figaro* における「kawaii」という言葉の借用語化などからも明らかであろう。フランスを含む西洋にとっての従来の美としての「上品さ」を破壊するものとして、フランスのファッション研究者のニック・リーズ＝ロバーツ（Nick Rees Roberts）は、昨今のファッションデザイナーの作品や、インスタグラムなどのインフルエンサーにみるようなある種の「下品さ」とともに「かわいらしさ」という特徴を挙げている（Rees-Roberts 2023）。このように、フランスにおける「かわいい」は従来の美、規範的美を破壊する他者であり、それが特には否定されたり占有される形で表れるものでなのである。

『anan』を分析したように、未熟さを含有する「かわいらしさ」は日本にとっては規範的女性像が根底に有する特徴といえるのであった。同じ「かわいい」という語であってもフランスにおいては「kawaii」がもつ借用語の明るさ、自由さ、陽気さとは異なり、私たちに課せられた規範なのである。フランスでの「かわいい」の受容を通して、フランスでは、時代によって自分たちの規範とは異なる日本女性の未熟さが、二〇世紀初頭前後のフランスで、geishaやmousméと結びつきエキゾチシズムな存在として構築され上流階級の女性たちに「ちょっと楽しむため」に占有されていたこと、二一世紀にはオンラインの発達もあり情報を自由に享受できることにより、メインストリームや規範的女性像に違和感を感じる人々、と同時に「ちょっと楽しむため」にも少女マンガ、「kawaii」ファッションなどを通して享受され、幼さの中にある明るさ、自由さという側面を強調していったといえるだろう。それに対して二〇世紀後半の日本における「かわいい」は、『anan』の考察を通して検討したように一九七〇年代前後はフランス化の影響は受けつつも、その後、時代によって日本らしさ、成熟、卒業という言葉と結びついて多様な意味を含有するにせよ、その根底にある「未熟な」「かわいい」を規範として構築されていったことが明らかになった。

すなわち日本人女性の未熟さというかわいらしさは、二〇世紀初頭前後のフランス、二一世紀初頭前後のフランス、二〇世紀後半の日本、というようにコンテクストが変わるごとに当時の社会が抱える時代の様々な要素と結びつきつつも、日本人女性の未熟さを含有する「かわいい」が繰り返し言及されることで、そのイメージは強化され、結果的にそれぞれの文脈において解釈され構築されていっていたといえるのではないだろうか。

これら考察してきた内容を基とし、次章では、フランスにおいて「kawaii」ファッション、「kawaii」女性像が受容された背景について検討していきたい。

注

1 （深井：一九九四）
2 Kyoko Koma, "Kawaii Fashion Discourse in the 21st Century" In *Rethinking Fashion Globalization*, edited by Sarah Cheang, Erica De Greef, Yoko Takagi）, Bloomsbury, London: 2021（133-145）.
3 一九世紀末から二十世紀初頭のフランス女性誌を分析した先行研究として、フランスの女性誌の位置づけを通史的に考察したエヴリーヌ・シュルロ（Evelyne Sullerot）の *La Presse Féminine*（Armand Colin, 1963）また、日本でも松田祐子が『主婦になったパリのブルジョワ女性たち』（大阪大学出版会、二〇〇九年）の中で、一九紀末から二〇世紀初頭のフランス女性誌の分析を通して、当時のパリのブルジョワ女性像を詳細に考察する研究もある。松田もまとめているように、一九世紀から一九三〇年ぐらいまでのフランスの女性誌は、一八世紀半ばから存在していたが、一九世紀半ばとなりブルジョワの妻たちが購読者の中心となるモードを中心になると指摘する。また、それらは、女性の生活様式やしきたりを描く「フェミニン」を描く雑誌と、女性の権利を主張する *La Fronde* のような日刊紙フェミニスト紙「フェミニスト」の二つに大別できるとしている（松田 二〇〇九：一一一‐一一三）。本研究対象である『フェミナ』が刊行された二〇世紀初頭は、フランソワーズ・ブルムを引用しながら、「二〇世紀はじめモード誌はあきらかにブルジョワだけのもので、［中略］パリの最新モードだけではなくその時代の感性の媒体となっていたことは確かであった」ことを指摘している（前掲書：一八）。

4 隠岐由紀子「西洋ジャポニスムの中でゲイシャに収斂していく日本女性のイメージ」『ジャポニスム研究三八別冊』一九頁。

5 （馬渕二〇一七：六八－六九）。

6 Pierre Loti, *Madame Chrysanthème*, Paris : Flammarion, 1990: 182.

7 Philippe Pons et Pierre-François Souyri, *Le Japon des Japonais*, Paris : Liana Levi, 2003: 69.

8 同前書：六九－七〇。

9 Tzvetan Todorov, *Nous et les autres. La réflexion française sur la diversité humaine*, Paris : Seuil, 1989, p.417.

10 同前書：二一。

11 一九世紀末から二〇世紀初頭のフランス女性誌を分析した先行研究として、フランスの女性誌の位置づけを通史的に考察したエヴリーヌ・シュルロ（Evelyne Sullerot）の *La Presse Féminine*（Armand Colin, 1963）また、日本でも松田祐子が『主婦になったパリのブルジョワ女性たち』（大阪大学出版会、二〇〇九年）の中で、一九世紀末から二〇世紀初頭のフランス女性誌の分析を通して、当時のパリのブルジョワ女性像を詳細に考察する研究もある。松田もまとめているように、フランスの女性誌は、一八世紀半ばから存在していたが、一九世紀半ばとなりブルジョワの妻たちを購読者の中心とするモードを中心に掲載するようになると指摘する。また、それらは、女性の生活様式やしきたりなど「フェミニン」を描く雑誌と、女性の権利を主張する *La Fronde* のようなフェミニスト日刊紙「フェミニスト」の二つに大別できるとしている（松田 二〇〇九：一二一－一二三）。本研究対象である『フェミナ』が刊行された二〇世紀初頭は、フランソワーズ・ブルムを引用しながら、「二〇世紀はじめモード誌はあきらかにブルジョワだけのもので、（中略）パリの最新モードだけではなくその時代の感性の媒体となっていたことは確かであった」ことを指摘している（同前書：一八）。

12 同前書：二二。

13 同前書：二一。

14 深井晃子 一九九四：一八〇。

15 「川上音二郎・貞奴が演じた東洋――一九〇〇年パリ万国博覧会における日仏の位相から」（『人文研究』二〇一三年三月：九五‐一一四）を論じた白田由樹は、川上一座が演じた「東洋的日本」像は、「この国の急速な台頭を危む西洋にとっては近代化された日本よりも好ましいものであり、国際社会での地位向上を願う日本にとってエキゾティズムは列強との関係向上の戦略であった」とする。そして、それは、「観客だけでなく、日本の公使館にも支持され、（中略）川上らが演じた日本のステレオタイプは当時日仏をめぐる文化政治、外交などの様々な関係性の中からつくり出されたものであると結論づけられる」（白田二〇一三：九五）としている。

16 毛利二〇一七。

17 『フェミナ』一九〇一年一〇月一日号。

18 『フェミナ』一九〇四年一〇月一日号。

19 LOTI 1990：61.

20 松田二〇〇九：二二一。

21 このように、進んだ西洋文化を享受するフランス人読者としてのアイデンティティを正当化するために、西欧化した日本の女性像が使用される事例は他にもみられる。『フェミナ』では、フランス以外の欧米の上流階級、ブルジョワの女性を理想像として提示しており、例えば一九〇三年五月一五日号にもパリのイギリス大使館夫人を紹介している。そのような流れの一環として、一九〇四年三月一日号では、パリの日本大使夫人が以下のように紹介されている。

「モトノ夫人（中略）は上品で、若く愛すべき女性で、信じられない才能を有し、我々の言葉を話し、繊細なニュアンスを把握している。彼女は、聡明な青少年である息子を愛している。モトノ夫人は、とてもヨーロッパ化しており、他の高貴な日本婦人と同様、私たちの社会に似せるように懸命に努力していることは記すべきである。」

この引用にみられるように、モトノ夫人は、ムスメでもゲイシャでもない、知性の高い若い女性として描かれていることが指摘できる。ここで『フェミナ』が焦点をあてるのは、フランス語を話すなどモトノ夫人の西洋化した態度、よい母親ということ、そして、フランスに近づくための努力をしているという点である。この西洋化、良い母親、そして大使夫人という高貴な立場の日本女性を「ムスメ」ではない「女性」として認めるのである。ブルジョワ層の高貴な主婦であるフランス人読者にとって、このような自分たち「フランス人女性」をお手本にする「西洋化した高貴な日本女性像」は、フランス人読者自らのアイデンティティを正当化させようとする保証人として提示されるのである。

22 一九〇五年九月一五日号の『フェミナ』では、日露戦争時の日本陸軍元帥であった大山巌の夫人である大山捨松が表紙を飾り、また、一九〇五年一月一日号の『フェミナ』では、日露戦争を勝利に導いた大山元帥とその家族の特集が組まれる。自宅の庭にいる家族は西洋化したファッションを身に着けていないが、大山元帥の娘を、ムスメではなく、「lady」とし、夫人のことを「ほぼヨーロッパスタイルを学んだ」と指摘する。このように、『フェミナ』のフランス人モデル読者に、ヨーロッパスタイルがどれだけ素晴らしいものかを再認識させるために、先ほどと同様、この日本人妻を「ヨーロッパスタイルを学んだ」成功した妻という保証人として構築するのである。

23 Patrick Beillevaire, 1994, « L'autre de l'autre, Contribution à l'histoire des représentations de la femme japonaise » In *Mots* no 41: 56-98.

24 Moura 1992.

25 Véronique Magli, *Le Discours sur l'autre*, Paris : Champion, 1996: 259-260.

26 本章で分析した mousmé, geisha はフランス語の辞書にも入っており長きにわたり議論されてきたので、すでに行われているようにそのままカタカナ表記にした。Shôjo に関してはまだフランス語の辞書にもエントリーされておらず日本語論文でもカタカナで使用されることが稀なので、あえて shôjo という表記のまま用いた。

27 Ségolène Royal, *Le ras le bol des bébés zappeurs*, Paris : Robert Laffont, 1989.

28 主催者へのインタビューによると、二〇〇八年にこのサイトは開設され、一日平均四五〇のアクセスがあるとされていた。

高馬京子「少女——フランス女性読者のアイデンティティー形成とキャラクターの役割」山田奨治編著『マンガ・アニメで論文・レポートを書く』ミネルヴァ書房、二〇一八年。

29 Béatrice Rafoni, Représentation et interculturalité. Les nouvelles images du Japon, dans Questionner l'internationalisation, cultures, acteurs, organisations, machines : *actes du XIVe congrès national des sciences de l'information et de la communication*, Université de Montpellier III (campus de Béziers) 2-4 juin 2004 / Société française des sciences de l'information et de la communication (SFSIC), pp.19-26.

30 高馬京子「越境するgeisha」『越境する文化・コンテンツ・想像力』高馬京子・松本健太郎編、ナカニシヤ出版、二〇一八年。

31 『anan』におけるセクシュアリティーと表象に関する考察に関しては同誌を通史的に表紙分析をした田中（二〇二〇）の研究に詳しい。

32 マスメディアの言説分析を行う場合に、読み手はどう読んだのかの研究ができていないという批判も多くある（成実 二〇一九：五八）。確かに現代の情報社会において「ファッション誌」が指し示すものも紙の雑誌に限らず、「読者」が「ファッションメディア」内にコメントをすることも可能となっている時代ではある。すなわち、「ファッション誌」のコンテンツ――の同内容、もしくは各メディアにあわせ選択的に――紙媒体、ウェブサイト、SNS（Facebook, X, Instagram）で展開される時代になってはいるのである。ただ、フランスと日本の『ELLE』のインスタグラムの公式アカウントにおけるファッション記事投稿を分析した研究による（高馬 二〇二二）と、日本では読者／フォロワーのコメントがほとんどないのに対し、フランスではメディアの提言に対する読者／フォロワーのかなり辛辣なコメントも掲載している（同前書）という現実もある。また、その読者／フォロワーのコメントも、読者／フォロワーの自己表象、もしくはメディア側の意図も入ったものであるかもしれない。このことは、アンケートをとったとしても同様であろう。一見誰もがコメントできるデジタルメディアとしてのファッションメディアでこそ、そのメディアの権力性が隠蔽される可能性もある。この議論はまた別の論考（同前書）をご参照いただくとして、本章においては、あくまでもファッションメディア側がどのような意図で女性表象を構築しようとしたのか、日本で形成されたファッション雑誌の規範的理想的女性像があくまでも日本独自であるものを明示するために、その比較対象としてフランスの事例を検討する。

33 マガジンハウスで『Olive』の三代目編集長として活躍し、その後、『GINZA』とともに『anan』の編集者となり、

34　『anan』を実売八〇万部以上の人気雑誌へ成長させるなど、手掛けた編集長である淀川美代子は二〇〇三年にこの『anan』の増刊号からスタートさせて『Ku:nel』を創刊した。淀川は「今の五〇代女性は、『anan』『olive』の全盛期時代の読者。ネット社会の中で、彼女たちの世代に雑誌の楽しさをもう一度、再発見したいと思ってもらえるものを目指したい」とし、二〇一六年にはリニュアル第一号を刊行し、従来の「ストーリーのあるモノと暮らし」から「自由にいきる大人の女性へ！」と変更し、フランス女性のライフスタイルを特集している。（以上、淀川美代子（当時マガジンハウス『Ku:nel』編集長）。『広報会議』二〇一六年四月号「『Ku:nel』が創刊以来大幅リニュアル：編集長が語る編集方針とは」）。まさに、二〇一三年から二〇一六年は『anan』のターゲットの年齢を下げた時期、そして従来の「大人かわいい」とした読者をこの『Ku:nel』に移行させたのではないか。マガジンハウス、淀川美代子による読者の再編成は、二〇一六年『anan』を若年化したことに始まったことではなく、酒井順子が『オリーブの罠』（酒井二〇一四）で論じたように『olive』が読者層の整理を行った転換期とともに重なる。

https://www.liberation.fr/futurs/2017/06/12/genre-les-magazines-masculins-ont-change_1576347/

第5章

なぜ私たちはかわいくなければならなかったのか

ここまで日仏のコンテクストにおける「かわいい／カワイイ／kawaii」の表象について通史的にかつ様々な立場の視点から発せられた言説を考察してきた。

まず第1章では、日本における「かわいい」という言葉の変遷について、かわいいに関する論考、かわいいを扱った政治言説、また二〇〇〇年代の村上隆らを中心とする日本の芸術を特徴づけ、形容した「かわいい」に関する諸言説を考察、分析した。その結果、「かわいい」という概念は、通史的に複数の行為者の言説――すなわち批評家の考察した言葉、そして政策、また、美術館・アート情報のウェブマガジンである『artscape』[1]で一九九〇年代、二〇〇〇年代のアートワードとして「かわいい系」が指摘されていたように、日本美術に関する様々な言説を総合的に考えても常に、①卒業すべき／短命文化としてのかわいい、②弱者、女の子たちの自分を守る装置としてのかわいい、③社会構造の中で消費を強要される場面で推し進められる幼さとかわいい、という三つの要素が錯綜しながら様々なレベルで構築されていたことが明らかになった。

第2章では、フランスにおける「kawaii」がどのように表象されていったのか、①「kawaii」がフランスで流通し始めた時期におけるフランスの日本学科の大学生の「kawaii」に関する言説、②フランスの全国紙における「kawaii」についての世論を構築したメディア言説を調査し、「kawaii」が含意する概念の変遷について分析した。

その結果、当時、質問に答えてくれたフランスの日本学科の大学生は、「kawaii」から思い浮かべる事柄としてハローキティを多く挙げるとともに、同時期、同様の調査を行った台湾、韓国、リトアニア（Koma 2022）において大学生の回答にはなかった、「kawaii」ファッションなどを意味することをすでに提示していた。新聞世論でも、「kawaii」という語としてのゼニスム、ペレグリニスム、借用語をこの「kawaii」という語の社会への浸透度に伴い使い分けされていた。ソニーのロボット犬AIBOや、村上隆のパリでの展覧会『Kawaii 夏休み』などを通して、一九八〇年代のテクノオリエンタリズムを彷彿されるテクノロジーや村上隆の芸術作品を形容した perverse（倒錯的な）など各時代の出来事の特徴と結びつけながらフランス社会における意味づけがなされていった。「kawaii」という言葉は、マンガやアニメ、子供向けの派手なファッションなどを示す際に用いられるようになるなど、フランスの様々なコンテクストで使われながら段階的に発展しフランス社会で浸透していったことが明らかになった。特に二〇一八年にフランス語の辞書『ル・プチ・ロベール』に「日本発祥の美学であり、幼少期の世界を想起させる（パステルカラー、空想上の人物の表現など）もの」という意味を有する「kawaii」という語がエントリーした後には、「kawaii」はフランス語の借用語として使用されるようになり、日本の要素がそこからそぎ落とされ、日本性を帯びない「陽気な」「幸せに満ちた」という意味を示す形容詞として使われるようにまでなっていたことがわかった。

第3章では、フランスにおいて「kawaii」ファッションを構築する三つの言説、すなわち、着用者の言説、それらを紹介したフランスの雑誌や書籍の言説、ファッションデザイナーが「kawaii」要素を取り入れて創作したファッションスタイルに関するメディアの言説について分析した。グローバルマーケティングの企業が一元的なコントロールのもと発信する欧米のラグジュアリーブランドなどのファッションと異なり、元来非西洋である日本で生じた「kawaii」ファッションの場合、様々な行為者によっていかに「kawaii」ファッションの言説がそれぞれに構築・伝達され、それらが錯綜しながら「kawaii」ファッションという表象をいかに形成していったかを分析した。

「kawaii」ファッションは、当初、フランスのマスメディア等では紹介されていなかった情報を着用者たちがネット等を通して得、そのファッションスタイルをネット上やジャパン・エキスポといった場で「私が本当の私になれる」服として着用されてきたことが明らかになった。これらの場は、彼女らに対して批判的視線を送る傾向のあった一般社会とは異なり、その非規範的ファッションを着用する自分たちを好意的にみる視線によって構成されている場であった。そのような非規範的でマージナルな実践が、ジンメルのいうトリクルダウンとは逆の動きとなる「トリクルアップ」的効果として、(デジタルメディアにもアカウントをもち発信している)伝統的なファッションメディアやファッションデザイナーによって受容、表象されていく。フランスの『ル・モンド』でも日本のファッションスタイルとして「kawaii」スタイルが扱われるときは、「ジャポニエズリー(日本のののろま)」のように形容されるものの、このスタイルがフランスのラグジュアリーブランドにアプロプリエーションされるや否や「フランスのファッション」として賞賛されるようになっていたのである。

しかし、他のファッションブランドも「kawaii」という要素を取り入れていたものの、ブランドやデザイナーによってその姿勢も異なった。その一例として、海外で「kawaii」ファッションといわれる原宿のストリートファッションを紹介していた青木正一が編集した雑誌『FRUiTS』の休刊の際に、香港出身のファッションデザイナー、ライアン・ローがこの雑誌へのオマージュとしての「kawaii」ファッションスタイルの創作がみられた。また、フランスのパリ・プレタポルテで作品を発表する日本のブランド、コムデギャルソンも、ハローキティや少女マンガのキャラクターなどの「kawaii」要素を取り入れた作品を発表し、作者の真意はどうであれ——それが批判的要素を含有するにせよ——作品をみる限りは一見自己占有のようにみえることを指摘した。

「kawaii」ファッションの伝播は、欧米のファッションブランドのグローバル化とは異なり、逆の流れ、すなわち、SNSなどで着用者が発信し、それらがマスメディアで紹介され、また、ファッションデザイナーが流用するという流れで展開している様子が見受けられた。着用者、メディア、論者、デザイナーといったそれぞれの行為者の言説を通して、①私が本当の私になるためのファッション、②ジャポニエズリーといった欧州では流布しえない日本特有のファッション、③ファッションデザイナーによる流用（オマージュ・自己盗用・他者盗用）とみなされたファッションという意味をもつものとして、重層的に「kawaii」ファッションという表象が形成されていたのである。

第4章では、まず、フランスメディアにおいて一〇〇年を超えてかわいいと評される日本女性像について考察し、その背景として、日仏ファッションメディアにおける規範的女性像が、それぞれいかにそしてなぜ形成されてきたか、日本では特に「かわいい」女性像について『anan』における「かわいい」特集を、フランスでは『anan』創刊時にお手本とした姉妹誌であるフランスの女性誌『*ELLE*』においてどのような女性像が形成されていったかについて調査した。これらを背景に、「かわいい」日本女性像が日仏両メディアでいかに形成されていったのか、についても検討した。かわいいと形容される日本女性の表象は、二〇世紀末のフランスを中心とする日本のポップカルチャーブームが始まる前から、非継続的とはいえ一九世紀末のジャポニスムの頃から行われ始めていた。

mousmé（ムスメ）からshojo（少女）へと変化しながらも、フランスにおいて日本女性は、西洋の成熟な規範的女性像に到達していない未熟という意味でのかわいらしくて従順な（そして時折性的魅力のある）女性像と構築されていったのである。その結果、日本の『anan』における「かわいい」は時代の変化とともに、①創刊前後は、フランスの第二派フェミニズムによる女性の解放に影響を受けた透けた素材、ミニスカートなど露出の多いファッションを身に着けるかっこよくクールな女性像、②一九八〇年代、フランスの*ELLE*との提携解消以降、一九七〇年代のかっこいい女性から解放された、無理をしない自然体を目指す女性像、③二〇〇〇年代、一九七〇年代当時の『anan』を享受していたであろう読者の高年齢化に伴ってか成熟した女性に若々しさを保ってもらおうという意図が窺える「大人かわいい」④二〇一四年には、一気に読者層の若年化を図り、「かわいい」とみなされてきたアイドルに「かわいいはもう卒業」という言葉を添えることで元来の未熟さ、かわいらしさを前提とする大人の色気を提示するにせよ、それを体現化するモデルの外見は「かわいい」女性像を顕示していったのである。

それに対して、フランスの*ELLE*では、一九六〇年代頃から提言される規範的女性像が、幸せな主婦像から若い女性へと移行していく。第二派フェミニズム、一九六八年に起こった五月革命などから女性の自立が謳われる中、保守的な服からミニスカート、肌を露出する方向へと進んでいく。一九三〇年代以降、欧米の雑誌においてはハリウッド映画の隆盛とともに美の基準となった「グラマラス」という言葉は、規範的女性像の若年化とともにエレガントさからセクシーさという意味を含みつつ使用されていくようになる。

さらには一九八〇年代以降フランスでは女性はパワーという言葉と結びつき、強い女性像が提言されていく。フランスは日本に比べてファッション、女性誌の読者ターゲット層が細分化されていないことで、一冊の雑誌においてもより幅広い年齢層や特色をもつ女性へファッションや様々な美の基準が提言されていた。フランスの *ELLE* では、社会情勢も反映し、ファッションシーンのムーブメントが若年層を中心に起こるようになったことを受けて、そのような多様な女性を形容する言葉の一つとして、「かわいい（キュート）」という言葉も女性のみつけられるようになる。しかし、それらは日本のような未熟性と結びつく言葉としては使われていないことが指摘できる。二〇一八年には、フランスの男性誌におけるセミヌードの女性像も、「むすめ、女の子（fille）」と若さが強調されながらも、なおパワーや知性と結びついて描かれており、日本とは異なる傾向がみられたのである。

本書では、日本の状況を鑑みつつフランスにおける「kawaii」の受容を、①世論として展開される言葉としての「kawaii」、②「kawaii」ファッション、③女性という観点から言説分析を行った。①については、「kawaii」という言葉の含有する意味は未熟さという点では共通するものの、日本とは異なり、フランスでは二一世紀の日本のポピュラーカルチャー、マンガ、「kawaii」ファッションなどをベースに定義された言葉となったことが明らかになった。

また、オリバ（A. Oliva）とアンジェレッティ（N. Angeletti）が *In Vogue: An Illustrated History of the World's Most Famous Fashion Magazine* の中で「ファッション写真とはドレスの写真ではない、ファッション写真はドレスの写真ではなく、女性の写真である」とも述べている（Oliva and Angeletti 2012）。これに関連して②③については、「kawaii」ファッションというファッションを取り扱うにせよ、やはりそれは女性像を扱うことであるといえる。

ここから、最初にたてた二つの問いについて検討していきたい。すなわち、一つ目は、調査機関において強くて、「若くて」、「細くて」「白い」(ロカモラ 二〇二三)女性が規範として社会に要請されているフランスにおいてでさえ、なぜ日本女性や日本のファッションに対しては未熟さを前提とする「kawaii」さが求められるのであろうか、という本書の問いである。この問いを、現代ファッションを語るうえで重要な課題でもあるアプロプリエーション、ルッキズム(ここでは特に若さ信仰)、SDGs(ジェンダー平等)、そしてデジタルメディアをキーワードに据え考察する。そして二つ目の超域文化としての現代「日本」文化はいかに形成されるのか、本書で考察してきたフランスにおける「kawaii」の受容を事例についてステレオタイプを鑑みて論じたい。

1.「なぜ私たちはかわいくなければならなかったのか」について考える

(1) アプロプリエーションの観点から

二〇世紀初頭前後に日本女性像、そして日本を受容しかわいいと形容したのは、世論をつくるマスメディアである新聞『ル・フィガロ』における連載小説の書き手の一人、ピエール・ロティであり、そこで描かれた女性像、ファッション——すなわちキモノスタイルを享受したのはフランスの上流階級が中心であった。まさにムラ(Moura)が著書『エキゾチシズムを読む(*Lire l'exotisme*)』で『お菊さん』について批評したように、当時ファッションを享受していた上流階級の女性が「ちょっと楽しむため」に日本の未熟な女性たちを享受していたと考えられよう。*Fémina* をみていても、一九〇三年頃「仮装―お菊さん」というファッションスタイルが提言されたり、一九〇七年前後に流行ったキモノ袖や羽織などもファッションに取り入れられたりした。すなわちそれは、メインストリームのファッションではなくメイナードが使用した「エスニカリーファッショナブル（民族的にファッショナブル）」（Maynard 2004）という意味に近いといえよう。すなわち、民族的なファッションがその受容先のメインストリームのファッションに取って代わるのではなく、あくまでも一時的流行の特徴として民族的要素を取り入れている、ということなのではないか。一九〇〇年前後の上流階級の女性は、「mousmé」のような出立《いでた》ちで旅行をし、その旅行記などをこの *Fémina* にも寄稿していた。しかし、繰り返すがそれはあくまで「ちょっと楽しむ」ためのものであり、これらのファッションを身に着けることで、足りない自分を補ってどんな自分になりたいか、というようなアイデンティティの問題ではなく、あくまでも上流階級の女性のおあそび、強いていうならば、そのようなことをする余裕のある上流階級の女性たちというアイデンティティを形成するのに役立っていたと考えられよう。

さらに、この後一九〇四～一九〇五年の日露戦争で日本が勝利し、日本の立ち位置が「未開の野蛮な人々」から欧米列強の一員とみなされたときには、それまで貞奴が野蛮と形容されたように、野蛮、非西洋的であると考えられたであろう mousmé の存在は、西洋の私たちから学び、欧州列強と並ぶ勝利をおさめた日本人男性を支えることができる日本女性像として *Fémina* において再構築されたのであった。

このように、フランスから日本を表象するときに考慮すべきことは以下のことであろう。『私た

ち と他者』においてトドロフが述べる私たちと他者の対立、優劣を前提とする西洋vs.東洋、成熟vs.未熟、お手本vs.生徒の関係が構築されるようになる。フランスメディアで構築された「かわいい」＝未熟な日本の女性像は、当時は、上流階級の女性が自分たちを正当化するために、文化盗用と訳すことができるであろうカルチュラル・アプロプリエーションの結果であったということができる。この時代のアプロプリエーションは、現代のファッションジャーナリスト・批評家であるメロディー・トーマス（Melody Thomas）がアフリカ系ブラジル人の社会学者であるロドニー・ウィリアム（Rodny William）の著書『文化盗用（*L'appropriation culturelle*）』を引用する形で「支配的な集団が、その生産物、習慣、伝統、その他の文化的要素の意味を、劣等な集団に所有させる抑圧のメカニズム」という説明に対応するものであるといえるだろう。すなわち、誰でもないその権限をもっていた上流階級・エリート集団が、他者に自分たちの文化を押しつけること、さらに、自分たちが優位と自認する他者集団の文化を占有することは、「抑圧のメカニズム」であったといえよう。

それに対して、二〇世紀後半からフランスを中心に展開していったロリータファッション、原宿ファッションといった「kawaii」ファッションや少女マンガなどを指すshôjoを中心とする「kawaii」日本女性像についてはどのように考えることができるのだろうか。権力的な操作が及ばない形で独自の情報をオンライン上で得た「kawaii」ファッションの実践者の証言をみていてもそのファッションを追従する動機は「私が本当の私になれる」というものであった。「kawaii」ファッションとは資本主義社会のコンセンサス、さらに近代西洋中心社会の白人男性の視線による規範的女性像を形成してきたマスメディアとは異なり、それらから一見解放されたかにみえるオンライン上で発信されたフランス（そして日本にとっても）非規範的と考えられる女性像を実現するファッションであったのである。このようなファッション、女性像が必要とされる背景として、フランスの少女マンガ出版社のデザイナーであったプシュローが筆者のインタビューで答えたように、少女マンガの読者にしても、また、「kawaii」ファッションの実践者にしても、自分の社会（メディアなど）が提言する規範的女性像の中に、自分にフィットするスタイル、女性像をみつけることができなかったことも考えられよう。そのため、マスメディアが進んで発信しなかったであろうフランスとは異なる規範の非西洋の日本、しかも日本でさえメインストリームではない「kawaii」ファッションそしてそれを身に着ける女性像をオンライン上でみつけ、自分を投影できる女性像やファッションを実践したといえる。ジル・リポヴェツキー（Gilles Lipovetsky）らが著書『キッチュの新時代（*Le nouvelle âge du kitsch*）』（二〇二三）の中でキッチュなものの事例としてかわいい文化を挙げながら、以下のように言及するところと呼応すると考えられるだろう。

伝統的な美の規範に反し、女性を従属させるものとして非難する声は後を絶たない、kawaii女性像は、日本では男女ともに人気がある、従順な女性。「女性が人形のような格好をしているからといってお人形のように扱われたいという意味ではない」と、オリンピック開催の二〇二一年までＮＨＫの国際向け放送で続いたテレビ番組『Kawaii International』の司会者、ミーシャ・ジャネットはこう指摘する。とはいえ、欧米とは対照的であることを指摘しないわけにはいかない。欧米との対比？　私たちは kawaii グラフィックやガジェットが大好きだが、kawaii という女性的理想は日本国外には輸出されていない。それは日本だけの例外なのだ。個人の自立と平等という理想と、それを糾弾すること。欧米では、子供っぽい女性像を大衆化することに成功していない。子供っぽいフェミニンルックを普及させることに成功していない。(Lipovetsky 2023: 232-233)

リポヴェツキーはキッチュなものとはコピー、ジャンク、安っぽさ、目立ちたがり屋、過剰［…］――多くのネガティヴなイメージをもたらす(同前書:7)とする。そしてまず最初に、この引用箇所でリポヴェツキーは認めていないが、「かわいい」という女性像は日本国外に様々な形で「輸出」され「伝播」されており、それは日本だけの例外でないことは、すでに本書で論じてきた通りである。どちらにせよ、リポヴェツキーが言及するように、また、本書でフランスメディアの規範的女性像を考察したように、欧米の規範には「未熟さ」を前提とするお手本となるようなかわいい女性像やファッションが存在していたとは考えられていなかったことは事実である。とはいえ各時代、社会に要請されてきたフランス社会の女性たち、「良き妻」→「自立した女性」→「強い女性」のように女性が皆そうなりたいと考えているかといえばそうとはいえないだろう。

フランス社会のフランス人女性といっても、ロカモラが「#パリジェンヌ分析」で行ったように、白人・若い・細い女性だけがいるわけではない(ロカモラ 二〇二三)。まさにインターセクショナリティを前提として考察するなら、多くの移民が住むフランスで、マスメディア、またデジタルメディアでも提言される白い・若い・細い女性といった規範的女性像以外の女性像もSNSにおける様々なグループの中ではそれぞれ発信され、フランスにおける非規範的女性たちのモデルになっていくことが可能である。フランスにおける非規範的女性像の要素の一つとしての年齢相応の恰好をしないファッションという意味での「kawaii」ファッションが自分の理想的モデルをマスメディアが提言する規範的女性像の中にみつけられなかったフランス人女性たちに、自らのアイデンティティを正当化する一装置になったと考えられるのではないか。

着用者たちは日本の「kawaii」ファッションを身に着けているのではなく、西洋の規範的ファッションコードを覆す「ファグリー（Fugly、元来はとても醜い、不愉快という意味のスラング）」とリーズ＝ロバーツに分類されていた「kawaii」ファッションから、日本の欧米ファッションの自由な異文化受容によってつくられたファッションという、その異文化受容力、アレンジ力にインスパイアを受け、自分たちのファッションのアレンジを行っていたといえるのではないか。このことは、二〇世紀初頭前後の上流階級だからこそできる気晴らしのための文化盗用という行為とは異なり、自分たちがまさに「近くて遠い同等の他者」優劣関係がない日本の「kawaii」ファッションの着用者から、アプロプリエーションではなく、インスピレーションを受けた行為といえるだろう。

しかし、それらがいったんマスメディアで紹介されたり、ファッションデザイナーによってデザインソースが取り入れられたりするや否や話は変わってくる。もちろん、マスメディア、ファッションデザイナーもみてきたように多様な立場から受容していくわけだが、そこに資本主義的かつグローバリゼーションといった権力が入るや否や、中には文化盗用と呼ばざるをえない状況も起こる、ということがいえよう。それは、日本にとってというよりも、最初にインスパイアを受けてきた

「kawaii」ファッションの実践者こそ、それらマスメディアや一部ファッションデザイナーによって私たちの「文化を盗用された」と感じることになるのではないだろうか。実際、先に紹介した『ル・モンド』の「日本ののろま（Japonieserie）」の記事に対して、本書の第3章でも紹介したフランスの「kawaii」ファッションの着用者たちは、自らのブログの中で抗議文を発信していたのである。

先にも少し記載したように、リポヴェツキーは、西洋文化を日本的に異文化受容した産物といえる「かわいい」文化をキッチュな文化の一例として言及していた。キッチュもアプロプリエーションも要は他の文化の模倣／流用、盗用とみなされる。他文化を模倣した文化はキッチュな文化か、アプロプリエートされた文化か、偽物か本物かという議論においても、結局は近代西洋中心主義の西洋vs.東洋、成熟vs.未熟、本物vs.偽物の対立を前提にしていることは二〇世紀初頭前後と何も変わらないのではないか。

模倣という行為に対して、なぜ、いまだに「キッチュ」という言葉を使ってこのように「優劣」をつけるのであろうか。山田（二〇〇二）も、「独創（オリジナル）にこそ価値があり、模倣（コピー）は許されないという価値観に縛られている」ことを批判的に議論し、「模倣を楽しむ『再創文化』の意義」を問いただしている。日本は様々な海外の文化を「摸倣」し、異文化受容しながら日本文化を形成してきた。フランスは、いろいろな文化をアプロプリエート（すなわち占有、時代、状況によっては盗用）し、それに「Made in France」のラベルをはって他国に影響を及ぼすべく、フランス文化を形成、流布してきた。同時に一九世紀末頃のジャポニスム期、そして戦後と日本文化は西洋に受け入れてもらうように提言し、アプロプリエート（占有）されやすいようにしてきたといえるだろう。特に、二〇一〇年代前半、クールジャパン戦略という政府主導の「日本」文化発信は、「芸術のための芸術」なものでなく、「経済のための文化的商品」であった。日本が経済推進のために海外に気に入られる製品を輸出しようとしたのは、今に始まったことではない。

例えば、一九世紀末のジャポニスムの動きがあった際に出版された『温知図録』がそれを示している。これは、「明治八年から一三年にかけて博覧会事務局および製品画図掛の官員が編纂し」（横溝一九九七：一三）、「当時の万国博覧会や内国勧業博覧会に出品する工芸品の製作のため、あるいは貿易拡大のために、彼らが考案して全国の工芸家に与えた図案、または工芸家が提出した図案を修正したものを、当時の画家が筆写した八四条からなる」（同前書）図案集[2]である。佐藤道信の「『温知図録』の歴史的意義」[3]によると、「欧米の需要と国内各地の地場産業を直結」するために、日本の工芸品のデザイン図案集が作られ、海外への輸出製品作成の推進がなされたとされている。この『温知図録』にみられるように欧米の需要にあわせながら、欧米に気に入られる製品を作ることで産業活性化を図ろうとする動きは、まさに、クールジャパンと通じるものだろう。

第二次世界大戦後は、また別の分脈で海外に受け入れられやすいような形で選択肢、「日本」文化を発信する必要があった。山田（二〇〇五）が述べるように、日本は過去の桎梏の歴史もあり、「妥協的外交」をせねばならず、日本文化を海外に紹介するときは、相手との関係性をみたうえで海外で「勝手」に隆盛したものを改めて日本文化として提示するなど、妥協的に打ち出す側面もあったといえる。[4]フランスは第二次世界大戦後、大国ではなくなってからも、シャルル・ド・ゴールが「大国ではないからこそ大国の戦略が必要」として他国に影響を与える「放射的外交」（山田 二〇〇五：五〇）を遂行したため、その中で大国の戦略の一つでもある核保有と同様に、フランス文化を海外に訴求させようとしてきたのである（山田 同前書）。そのため、「妥協的外交」を行う日本では海外で受け入れられたらその文化こそ、「日本」文化の代表として戦略的に押し出していく、という方向がみられたのである。

その傾向は二〇一八年、国際交流基金が大型日本文化紹介事業としてフランスで開催した「ジャポニスム二〇一八」にもみられるだろう。そこで、すでに短命文化として提示されていた「kawaii」という言葉は、プログラム内にみつけることはできなかったにせよ、選ばれたテーマは、縄文文化から浮世絵、現代アート、マンガまで、「kawaii」を彷彿させるものも含んだフランスですでに好まれている様々な文化がまとめて紹介されていたといえる。

これらの状況から、フランスにおいても、なぜ私たちはかわいくなければならなかったのか、という問いについて考えてみよう。日本の「kawaii」が必要とされる二つの理由が存在するといえるだろう。一つ目は、フランスにとっての非規範的なジェンダー像を構築し、規範的ジェンダー像に合致しない人々にもその生きざまを提供することができるから、である。そして二つ目が、リポヴェツキー(Ripovetsky）も認めているように、「キッチュな文化は創造的であり、かつ楽しさというものを提供する」とまさに「kawaii」の借用語として展開した意味と重なるが、やはり「kawaii」がキッチュという「コピー」という前提で語られ、一世紀以上たって西洋 vs. 東洋の二項対立から逃れられていない部分がある、すなわち、いまだにフランスは極東のその文化を占有する権利という優位性を付与されている、といえよう。フランスではこの二つの両義性をもった形で「kawaii」が形成され、それら両極の特徴が私たち日本に表象レベルで要請されてきたといえるのではないか。

(2)「私たちはなぜかわいくなければならないのか」について、ルッキズム、SDGsの観点から

なぜ日本においてのみならず、フランスでも「かわいい/kawaii」日本人女性像、また日本の「かわいい/kawaii」ファッションが形成されるのであろうか。現代社会は、SDGsという「誰一人取り残さない」持続可能で多様性と包摂性のある社会を目指す方向にある。「外見や身体的特徴をもとに人を判断し、差別する」という意味でのルッキズムや「ありのままの自らの身体をポジティブにとらえる」という意味でのボディポジティヴの動きも、そのような多様性と包摂性を目指す社会と連動しているといえよう。特に欧米のファッションブランドでは、多様性、正当性、包摂性を重視し、障がいのある人、プラスサイズモデルの人、様々な肌の色・人種の人などがモデルとして起用され始めている(McCleish 2022)。と同時に、そういったジェンダーエンパワーメントを商品化しようとする動きも否めない(Gwynne 2022)。ここでは、そんなルッキズムの中でも特に日本でもかわいいと連動している未熟さを伴う「若さ」信仰、そしてSDGsの中でも特にジェンダー平等という観点から考察する。

すでにみてきたように、日本の『anan』で使われてきた「かわいい」と、フランス社会やメディアで語られてきた「kawaii」では、指し示す特徴が異なっていた。日本の『anan』誌上では、この六〇年近くの間に、「かわいい」という言葉が意味するものが、創刊当時のフランス的な強さやクールさ、そこから解放された日本的な自然体の様子、そして若さを維持している大人、さらに、欧米にお

ける日本のポップカルチャーの要素としての「kawaii」という時期を経て、最終的には卒業すべきものとしての「かわいい」として、未熟さを前提とした「大人の色気」を含有するセクシーさへ、と変遷してきたのであった。

対してフランスでは、二〇世紀初頭前後には、mousmé、geisha と示された日本女性、彼女らを形容する言葉として、西洋にはない未熟性としての「かわいい（mignon）」やその派生語が存在したが、日本語の「かわいい」は当時、フランスの借用語としてフランス社会に浸透するまでには至らなかった。二〇世紀末以降は、一部愛好家の間で人気を得たマンガ、ファッションなどの日本のポップカルチャーの隆盛に伴い、日本語の「かわいい」とは異なる意味での「kawaii」という借用語が使われ、フランスの国語辞書『ル・プチ・ロベール』に採用されるまでに浸透した。すなわちフランスの「kawaii」は、日本のかわいいに対応するフランス語の mignon は含まれず、日本由来のポップカルチャーに限定されたより狭義なものとなったのであった。

この二〇世紀初頭前後と二一世紀前後以降それぞれのフランスにおいて、また、二一世紀初頭前後以降の日本とフランスにおいて、「かわいい」／「kawaii」という言葉が指し示す文化コンテンツはそれぞれ異なるものの、どちらもその前提には（フランスでは大人に達していないとみなされる）日本の未熟という特性があったと考えられる。しかし、それらの未熟な「かわいい」／「kawaii」を受容する背景は日本とフランスでは以下のように異なると考えられよう。

未熟さを内包する日本の「かわいい」は、本書でも様々な言説をみてきたように、日本の男性中心主義社会の中での受動的かつ能動的というどちらの意味においても、女性の生き延びる術としてみなされているといえるだろう。

受動的という意味でいうならば、規範的ファッションなどを身に着け、男性に受け入れられやすく戦術的に（いくつになっても）「かわいく」未熟であることで、強さを表に出さず男性中心の社会を世渡りする、という意味で受動的な女性の生き延びる装置となっていたといえるのではないか。

他方、能動的という意味でいうならば、原宿のストリートファッションなど社会の規範にはそぐわない極端なスタイルとしての「kawaii」スタイルを身に着けること、またそれまで男性、そして目上の人から言われる立場であった「かわいい」という言葉で男性中心主義社会のすべてを形容することで、積極的に自分たちの世界に閉じこもり楽しさを享受している。このように社会の規範を追従するときも、また規範からはみ出るときも、日本においては未熟さと結びつく「かわいい」が用いられていたのである。

フランスではどうか。二〇一四年一〇月四日に放映されたフランスとドイツ合弁会社Arteのテレビ番組『プリンセス、ポップスターと少女パワー』（Arte 2014）では、一五歳になるとそれまでかわいがられたスターも大人になれ、といわれるなど一〇代半ば以降は未熟なかわいい少女から卒業するようにメディアに仕向けられていた様子が放映された（高馬 二〇一八）。

また、フランスで美容医療など若さを保つことはあっても、先にリポヴェツキーが述べるように、大人が「かわいい」（未熟な）恰好をすることは公の場では認められていないといえる。そのようなフランスの文脈において、若さという意味でのかわいさや強さと結びついた提言はされるが、未熟さと結びついた規範的女性像は存在しないのである。日本の未熟さを背景とするかわいらしさからインスピレーションを受けた文化、ファッション、そして女性像は、フランス社会においてそれまで規範的女性像を受け入れられないと感じていた人々に向けて理想を提供することになったといえるだろう。日本人女性像はそういう意味で、フランスには存在しない女性像を提言するからこそかわいいものでなければならなかったと考えられる。それはすでにみたように、フランスで様々な行為者にインスピレーションを与え、そしてアプロプリエーションされながら、フランス文化に属するようになっていった。このように、日仏それぞれのコンテクストにおいても日本人はかわいくあることで、時代を超えて日仏の女性にとって現状を生き抜き、「たのしさ」という束の間の現実逃避の場を提供する装置となっていたといえるだろう。

『ファッションと身体』を著したエントウィッスルが「衣服を着るという行為は個人的であると同時に社会的でもある経験」（エントウィッスル 二〇〇五：一七）と述べるように、個人的に個性を出そうとするときも、そして社会的に受け入れられたいと思うときにも、衣服を選択し、着用するという行為を通しての「かわいい」の実践が行われていたといえるだろう。

また、現代の日本社会において、「かわいい」は女性だけのものではない。筆者の本務校のゼミでカワイイ男性像について研究をした石川結貴は「現代日本社会における〈かわいい〉男性像の構築」（二〇二一年）で、日本における〈かわいい〉男性像がどのように構築されているのか考察している。特に先行研究として、大石さおりら（二〇一三）は、伊藤裕子（一九七八）の性役割観の測定尺度の研究調査の結果作成された現代日本社会における男らしさの尺度には、「かわいい」は含まれていなかった（大石ら 二〇一三：六五－六六）ことを指摘している。また、石川は、一九六〇年代から二〇一〇年代後半までのマスメディア時代の〈かわいい〉男性象の変遷について、大宅壮一文庫雑誌記事索引検索で調査を行っている。その結果、一九八〇年代は「ノンノ男性研究 今『かわいい』男たちBEST50 ※読者1000人のアンケートより」(『non-no』一九八一年七月五日号)に代表される記事が出始めてはいるものの、読者全コメントを分析したところ〈かわいい〉が含まれているものは一九・四%にとどまっており、「かわいい」男性像はメディアで紹介され始めたが、まだ主流でないことを指摘している(石川 二〇二一)。

石川の調査によると、「かわいい」男性像に関する記事は、石川の調査によると、引き続き一九八〇年代は七記事であったのに対し、「私たちかわいい男の子から目が離せない! 見ているだけでなんだか幸せ。気になるあのタレントから街角の美少年まで」(『MORE』一九九七年九月号)特集と「今、1番かわいい男の子」(『CREA』一九九八年五月~一九九九年一〇月号)特集がでるなど、一九九〇年代は三七記事と約五倍に増加しているとする(石川 二〇二一)。このように一九八〇年代と比較すると一九九〇年代は〈かわいい〉男性像が構築され定番化したこと、また、一九九〇年代の特徴として〈かわいい〉男性像の多様化が始まったこと、また、一九九〇年代の特徴として「ダメかわいい男」や「フェミ男」など〈かわいい〉男性像が特にテレビなどのマスメディアを通して形成され、定番化されたことを石川は指摘する(石川 二〇二一)。二〇〇〇年代の特徴としては〈かわいい〉として特集される男性の年齢層が多様化したことを石川は挙げている(石川 同前書)。

興味深いのは、この調査結果がすでに前章で分析した女性誌『anan』の「かわいい」の女性像と類似していることである。一九八〇年代初期、『anan』の女性像も『non-no』の男性像も表示するモデルを「かっこいい」から「かわいい」へと変更させていた。その様子は時代の変遷とともに強化されるが、二〇〇〇年代は同じように年齢層が多様化し、成熟年齢の男女が「かわいい」と表象されているのである。それまで欧米文化を目指してきた日本にとって、八〇年代、到達不可能な西洋的美としてのかっこよさを中心的に追い求めることだけではなくなったのではないか。それ以上に、日本の経済成長とともに世界的にも超大国として君臨した時期の日本は自信を取り戻したことを表す日本的な美意識である無理のない自然体の「かわいらしさ」をメディアが映し出しながら男女ともに提示していた、といえるのではないか。

二〇〇〇年代は、女性像のほうは「大人かわいい」的な表象へと進む傾向もみられるが、それに呼応するように男性像のほうは、石川も調査しているように、様々なメディアにおいて「継続して〈かわいい〉男性として特集される男性の年齢層にも幅がある」（石川 同前書）のである。そう考えると女性も男性も、幅広い年齢層に対して「かわいい」像が社会に求められてきたといえるだろう。

その後二〇二〇年代はさらにＳＮＳの発達によりマスメディアのみならず、セレブリティーも、一般人もだれもが自分の考えや（時には加工した）写真を投稿できるようになり、またＳＮＳマーケティングにより、マスメディアより消費者に「自然」に深く情報にアクセスできるようになった。フォロワーのみならず、セレブリティー、アーティストである男性自身が自分のことを「かわいい」と称するケースも増え、「かわいい」男性像は特にＳＮＳ上でさらに構築されるようになった。「ノンバイナリー」「多様性」「インクルーシブ」などの言葉の流行とともに、ファッション業界、化粧品業界も化粧品、メイクの広告に男性モデルを起用し、ファッションブランド、ファッションメディアなどファッション、化粧をジェンダーの境界を溶解させながらノンバイナリーに提言している。そのような時代に、ノンバイナリー、女性的な男性ファッション、メイクアップする男性像やＬＧＢＴ像も、自己および他者の視線によってかわいいという言葉で構築されていく傾向がみられるのである。

それを反映してか、二〇二二年から二〇二四年にかけて筆者のゼミで「日本の若年男性における『男らしさ』の考察――男性ファッション誌『FINEBOYS』を事例に」を執筆した戸恒郁海は、昨今の「推し」ブームとも相まってか二〇二二年頃から女性への「モテ」を意識させる理想的男性像を構築するために「かわいい」「エロかわいい」といった言葉が使用されるようになった（戸恒 二〇二四）と指摘する。また少女マンガの中でも、かわいい年下男子が大好きな女子高生を主人公とし、「かわいい年下男子」との出会いを描いた春藤なかばの『カワイイなんて聞いていない』（講談社、二〇二一年）のように、主人公の女の子ではなくその恋愛対象の男性を指してかわいいという少女マンガもみられる。これも男性の「かわいい」化があたりまえのものとして表象され、社会に提言されている状況の一例である。このことはジェンダー平等の現れとも、狭義の意味での規範的女性像、男性像から解放された多様性を包摂する行為といえるのかもしれない。ただその結果、男性に視線を投げかけ「かわいい」ということで、ルッキズム的視線に悩まされてきた女性たちがそれから解放されようとしていると同時に、裏をかえせば今度は男性が女性からのルッキズム的視線の呪縛に陥ること、またそれによって「規範に対する不安」を植えつけられ消費が促されるという危険性も懸念されるのである。

自分の身体を放棄し、アバターという他者の身体を選択するゲームなどバーチャル空間では、そのような傾向がさらに加速させられる。筆者のゼミ（二〇二三年度）でバーチャル空間のアイデンティティをテーマとしていた影山・高橋の研究によると、『バーチャル美少女ねむのソーシャルVR国勢調査二〇二一』から、ゲームなどのバーチャル世界においては「バ美肉（バーチャル美少女受肉）」のように女性のみならず男性も美少女のアバターを選ぶことが多いことが明らかになったが、理由をコミュニケーションを潤滑にするためと指摘する（影山・高橋二〇二四）。

また一例として、コロナ禍に話題になったゲーム『あつまれ どうぶつの森』のアバターもみなかわいいイラストで、そこでは日常と変わらないファッションから様々なハイブランドのバーチャルファッションを身に着ける（Koma 2023）。これまで「卒業すべきかわいい」「B級文化」「短命文化」と様々な立場から議論されてきた「かわいい」だが、包摂的、多様性が謳われ、デジタルメディア、バーチャル空間の発展も相まって、一九八〇年代の「かわいい」論者の予言通り、日本では男女問わずみなかわいらしさを求めることが許される、と同時に強要される時代になってきているのではないか。デジタル空間であれば、誰もがかわいらしさを享受することがさらに許される、ということもジェンダー平等、多様性を推進する行為になりうるだろうか。

他方フランスでは、考察してきたように一部の人々がオンラインという空間に集い「kawaii」スタイルを実践しているが、それは未熟性というよりも子供の頃の「楽しさ」といったものを意味しているといえるだろう。また、ファッションメディアにおいては、一時的に例えばハローキティをファッションに取り入れる著名なインフルエンサー、モデルがいたとしても、それはセクシーや成熟さ、強さと組み合わされる。ハローキティのように「ピンク・グローバリゼーション」（Yano 2013）

したハローキティは「文化的無臭性」（岩渕 二〇〇二）なものとして「かわいらしさ」が受容され、グローバル化を装いつつも、結局はアプロプリエーションといえよう。また、どちらかというと、リーズ＝ロバーツが指摘した「ファグリー」的なものとしてのキュートさが伝統的美を覆し、新たなファッションを生み出す原動力となっているといえるのではないか。

フランスにとって「kawaii」はリポヴェツキーが述べたように、フランス（のメインストリーム）にはそもそもなかったことからも、フランスの規範的女性像にあてはまらない人にとって、彼女・彼らたちが内側にもっていたが認められなかったものを解放させる役割がある。と同時に規範的ジェンダー像を作っているハイブランドのファッションの享受者やメジャーなファッションメディアにとっては、二〇世紀初頭前後の上流階級の人々と同じように、それはちょっと楽しむために享受・占有されるものであり、それが文化盗用の議論にも結びついているといえるのではないか。

そして、先に指摘した「バ美肉」の現象はフランスのジャック・シラク・ケ・ブランリー（非西洋作品を収集する美術館）で二〇二〇年に"Desired Identities - New Technology-based Metamorphosis in Japan"（望ましいアイデンティティ――日本の新しいテクノロジーによるメタモルフォーゼ）というオンラインシンポジウムで取り上げられた。すなわち、このようなバーチャル空間におけるジェンダーの垣根を超え表面的なかわいらしさを前面に出したアバターの存在も、非西洋、すなわち、私たちではない他者としての日本の「民族的な一面」として、認識、紹介されていたのである。

ここで、本書の問い、私たちはなぜかわいくなければいけなかったのであろうか、について考えてみよう。

まず、日本において、「かわいい」は、その規範的社会の中で生き延びるための装置であったといえるだろう。かわいいが形容するものは時代や場所によって変わってくる、とはいえ、基本的にはかわいらしさとは規範的なものであると同時に、規範から外れたものにもなりうるものである。そして人から愛され認められるために、女性、さらには男性も「かわいく」あることを要請されるのではないか。

フランスにおいては、規範的ジェンダー像から外れた人々が、社会と戦うための弱者の戦略として、周りから非規範的といわれる未熟さを含有する「かわいさ」を求め、社会規範と異なっても「私が私でいる」ことを明示するための装置として提供された。そしてラグジュアリーブランドなどメインストリームの文化を享受する人には、「ちょっと楽しむ」スパイスとしてミシェル・ド・セルトー（Michel de Certeau）がいうところの戦術的なやり方で[5]、それらブランドにアプロプリエーションされることでその存在をフランス、さらにはグローバルに浸透させていく、ということも意識的もしくは無意識的かは別として、結果的には考えられる可能性もあるのではないか。どちらにしても、日本の元来の意味での「かわいい」という特徴が選択され、社会の要請する規範的女性像がしっくりしない人々に新たなモデルを提供するために、私たちは「かわいい」という存在を引き受けてきたといえるのではないか。

2. 超域文化としての現代「日本」文化の形成と伝達――フランスにおけるkawaiiの受容を通して

本書では、フランスにおける「kawaii」について隆盛当初の日本文化に関心ある学生の言説、新聞世論における言説、そしてかわいいファッションめぐる着用者、ファッションメディア、「kawaii」をデザインソースとしたファッションデザイナーによる創作に対する言説、またフランスメディアで一九世紀から現在まで継続的に構築されてきたかわいい／「kawaii」女性像をめぐる言説を検討した。

それにしても、フランスで「かわいい」が日本、そして日本女性の特徴として選ばれ続けるのはなぜなのだろうか。無論、日本には他にも文化的特徴があるにもかかわらず、かわいいという特徴がフランスで根づくのは、日本文化がかわいいという特徴をもっているからなのか、両者間の根底に存在する成熟vs.未熟という視点で、数多くある日本を形容する特徴からフランスが敢えて「かわいい」を選択しているのではないかという疑問がある。二〇世紀末以降の若者向けのマンガ・アニメやファッションなどに代表される日本のポピュラーカルチャーに関しては、フランスより日本のほうがよりコンテンツが充実していたことによって、それまでディズニーなどアメリカ文化の受容以外は大人の文化で代用する傾向のあったフランスにとって新しい選択肢が増えたことも大きな要因ではあろう。[6]しかし、それでもこのように外国の文化の一特徴を選択し取り入れるのは、すでにその国に抱き慣れ親しんでいるイメージに基づいている、ということもいえるのではないか。フランスにおける「日本」文化の特徴として、かわいい以外に、よく取り沙汰される特徴の一つとして「暴力」がある。フランス社会における日本文化としての「かわいい／kawaii」がいかに根づいていったかを考えるために、まずこの「暴力」を事例にフランスにおけるステレオタイプ的イメージの構築をみていきたい。

(1) フランスにおける日本のもう一つのイメージとしての暴力性がフランス社会に百科事典的知識として根づくまで[7]

「kawaii」のほかにフランスにおける日本のファッションとして研究も多くあり注目されたのは、一九八三年にフランスで「日本現象」と名づけられた川久保玲、山本耀司のファッションスタイルである。このファッションを仏全国紙は通常ファッションを語る言葉としては使われない「核による大惨事」「黄禍」「侵略」「生き残り」、そして「愛のないヒロシマ」でも表現した。

同じファッションが日本の新聞では取り上げられても、成功、注目されたという日本の新聞から評価がなされていた。しかし、フランスでは、日本の新聞とは異なり、暴力を表す「愛のないヒロシマ」などの表現をフランスのメディアはなぜ用いたのか。なぜ能動的暴力である侵略、ある意味受動的なヒロシマという表現を使わなければいけなかったのか。暴力とファッションには何も関係がないので、フランス人読者が日本と関連づけながらこの言葉を自分で解釈することを前提にして使われているとはいえる。

一九八〇年代という状況を考えたときに、侵略という言葉を用いられる背景として、一九八〇年代の日本の経済的世界進出と、それに対するジャパン・バッシングが挙げられる。また、ヒロシマという言葉はその名の通り、ヒロシマ、長崎の原爆投下を容易に喚起できる言葉となっていた。読者の読みの順序を考えていくと、愛のないヒロシマと日本人デザイナーとは何の関係があるのかとまずこの記事をみて思うだろう。このデザイナーは日本人である、日本とは、と読者の百科事典的知識を使って思い浮かべると、日本は唯一の被爆国で暴力を受けた国という固定観念が浮かび上がる。それゆえ、このデザイナーは私たちフランス人とは違う、日本人だからこそこのような原爆の生き残りのようなドレスをつくったのだ、と、事実であるか否かはともかく、「論理的」に納得できる解釈的説明を構築できるように、この暴力に関するステレオタイプが使われたと考えられるのである。[8]

アリストテレスは『弁論術』の中でその人が言ったことが本当らしいものであると信じさせるための論証に必要な根拠として、パトス、ロゴス、エートスという三つの概念に言及した。ステレオタイプとは、リップマン（W. Lippmann）によると、「一つの叙述を現実へと媒介するコンセンサスのとれたイメージ」であり、ステレオタイプは社会生活に必須なものであり、それなしでは諸個人は現実を理解することも分類することもまた現実に働きかけることも不可能であるとされている（Lippman）。まさにこの聴衆によって正しいと信じられたドクサ（世論、一般的意見）を構築する要素とは、事実そのものではなく、アモシー（R. Ammosy）が指摘するように言説の諸形式に鋳造されたトピカ（論点、観点）を構築するもので、紋切り型の考え、格言、ステレオタイプである（Ammosy 1997）。

一九八〇年から一九九三年のフランスの新聞、雑誌の分析を通じて表れた日本のステレオタイプについて分類、分析した代表的論文に、ジャン＝ポール・オノレ（Jean-Paul Honoré）の「日本贔屓から日本嫌いへ。新聞雑誌という大衆普及装置における移り気なステレオタイプ」（De la nippophilie à la nippophobie. Les stéréotypes versatiles dans la vulgate de presse）がある。そこで、オノレは分析の結果からフランスのメディアによく表れた日本のステレオタイプを力（Puissance）、秩序（Ordre）、神秘（Mystère）、洗練（Raffinement）、厳格さ（Rigueur）、実用主義（Pragmatisme）、過去（Passé）、現代性（Modernité）のように八分類した。

この下位分類として、文や語彙素の網が存在するが、必ずしも明示的な形では表れない。

さらにオノレは、この中立的概念である八分類は、発話状況によって以下のように日本贔屓のステレオタイプ、もしくは日本嫌いのステレオタイプへと価値転換が行われるとする。日本に関する事柄が肯定的に表象される文脈においては、先の八分類は日本贔屓のステレオタイプ、すなわち、エネルギー（Energie）、コンセンサス（Consensus）、精神性（Spiritualité）、美（Esthétique）、信義・敬意（Honneur）、柔軟性（Souplesse）、伝統（Tradition）、革新（Innovation）へと価値転換が生じる。

同様に、日本に関する事柄が否定的に表象される文脈においては、八分類は、日本嫌いのステレオタイプ、すなわち、暴力（Violence）、順応主義（Conformisme）、秘教主義・難解さ（Esotérisme）、なよなよした態度（Mièvrerie）、精神異常（Aliénation）、裏表のある態度（Duplicité）、懐古主義（Archaïsme）、文化的同一性の消滅・伝統文化の放棄（Déculturation）へと価値転換が行われるとする。

ヒロシマという日本にとって受動的な暴力のステレオタイプは、ＢＵＴＯとしてフランスでもよく知られる舞踏集団である山海塾の舞台にも表れている。この舞台は一九八〇年代から今に至るまでフランスでも上演されており、高い評価を得ている。これについて、オデット・アスラン（Odette Aslan）が「舞踏」（Butô（s））という著書の中で以下のように述べている。

舞踏の成功はもしかすると誤解に基づいているのかも知れない。解読しがたい身体言語を前にしたヨーロッパ人の集合的無意識の中に、遅まきの罪の意識（広島、長崎）が芽生えたのかもしれない。不可解な記号を前に、西欧人は意味を述べる。白くゆがんだ顔、破片が点在し、痙攣した裸体、これらは、西欧人の精神にとって原爆によってしか着想を得られないものであった。死の永劫回帰と再生は、核災害の後の世界の終わりだけしか喚起しえなかったのである。（Aslan et Picon-Vallin, 2002: 24）

また、フランスで日本のマンガは多く受容されているが、その中でも比較的初期に発表された広島の原爆を題材としたマンガ『はだしのゲン』は一九八三年に翻訳版が出版された。またその暴力性ゆえにフランスの政治家セゴレーヌ・ロワイヤルから批判を受けた日本のアニメに属している『北斗の拳』も一九八〇年代にフランスのテレビで放映されており、フランスで人気を博した日本のマンガやアニメ中でもこのような暴力的な内容を有する作品がフランスメディアに選ばれているということも窺えるのである。

表象とアイデンティティとはいかなる関係があるといえるのか。

アイデンティティとは現実ではなく、他者と自己によって永遠に解釈され、構築される表象であるということ。そして、私たちとは違う他者との関係によって形成されるものであるということ。そして、その他者というのは、このトランスナショナル・コミュニケーション時代において、必ずしも同じ言語文化を共有しない他者であり、その他者と自己の視点が交差するところに形成されるものであるということ、様々な他者／自己によって表象される「フランス」＝フランスとしてのアイデンティティ、すなわち「フランス」としてみなされるのである。

このような表象、すなわちアイデンティティを形成するのは、一定の時空間で条件づけられた言説を通して形成された表象であり、社会歴史的に決定づけられたコミュニケーション行為の形跡がいわゆる「知識なるもの」「文学というもの」「フランスというもの」「日本というもの」を形成するのである。

また、フランスの借用語になった日本語の暴力表現としてカミカゼがある。一九六一年に初めて『ル・モンド』で使われてから、日本の内容以外のことを示すために使われる。例えば、借用語としてイスラム国のテロを指す言葉として、また大統領選挙にこれから突入するというような意味でもカミカゼモードという言葉が使用される。そこに日本との関連性はないにせよ、このカミカゼという言葉が使われ続けることでフランス社会において日本の悲劇的で暴力的なイメージがさらに根深く強化されていくことにもつながるのである。

フランス式の表現の自由は、アメリカ式と違い隣人への考慮をしない考え方だ（人種差別的表現、特に反ユダヤ主義的表現やホロコースト（ユダヤ人の大虐殺））とパリ政治学院のファブリス・イペルボワン教授は述べている。このように、ホロコースト関連、人種差別以外は他者の気持ちはお構いなしでいろいろなことを書くという姿勢は、今までみてきた日本のファッションをヒロシマの生き残りと表現する背景も示していると考えられるのである。遠い他者としての日本、そして私たちとは違う日本については、読者の百科事典的知識が読解を可能にするステレオタイプが、躊躇なく使用されるといえるのではないか。

このように、異文化間で構築される表象≠「現実」として、時空間に条件づけられた言説によって構築されたものであるということ、また、世論：真実らしいもの（le vraisemblable）と信じさせる、説得するための装置としてステレオタイプが存在する。日本に関しては暴力というステレオタイプが存在し、その結果、日本＝「暴力的な国」というイメージがより根づいていったということが指摘できるのである。

（2）フランス社会における「かわいい／kawaii」

暴力が日本社会の特徴としてフランス社会に根づいていき、それが繰り返し日本とは関係のない文脈で使用され日本のイメージを強化するものとして、日本＝暴力以外にも、前述のように「洗練のステレオタイプ」（Raffinement）というものがある。本書の検討課題である「かわいい」についてはこの「洗練のステレオタイプ」とも関連づけられるといえるのではないか。

というのも、先に挙げたオノレ（Honoré）（一九九四）が示した日本に関する八分類のステレオタイプの中に「洗練」を挙げているが、それが否定的な文脈で使われるときは、「なよなよした態度」といった miévrerie（[美しさなどがとってつけたような]わざとらしさ、あまったるさ『ロベール仏和大辞典』）という意味で定義された言葉が使われるとしているのである（Honoré 1994）。オノレも、「（『お菊さん』の刊行）当時、多くの読者が、以下のような形容詞や名詞が体系的に使われていることに気づいた。ロティが日本を描写する際に参照した基本モデルは 人形、小さなもの、かわいらしく、おもしろいが、取るに足らないもの」（G. Siary 1987 : 164-165. Honoré 一九九四による引用）であると指摘し、『お菊さん』由来の「卓越した『小さな国』」として日本がフランスメディアで表象されている傾向を指摘している。

自分たちとは異なる外国の事象をメディアが表象する際に、海外でよく使われるステレオタイプ的表現にあるサムライについて、「日本人が『サムライである』と言うのは危険だが、日本人が『サムライである』ことを否定することはできない」とし、「ステレオタイプを、一方では個人的あるいは社会的倒錯としてではなく、あらゆる集団間状況における相互表現に内在するメカニズムとして解釈するならば、いくら『政治的に正しい』言説を展開しても、異民族嫌悪的な口調で決まり文句を注意深く指摘しても（この活動が時折どんなに好ましいものであったとしても）、素朴で悪名高く誤った、あるいは近似的な 日本の表象を変えることはできない」（Honoré 1994）と述べる。

少なくとも「ステレオタイプ化のプロセスそのものを考慮する必要がある」とするとしながら、このように、単純化した構図を用いて表象するということは、「異文化間表象の慣性の力」とし、それこそ、「本質的な不完全さともろさを日本に帰属させたいという漠然とした願望」なのだと指摘する

(Honoré 1994)。

このように、未熟な「かわいらしさ」とは、本書でも指摘し、また上記にあるように、二〇世紀初頭前後に「甘ったるさ」を含有する「小さな国」と評された日本が、二一世紀初頭前後のポップカルチャーブームという出来事がフランスで起きた際に、それをいかに説明しようかと考えた中で、すでにフランス社会において日本に関する限定された百科事典的知識の中にあった表現として選ばれた「甘ったるさ」「かわいさ」また（西洋の女性の成熟さには達していないという意味での）未熟さであろう。そして、フランスで二一世紀初頭にポップカルチャーが隆盛したときに「kawaii」という表記で繰り返し、日本のみならず様々な対象を形容するのに使用することで、より「かわいい」という語が日本を代表する言葉として根づき、辞書にエントリーされるまでなったといえるだろう。

しかし、オノレも極端な事例として挙げていた、「日本人が『サムライ』である」と言うのは危険だが、日本人が「サムライ的である」ことを否定することはできない」というように、日本を「かわいい」という一言で説明するのはやはり「事実」とは違うのだが、フランスという視点からフランス社会に根づく価値観で日本をみたときに日本が「かわいい」国であることを否定することはできない、ということなのであろう。文化が越境することで他者の文化背景の中で、解釈、受容され、その二か国の力関係が反映された形（キッチュもしくはアプロプリエーション）としての「異文化間表象の惰性」も生まれる中で、他者の文化を自己のものとして占有していくことは、一見同じ文化現象を共有しているようにみえて、フランス・日本における kawaii ／「かわいい」のように必ずしも同じ意味を有していないこともある。アメリカ文化などグローバル文化として均質化を目指す越境文化については、同じ意味を共有できるにせよ、少なくとも、本書で取り上げた「かわいい」といった海外、フランスに伝播した非西洋の日本文化である越境文化にみられるずれに関しては異文化間の相互理解を妨げる危険性も孕むといえるだろう。

「かわいい／kawaii」という言葉が占有され、また現状一九世紀末の『お菊さん』にはじまり現在まで続く西洋（成熟）vs.東洋（未熟）という二項対立が、フランス社会における規範的文化の中で支配的に、または非規範的文化の中で弱者をエンパワーする装置としてと様々な文脈で用いられた。さらにはフランス語の借用語として辞書に採用されることでフランスにおける日本を表す言葉の一つとなった。このように、日本人で私たちそれぞれが感じる「日本」文化の特徴とは別に、外国の限定的な出来事や視点から構築され繰り返し使用されてきたかわいい／kawaiiがフランスというコンテクストにおいて「日本」文化として構築されていったのである。

注

1　https://artscape.jp/artword/5754/（二〇二四年八月一〇日閲覧）

2　『温知図録』については、広島大学・伊藤奈保子准教授から示唆をいただいた。心よりお礼申し上げる。

3　「西欧のジャポニスムコレクションに工芸品と浮世絵が圧倒的に多いことが示すように、日本美術に対する西欧の関心と嗜好は、工芸品と浮世絵に大きな比重があった。そのため殖産興業による美術振興も工芸品に重点が置かれていくことになる。（中略）西欧美術を移植、吸収して創出された（中略）美術は、当の西欧ではむしろ日本の「伝統」の喪失と受け止められた傾向が強かったため、ジャポニスムコレクションにはほとんど含まれていない。そもそもここでの美術は、輸出を目的としたものでもなかった。（一二五－一二六）、「このほか、伝統的な書画が西洋式の額装での出品が義務づけられたこと等も、ことさらなまでに西洋式に同調させようとした努力を示している。（中略）、万博、内国勧業博覧会、地方博覧会を、二重三重のトランス装置として機能させることで、欧米の需要と国内各地の地場産業を直結させたのである（一二七）。」（佐藤道信（二〇〇四）「『温知図録』の歴史的意義」一二二ー一三九『明治デザインの誕生：調査報告書「温知図録」』国書刊行会）。

4 廣田が指摘するように、国際交流基金の海外文化発信においても、欧州向けには伝統文化などの日本らしさを特徴とする文化を紹介するのに対し、近隣のアジア圏では協働作業によって一緒に文化を作り出すような動きもされていた時期もあった（廣田二〇一八）。

5 ミシェル・ド・セルトーは『日常世界のポエティーク』の中で、「ある意思と権力の主体が、周囲から独立してはじめて可能になる力関係の計算、操作」という戦略と「自分の固有の空間を持っていない状態で、しかし計算された行動によって何とかそこで生きたり、障害を切り抜けたりする」戦術について議論している（セルトー：一九八七）。

6 日本のマンガがフランスのバンドデシネ文化に影響を与えているという見解もある。バンデシネ史を専門とするフランス国立図書館のオリビエ・ピフォーは、論考「ジャンルの交雑」において、その「交雑の一つ」としてバンデシネの「ジャポニゼーション」が起こるようになったと指摘する（高馬二〇一八：一七〇）。しかし、社会学者クリストフ・エバンスが指摘するように「manga は制度的読書の外側に、一般的には親とは共有されない、西洋文化の外側に位置づけられる」とも指摘され、周縁的な位置づけであるという見解もある（同前書：一七一）。

7 フランスにおける暴力性という日本のイメージに対する言及については、高馬京子『日本とフランスにおける日本人ファッションデザイナーの表象：日仏新聞記事（一九八一ー一九九二）』（二〇〇六年大阪大学博士学位論文、ヴィータスタスマグヌス大学出版局二〇〇九年）を基とし、明治大学情報コミュニケーション学部二〇二一「学際研究ラボ」で筆者が発表した内容「フランスメディアで語られる他者・暴力」を元に加筆修正しまとめたものである。

8 僕の服には国籍がないと思っていた。存在しない人のために仕事をしていたのだ。日本人でもフランス人でもアメリカ人のためでもなく。僕の服は国籍をもっていないはずだった。しかし、僕がパリにきたとき、わかったんだ。何度となくいわれたよ。あなたは日本のモードを紹介していると。ぼくはこの考えに戦った。僕は日本のモードを紹介しているわけではない。まさに戦いだった（山本耀司のドキュメンタリー映画 *Carnet de notes sur vêtements et villes* のインタビューの抜粋）。

また、最も、ステレオタイプを使って表象されたコムデギャルソンのデザイナー、川久保玲は、ドリーヌ・コンドーによるインタビューの中で、以下のように答えている。

コンドー「美意識について少し細かく伺いたいのですが……外国では、とかく日本独自の美意識について言われますね。侘びとか寂びとか……あなたの作る服は外国人記者にどのように見られていると思いますか」

川久保「あなた、侘びとか寂びとか感じる？　日本に？　それが日本にしかない……何かで、あなたの国しかないものだとしたら、そんなもの、感じることできる？」

コンドー「いえ、でもたぶん、どこかにはあると思いますけど……」

川久保「そう、でも私は特には……感じないわね。そんなもの、私には必要ないのよ」

コンドー「侘び寂びで解釈する人もいます」

川久保「そういう伝統的な文化って、学校時分に習ったわね。教えられたから。歌舞伎、みたいなものね。小学校の頃、一度だけ」（ドリーヌ・コンドー「オリエンタライジング」『問いかけるファッション』せりか書房、二〇〇一：一八八）。

結論にかえて

本書では、二〇一〇年前後フランスを中心に「kawaii」文化が一部の着用者の間で隆盛したことを機に、「かわいい／kawaii」についてファッションとジェンダーを中心に様々な角度から検討していった。デジタルメディアの発達した現代情報社会において、いかに「日本」文化がフランスで受容されていったのか、フランスで二一世紀になって初めて「kawaii」文化が受容されるようになったのか、その前にはなかったのか、そもそも日本において「かわいい」文化とは何なのか、日本の「kawaii」を受容する背景としてフランスの規範的女性像、美の基準とはなにか、私たちはなぜフランスでも日本でも「かわいい」存在でいなければならなかったのか、越境文化としての「かわいい」が示すものは何なのか、について調査し本書で論じてきた。

日本政府まで巻き込むことになった二〇一〇年前半の「kawaii」ブームも落ち着いた今もなお、フランスでは辞書に採用され借用語となった「kawaii」という概念はフランス文化の中に新たな意味を有し占有されている。また、多様性が叫ばれ、デジタルメディア、ヴァーチャル空間が様々な展開をみせる中で、今日、日本のコンテクストでも女性だけではなく、男性に対しても「かわいい」という言葉がさらに使われるようになっている。そして、筆者が本務校で二〇二四年度担当した授業において、国内外の学生さんに「日本のファッション」と言って、思いつくものは何かと尋ねると、きものと同様に「kawaii」ファッションが、いまだに多く指摘されていた。

多様性が謳われる今日、特に欧米では、様々な人種、体形、年齢、また障がいのある人など「若くて細くて白い白人女性」ではない女性像がファッションブランドの広告に起用されるようになり、また、さらには特に東アジアを中心に男性モデルが女性の化粧品の広告やファッションメディアの表紙に登場するようになったことも昨今の傾向として見て取れる。リーズ＝ロバーツも述べていたように、いくつかの欧米のファッションブランドをみていても、今までのエレガントな美の基準に属さないものである「かわいい」も含めて「ファグリー（非常に醜いもの）」とされるものがファッションの新しい価値観を構築しているという考察も存在する。また、韓国のポップスターがアメリカのビルボードチャート一位をとるという状況をみていても、もはや、近代西洋中心主義的な「若くて細くて白い白人女性」だけがメインストリームに据えられる時代は終わったかのようにみえる。

しかし、本当にそうであろうか。

本書でも論じたように、ファッションメディアにおけるインタビューの記事であったり、多様性の尊重を提示しようとしているファッションブランドは様々な体形、肌の色、年齢も幅広い女性を起用することがあっても、ファッションやメイクを打ち出すページでは、やはり「若くて細くて白い」女性がモデルとなる傾向もみられ、さらにはロカモラの研究にもあるように「＃パリジェンヌ」として検索すると「若くて細くて白い」女性の写真ばかりがでてくるということが明らかになったのであった。またＵＫ版 *ELLE* にカーブモデル（プラスサイズモデル）であるオーストリア出身のジャスミン・ジーが「私たちは多様性ノルマ達成のためにいるわけではない！」という記事を寄稿している（二〇二三年七月六日公開）。通常のモデルを起用しつつ、多様性を感じさせるモデルも起用するという事例も多いが、実際はこのジャスミン・ジーも指摘するように、「実際店頭では私たちのサイズ展開がない」というなど、まさに多様性を重視していることを示すだけとも見てとれるモデルになっている傾向も見受けられるのである。前述したように、ファッション業界には確かに西洋近代中心主義的なジェンダー規範から外れた多様性、包摂性を映し出す動きがみられるものの、それによる「ジェンダーエンパワーメントの商品化」（Gwynne 2022）という流れも否めないという状況もみられるのである。

今回論じてきた非西洋のアジアの一国である日本の「kawaii」スタイルの表象は、多様性を彩る一つであるとしても、それはメインストリームの文化としてではなく、フランスという西洋（成熟）の文化には存在しない日本（未熟）のスタイルとして形成されていたのであった。多様性を重視する社会においても、それ自体はメインストリームではなく、サブカルチャーとして受け入れられていたといえる。それがフランスのブランドに占有されフランス文化として占有されたとき、いわゆる「ファグリー」的な意味で伝統的西洋の美の概念を転覆させる力をもち、メインストリームとしてのフランスの一過性のファッション流行の一つとなり、また消費を促す力にもなる、と同時にまた「占有」されているといえるであろう。フランスに日本の「かわいい」という新規性を占有してもらうべく提示するために、また、フランスの規範的女性像にそぐわないフランスの多様な女性のためにこそ、私たちは「かわいく」なければいけなかったといえるのではないか。

また、日本社会において、社会に従順でいて愛されるため、また自分たちのテリトリーで自己を打ち出すためという両義的な意味を担い日本社会で生きていくために、私たち日本人は備わった身体特徴からもほぼ到達不可能な西洋基準の美しさから離れ、ファッションに頼りつつ自然体でかわいくいることも重要であった。私たちは、長きにわたって「かわいいから卒業」「かわいいの次にくるものは」と言われ続けながらも、「かわいい」から離れるときですらすべての基準は「かわいい」であったのだ。

一九八〇年代から九〇年代、そして、クールジャパンの戦略でも「かわいい」は卒業するものとして描かれてきた。しかし、前述した授業で「かわいいを卒業すべきか」ときくと、「卒業する必要はない」という声が多く聞かれた。このことは、西洋/東洋、成熟/未熟、男性/女性といった二項対立を乗り越え、多様性・包摂性、公平性を尊重する時代になって、ようやく「かわいい」のままでも良いことを認めるようになった社会の到来を表してもいると考えられるのだろうか。

二〇二〇年代の現在、「かわいい」は規範も、そして非規範も包括する多様性を実現する美意識なのである。

初出一覧

本書は、以下の出版した筆者初出論文をベースに大幅に発展させ、加筆したものである。

第1章

高馬京子「"kawaii"をめぐる表象——その形成と展開」『めぐりめぐる日本文化』国際日本文化研究センター、二〇一四年、四-一二頁

Nichibunken Evening Seminar #187: May 8 2014 : Kyoko KŌMA (Associate Professor and Head of Asian Centre, Mykolas Romeris University and Visiting Research Scholar of Nichibunken),

"Reflections on "Japanese" Culture in Transnational Communication as Seen through Represenations of "Kawaii" "Kawaii" as Represented in Scientific Research: The Possibilities and of Kawaii Cultural Studies, *Hemispheres*; 28, (2013): 103-117.

第2章

KOMA, Kyoko "Kawaii in Europe seen through a questionnaire survey in France and Lithuania"

“Acculturation of Kawaii fashion in France through comparative analysis of questionnaires (France, Lithuania, South Korea, Taiwan) and interviews (France)” *Reception of Japanese and Korean Popular Culture in Europe*, ed. Takashi Kitamura, Kyoko Koma, Sangum Li（Vytautas Magnus University 2011, 2012）（サントリー文化財団助成プログラム２０１０—２０１１『ヨーロッパにおける日韓ポピュラーカルチャーの受容』２０１１—２０１２『ヨーロッパにおける日韓ポピュラーカルチャーの受容の比較研究』成果報告）

KOMA, Kyoko, “Foreign Words as Argumentative Device”, *Proceedings the argumentation of 7th Conference of International Society for the Study of Argumentation*, 2011.

高馬京子　京都大学人文科学研究所国際シンポジウム「越境する　カワイイ！可愛い！Kawaii！——ファッションとマンガ」（主催：京都大学人文科学研究所・人文学国際研究センター（田中雅一・小野原教子）、共催：京都精華大学国際マンガ研究センター　二〇一一年一一月）における口頭発表「フランス・リトアニアにおける「かわいい」の異文化受容」

第3章

KOMA, Kyoko. Kawaii as “Represented by Wearers in France Using the Example of Lolita Fashion” *Representation of Japanese contemporary popular culture in Europe* (Edited by Kyoko Koma) *Regioninės studijos* (7) 2013, Kaunas: Vytautas Magnus University Press, pp.67-82.

KOMA, Kyoko. "Kawaii Fashion Discourse in the 21st Century", *Rethinking Fashion Globalization*,

New York: Bloomsbury, 2021, pp.131-145.

KOMA, Kyoko, "Chapter 7 La construction identitaire de la mode (gothic) Lolita à travers le regard de ses adeptes et de ses observateurs en France", *Génération COSPLAY*, Asiexpo Edition (Sophie Declerieux & Jean-Pierre Gimenez ed.) 2013, pp.47-63.

第4章

高馬京子「mousuméからshôjoへ――フランスメディアにおいて構築、「継承」される未熟なかわいい日本女性像」『ジャポニスムを考える――日本文化表象をめぐる他者と自己』（思文閣出版、二〇二二年）

田中洋美・高馬京子（二〇二〇）「現代日本のメディアにおけるジェンダー表象――女性誌『an・an』における女性像の変遷」『明治大学人文科学研究所紀要第八七冊』二〇二〇年、一－四五頁のうちの高馬京子単独執筆担当箇所：1ジェンダー表象とその研究1・3　言説とジェンダー（八－一〇頁）、2ジェンダー表象における「かわいい」（一〇－一二頁）、4『an・an』における「かわいい」という規範的女性性の構築と変遷（一九－二八頁）

高馬京子「フランスのファッション・メディアにおける規範的女性像の構築・伝達」『越境するファッション・スタディーズ』ナカニシヤ出版、二〇二二年

高馬京子「少女――フランス女性読者のアイデンティティー形成とキャラクターの役割」（山田奨治編著『マンガ・アニメで論文・レポートを書く』ミネルヴァ書房、二〇一七年。一九四－二一三頁）

高馬京子「越境するgeisha——現代フランスの新聞における『日本女性』像の構築」（高馬京子・松本健太郎編『越境する文化・コンテンツ・想像力』ナカニシヤ出版、二〇一八年、三-二〇頁

高馬京子「フランスメディアにおける規範的女性性の構築——Féminaのファッション記事における日本女性像を事例に（一九〇一-一九〇七）」（『CORRESPONDANCES——北村卓教授・岩根久教授・和田章男教授退職記念論文集』朝日出版社、二〇二〇年、六六三-六七六頁

KOMA, Kyoko "L'identité de la femme japonaise à travers la mode japonaise dans la presse française au début des XXe et XXe siècles", Jean-Michel Butel et Makiko Andro-Ueda (éd.), *Japon Pluriel 9*, Arles, Philippe Picquier, pp.177-185, 2014.

第5章

KOMA, Kyoko. "Fashion and Identity in Virtual Spaces". In: Gardetti, M.Á., Larios-Francia, R.P. (eds) *Sustainability Challenges in the Fashion Industry*. Springer, Singapore. https://doi.org/10.1007/978-981-99-0349-8_12, 2020.

高馬京子『日本とフランスにおける日本人ファッションデザイナーの表象——日仏新聞記事（一九八一-一九九二）の言説分析を通して』Vytautas Magnus University Press、二〇〇九年（大阪大学言語文化研究科二〇〇六年博士学位請求論文）

高馬京子「コラム5　フランスにおけるmangaの受容——影響、占有、周縁？」（山田奨治編著『マンガ・アニメで論文・レポートを書く』ミネルヴァ書房、二〇一七年、一六九-一七一頁）

主要参考文献

會澤まりえ・大野実「『かわいい文化』の背景」尚絅学院大学紀要（五九）、二〇一〇年：二三一－二三四頁
赤木洋一『「アンアン」1970』平凡社新書、二〇〇七年
あさのまさひこ「『オタクの敵』村上隆の明確なる変化」『村上隆完全読本　美術手帖全記事1992－2012（BT BOOKS）』美術手帖社、二〇一二年：三九二－三九七頁
東浩紀編『日本的想像力の未来――クール・ジャパノロジーの可能性』日本放送出版協会、二〇一〇年
阿部公彦『幼さという戦略――「かわいい」と成熟の物語作法』朝日新聞出版、二〇一五年
李津娥「広告・消費・ジェンダー」国広陽子・東京女子大学女性学研究所編『メディアとジェンダー』勁草書房、二〇一二年：一四五－一七七頁
飯野扶佐子・伊佐治真奈美・竹内恵子「ファッションページにみるかわいさ志向とセクシー志向」井上輝子・女性雑誌研究会編『Comparepolitan：女性雑誌を解読する：日・米・メキシコ比較』垣内出版、一九八九年：一四七－一六八頁
家田崇「ファッションに関連する文化流用と差別表現」『南山法学』四四（二）、二〇二一年

石川結貴「現代日本社会に〈かわいい〉男性像の構築――ジャニーズアイドルを事例に」『情コミ・ジャーナル』明治大学情報コミュニケーション学部、二〇二二年
石田かおり「日本のカワイイ文化の特質・来歴とその国際的発信について」『駒沢女子大学研究紀要』一九、二〇一二年：五七‐六八頁
伊藤裕子「性役割の評価に関する研究」『教育心理学研究』二六（一）：一‐一一頁
井上輝子・女性雑誌研究会『女性雑誌を解読する　COMPAREPOLITAN　日・米・メキシコ比較研究』垣内出版、一九八九年
井原なみは・入戸野宏「幼さの程度による〝かわいい〟のカテゴリ分類」『広島大学大学院総合科学研究科紀要、人間科学研究　六』二〇一一年：一二一‐一三一頁
井原なみは・入戸野宏「対象の異なる〝かわいい〟感情に共通する心理的要因」『広島大学大学院総合科学研究科紀要Ⅰ、人間科学研究　七』二〇一二年：三七‐四二頁
岩渕功一『トランスナショナル・ジャパン――アジアをつなぐポピュラー文化』岩波書店、二〇〇一年（Koichi Iwabuchi, *Recentering Globalization: Popular Culture and Japanese Transnationalism*, Duke University Press, 2002）
キース・ヴィンセント「日本的未熟性の系譜」東浩紀編『日本的想像力の未来――クール・ジャパノロジーの可能性』日本放送出版協会、二〇一〇年
フリック・ウヴェ著、小田博志・山本則子・春日常・宮地尚子訳『［新版］質的研究入門――〈人間の科学〉のための方法論』春秋社、二〇一一年

大石さおり・北方晴子「現代日本社会における男らしさ測定尺度の作成」『文化学園大学紀要　服装学・造形学研究』四四：六三‐七三頁
太田信之『クールジャパンとは何か』ディスカヴァー・トゥエンティワン、二〇一四年
大塚英志『少女民俗学――世紀末の神話をつむぐ「巫女の末裔」』光文社、一九八九年／一九九七年
大塚英志『『りぼん』のふろくとその時代――たそがれ時にみつけたもの』筑摩書房、一九九五年
岡満男他『メディア学の現在』世界思想社、一九九四年
隠岐由紀子「西洋ジャポニスムの中でゲイシャに収斂していく日本女性のイメージ」『ジャポニスム研究三八別冊』二〇一八年：一九頁
小田亮「装いの文化人類学」『アンデレクロス』第四五号、一九九〇年：一八‐二〇頁
SB・カイザー『被服と身体装飾の心理学（上）（下）』北大路書房、一九九四年
影山遥香・高橋芽衣「現代社会における男性の規範的男性性からの解放の場としての仮想空間――アバターの性別選択の動機と異性アバターを用いることによる効果（最優秀賞）」『情コミ・ジャーナル』明治大学情報コミュニケーション学部、二〇二三年度
金子功『金子功のピンクハウス絵本』文化出版局、一九八七年
金子信久「かわいい絵の論理と歴史」府中市美術館編『かわいい江戸絵画』求龍堂、二〇一三年
フレデリック・カプラン『ロボットは友達になれるか――日本人と機械のふしぎな関係』NTT出版、二〇一一年
香山リカ「第四章 オリーブ少女の欲望のありか」大塚英志編『少女雑誌論』東京書籍、一九九一年

北島純「伝統文化の「盗用」と文化デューデリジェンス――広告をはじめとする表現活動において「文化の盗用」非難が惹起される蓋然性を事前精査する基準定立の試み」『社会構想研究』第四巻一号、二〇二二年：三五‐四四頁
国広陽子・東京女子大学女性学研究所編『メディアとジェンダー』勁草書房、二〇一二年
高馬京子『日本とフランスにおける日本人ファッションデザイナーの表象―日仏新聞記事（一九八一‐一九九二）の言説分析を通して』大阪大学言語文化研究科博士論文、二〇〇六年
古賀令子『「かわいい」の帝国――モードとメディアと女の子たち』青土社、二〇〇九年
斎藤環『戦闘美少女の精神分析』筑摩書房、二〇〇六年
エドワード・W・サイード『オリエンタリズム（上下）』平凡社、一九九三年
櫻井孝昌『世界カワイイ革命――なぜ彼女たちは日本人になりたいと叫ぶのか』PHP研究所、二〇〇九年
佐々木隆「kawaii の行方」『武蔵野学院大学日本総合研究所研究紀要　九』、二〇一二年：四七一‐四七七頁
佐藤道信「『温知図録』の歴史的意義」東京国立博物館編『明治デザインの誕生――調査研究報告書「温知図録」』国書刊行会、一九九七年：一二二‐一三九頁
篠原資明「「かわいい」の構造」『あいだ／生成』（二）、二〇一二年：一‐一一頁
周東美材『「未熟さ」の系譜――宝塚からジャニーズまで』新潮社、二〇二二年
白田由樹「川上音二郎・貞奴が演じた東洋――一九〇〇年パリ万国博覧会における日仏の位相から」『人文研究』（六四）、二〇一三年：九五‐一一四頁
神野由紀「表象としての少女文化――「カワイイ」デザインの起源に関する一考察」『デザイン学研究　特

集号』一九（四）、二〇一二年：二八‐三五頁
鈴木謙介『ウェブ社会のゆくえ――〈多孔化した現実のなかで〉』NHK出版、二〇一三年
竹内忠男「世界に発信する若者ファッションと文化――世界に謳歌する日本の「かわいい」ファッション、その意味するところは」『繊維と工業　Ｖｏｌ．六六、Ｎｏ．七』、二〇一〇年：二二三‐二二六頁
田中洋美「第三章　ジェンダー表象としてのセクシュアル化（一二‐一九）」「第五章　表紙における男女のセクシュアル化（二八‐三七）」田中洋美・高馬京子共著「現代日本のメディアにおけるジェンダー表象――女性誌『an・an』における女性像の変遷」『明治大学人文科学研究所紀要第八七冊』二〇二〇年：四‐四五頁
常見美紀子「カワイイファッションの系譜――源流からメディアミックスまで」『デザイン学研究特集号』一九（四）、二〇一二年：一八‐二七頁
東京国立博物館編『明治デザインの誕生――調査研究報告書「温知図録」』国書刊行会、一九九七年
戸恒郁海「日本の若者男性における『男らしさ』の考察――男性ファッション誌『FINE　BOYS』を事例に（佳作）」『情コミ・ジャーナル』明治大学情報コミュニケーション学部、二〇二三年度
中村圭子『日本の「かわいい」図鑑――ファンシー・グッズの一〇〇年』河出書房新社、二〇一二年
なだいなだ「ある、こども観――カワイイ存在から美しい存在へ」『思想』一九六九年八月号：七三‐八〇頁
廣田ふみ「実践としてのトランスナショナル――ネットワーク社会における表現と越境的対話」高馬京子・松本健太郎編『越境する文化・コンテンツ・想像力――トランスナショナル化するポピュラーカルチャー』ナカニシヤ出版、二〇一八年：二〇三‐二一九頁

深井晃子『ジャポニスムインファッション――海を渡ったキモノ』平凡社、一九九四年
深井晃子『ファッションの世紀――共振する二〇世紀のファッションとアート』平凡社、二〇〇五年
深井晃子監修『FUTURE BEAUTY―日本ファッションの未来性』平凡社、二〇一二年
府中市美術館編『かわいい江戸絵画展』求龍堂、二〇一三年
真壁智治・チームカワイイ『カワイイパラダイムデザイン研究』平凡社、二〇〇九年
増田セバスチャン『家系図カッター』プレビジョン、二〇一一年
増渕宗一『りかちゃんの少女不思議学』新潮社、一九八七年
増渕宗一『かわいい症候群』日本放送出版協会、一九九四年
松井みどり「逸脱の記号としての「かわいらしさ」」『美術批評』一九九六年九月
松井みどり「快楽ルームからカオスな街頭へ――九〇年代日本美術における可愛いサブカルチャーの変容／"Beyond the Pleasure Room to a Chaotic Street, Transformations of Cute Subculture in the Art of the Japanese Nineties"」村上隆編『リトルボーイ――爆発する日本のサブカルチャー・アート』ジャパン・ソサエティー、イェール大学出版、二〇〇五年：二〇九‐二三九頁
松田祐子『主婦になったパリのブルジョワ女性たち――一〇〇年前の新聞雑誌から読み解く』大阪大学出版会、二〇〇九年
馬渕明子『舞台の上のジャポニスム――演じられた幻想の〈日本女性〉』NHK出版、二〇一七年：六八‐六九頁
三戸信惠「日本美術に見る『かわいい』の諸相」『Kawaii日本美術―若冲・栖鳳・松園から熊谷守一まで―』

山種美術館、二〇一四年：五―八頁
宮台真司ほか『サブカルチャー神話解体――少女・音楽・マンガ・性の三〇年とコミュニケーションの現在』PARCO出版、一九九三年
宮台真司ほか『増補　サブカルチャー神話解体――少女・音楽・マンガ・性の変容と現在』筑摩書房、二〇〇七年
宮台真司「「かわいい」の本質」東浩紀編『日本的想像力の未来――クール・ジャパノロジーの可能性』日本放送出版協会、二〇一〇年
村上隆『村上隆完全読本　美術手帖全記事一九九二―二〇一二（BT BOOKS）』美術出版社、二〇一二年
毛利孝夫「訳者あとがき」ジュディット・ゴーティエ（毛利孝夫訳）『白い象の伝説』望林堂完訳文庫、二〇一七年
諸橋泰樹『メディアリテラシーとジェンダー――構成された情報とつくられる性のイメージ』現代書館、二〇〇九年
山田奨治『日本文化の模倣と創造――オリジナリティとは何か』角川選書、二〇〇二年
山田文比古『フランスの外交力――自主独立の伝統と戦略』集英社、二〇〇五年
山種美術館編『kawaii《かわいい》日本美術――若冲・栖鳳・松園から熊谷守一まで』図録、山種美術館、二〇一四年
山根一眞『変体少女文字の研究――文字の向うに少女が見える』講談社、一九八六年
横溝廣子「[改題]『温知図録』の成立と構成」東京国立博物館編『明治デザインの誕生――調査研究報告書「温知図録」』国書刊行会、一九九七年：一三―三〇頁

吉見俊哉『メディア文化論――メディアを学ぶ人のための一五話』有斐閣アルマ、二〇〇四年
吉光正絵ほか編『ポスト〈カワイイ〉の文化社会学――女子たちの新たな楽しみを探る』ミネルヴァ書房、二〇一七年
四方田犬彦『「かわいい」論』筑摩書房、二〇〇六年
ロカモラ・アニエス・小石祐介・門傳昌章・高馬京子「日常、アイデンティティ、メディア――境界を問うファッションの新地平」田中洋美・高馬京子・高峰修『デジタル社会の多様性と創造性――ジェンダー・メディア・アート・ファッション』明治大学出版会、二〇二三年

【雑誌・新聞等】
『情報・知識 imidas』二〇〇五年〜〈http://www.jkn21.com〉、（参照 二〇一三－一一－一四）
「「カワイイ」世界に風」『朝日新聞』二〇〇六年一月一日付朝刊
『芸術新潮二〇一一年九月号――ニッポンの「かわいい」：はにわからハローキティまで』
『@2·5』角川グループパブリッシング、二〇一一年
『日経エンタテイメント』二〇一二年九月号
『現代用語の基礎知識』二〇一三年度版〈http://www.jkn21.com〉、（参照 二〇一三－一一－一四）
「日本のポップカルチャー、次のステージへ」『にぽにか』二〇一三年九月号
Fémina 一九〇一年一〇月一日号、一九〇三年二月一日号、一九〇三年五月一五日号、一九〇三年八月一日号、一九〇四年一〇月一日号、一九〇五年九月一五日号、一九〇七年一月一五日号

【外国語文献】

ADONGO, Faith “The Use of Mediation to Resolve Conflicts Arising from Cultural Appropriation by Western Fashion Brands” , *Cardozo Journal of Conflict Resolution 22.* No.2, Winter 2021:367-392.

ALLEN, Matthew・SAKAMOTO, Rumi (ed.) *Popular Culture,* Globalization and Japan, Routledge, 2006.

AMMOSY,Ruth・HERSCHEBERG PIERROT, Anne, *Stéréotypes et clichés: langue, discours, société,* Nathan Université, 1997.

ANGERMULLER, Johannes・MAINGUENEAU, Dominique・WODAK, Ruth(ed), *The Discourse Studies Reader: Main currents in theory and analysis,* John Benjamins Publishing Company,2014.

Angermuller, Johannes "L'analyse du discours en Europe", *Analyse du discours et sciences humaines et sociales* sous la direction de Simonne Bonnafous et Malika Temmar,OPHRYS 2007.

ARISTOTE *Rhétorique,* Paris, Gallimard,1991.（戸塚七郎訳『弁論術』岩波文庫、一九九二年）

ASLAN, Odette・PICON-VALLIN, Béatrice, *Butô(s),* Paris, CNRS, 2002.

AYRES, Jeniffer “Inspiration or prototype? Appropriation and exploitation in the fashion industry”, In *Fashion style and popular culture,* 2017, pp.151-165.

BARNARD, Malcolm, *Fashion as Communication,* Routledge, 2002.

BARTHES, Roland *Mythologies,* Seuil, 1957.（下沢和義訳『現代社会の神話』みすず書房、二〇〇五年）

BARTHES, Roland *Système de la mode,* Seuil, 1967 (Kindle 2015).（佐藤信夫訳『モードの体系』みすず書

房、一九七二年）

BEILLEVAIRE, Patrick “L’autre de l’autre, Contribution à l’histoire des représentations de la femme japonaise” In *Mots n°* 41, 1994: 56-98.

BENICHOU, Meidad, *Le multiculturalisme*, Bréal, 2006.

BERTING, Jan, “Identité collectives et images de l’Autre : les pièges de la pensée collectiviste”, la revue Hermès no 30 reprise dans *Les Identités collectives à l’heure de la mondialisation.*

BORGGREEN, Gunhild “Cute and Cool in contemporary Japanese visual arts”, *Copenhagen journal of Asian Studies* Vol 29, 2011:39-60.

BOTZ-BORSTEIN, Thorsten *The COOL KAWAII*, Lexington Books, 2012.

——“Wong Kar-wai’s Films and the Culture of the Kawaii”, *SubStance*, 2008: 94-109.

BROMBERGER, Christian “L’Autre et le semblable”, ouvrage collectif, Presse du CNRS, 1989.cité par Emmanuel Vaillant dans *L’Immigration*, 2001.

BURDELSKI, Matthew · MITSUHASHI, Koji “She thinks you're kawaii: Socializing affect, gender, and relationships in a Japanese preschool”, *Language in Society* 39, 2010: 65 – 93.

CHAN, Alex Ching-shing, WAI-HUNG, Yiu “"Kawaii” and “Moe” – Gazes, Geeks (*Otaku*), and Glocalization of Beautiful Girls (*Bishōjo*) in Hong Kong Youth,” *Positions: East Asia Cultures Critique* 21 no. 4, 2013: 853-884.

CHEOK, Adrian David “Kawaii/Cute interactive media, *Universal Access in the Information Society*”,

Volume 11, Issue 3, 2012: 295-309.

CHUANG, Yin C. "Kawaii in Taiwan politics", *International Journal of Asia Pacific Studies*, Vol. 7, No. 3, 2011: 1-17.

COLOMBE, Pringle *Telles qu'ELLE cinquante ans d'histoire des femmes à travers le journal ELLE*, Grasset,1995.

CRAIG, Timothy J.・KING, Richard, *Global goes Local : Popular Culture in Asia*, 2002.

DE CERTEAU, Michel *L'invention du quotidien, 1. Arts de faire*, Gallimard, 1980, 1990.（山田登世子訳『日常的実践のポイエティーク』国文社、一九八七年）

DE MARGERIE, Géraldine・MARTY, Olivier *Dictionnaire du look Robert Laffont*, 2009.

ENTWISTLE, Joanne *The fashioned Body*, Polity, 2000.（鈴木信雄監訳『ファッションと身体』日本経済評論社、二〇〇五年）

FOUCAULT, Michel, *L'Archéologie du savoir*, Gallimard, 1969.（慎改康之訳『知の考古学』河出書房新社、二〇一二年）

FOUCHER, Michel *Atlas de l'Influence de la française au XXIe siècle*, Robert Laffornt, 2013.

FRITH, Katherine Frith・SHAW, Ping・CHENG, Hong "The construction of beauty: A cross-cultural analysis of women's magazine advertising," *Journal of Communication 55*（*1*）, 2005 : 56-70.

GIET, Sylvette *Soyez libres, C'est un ordre*, Editions Autrement, 2005.

GOMARASCA, Alessandro "Sous le signe du kawaii", In *Poupées, Robots — La culture pop japonaise,*

Éditions Autrement, Paris (trad, de l'italien), 2002: 26-59.

GRANOT, Elad・BRASHEAR ALEJANSRO, Thomas, RUSSELL, La Toya M. "A socio-marketing analysis of the concept of cute and its consumer culture implications" *Journal of Consumer Culture14* (1)、2013: 66-87.

GUNDLE, Stephen, "Le « glamour » et la presse feminine, " *« La vie des femmes » La presse féminine aux XIXe et XX siècles* (Sous la direction de Eck Hélène et Blandin Claire), Paris: Université Panthéon-Assas, 2010.

GWYNNE, Joel (ed) *The Cultural Politics of Femvertising Selling Empowerment*, Palgrave macmillan,2022.

HABERMAS, Jürgen *L'espace public : Archéologie de la publicité comme dimension constitutive de la société bourgeoise*, trad. de l'allemand par Buhot de Launay,M., Payot, 1er éd.1962, 1986.

HANNERZ, Ulf *Transnational Connections: Culture,People, Places*, Routledge, 1996.

HASEGAWA, Yuko Post identity Kawaii : Commerce, Gender and Contemporary Japanese art, *Consuming Bodies-Sex and Contemporary Japanese art*(editor Flank LIoyd), 2003.

HJORTH, Larissa "Odours of mobility: Mobile phones and Japanese cute culture in the Asia-Pacific", *Journal of Intercultural Studies*. 26, 2005: 39-55.

HONORE, Jean-Paul "De la nippophilie à la nippophobie-Les stéréotypes versatiles dans la vulgate de presse (1980-1993)", *Mots*, no.41 Parler du Japon, Presses de la Fondation nationale des sciences politiques, décembre 1994.

IWABUCHI, Koichi "*Taking « japanization » seriously : Cultural globalization reconsidered*" in Recentering Globalization: Popular Culture and Japanese Transnationalism, Duke University Press Books, 2002.

IWABUCHI, Koichi Japanese popular culture and postcolonial desire for « Asia » in *Popular Culture, Globalization and Japan*, ed. Matthew Allen, Rumi Sakamoto, Routledge, 2006.

JANDET, Fred.E. *An Introduction to Intercultural Communication 6th (sixth) edition*, Sage, 2009.

Jean-Marc Moura, *Lire l'Exotisme*, Dunot, 1992.

KATERINE, Philippe *Mignonisme*, helium,2022.

KAWAMURA, Yuniya "Fashion" in *Cultural appropriation in Fashion and Entertainment*, Bloomsbury, 2022: 49-101.

KINSELLA, Sharon "Cuties in Japan" in: *Women, Media and Consumption in Japan*, SKOV, Lise and MOREAN, Brian (eds.), Routledge, 1995: 220-254.

LAPLANTINE, François *Tokyo Ville Flottante-Scène urbaine mises en scène*, Stock, 2010.

LENT, John A. *Asian Popular culture*, Westview Pr , 1996.

LIPOVETSKY, Gilles, SERROY, Jean *Le nouvel âge du kitsch-Essai sur la civilisation du 'trop'*, Editions Gallimard, 2023.

LIPPMANN, Walter, *Public Opinion*, First Free Press Paperbacks Edition,1997. (1er éd.1922).

LING, Wessie・LORUSSO, Mariella・SEGRE-REINACH, Simona, "Critical Studies in Global Fashion", *ZoneModa Journal*, Vol.9 n.2. 2019 : v-xvi.

LOTI, Pierre, *Madame Chrysanthème*, Flammarion, 1990.

MAGRI, Véronique *Le discours sur l'autre*, Paris : Champion, 1996: 259-260.

MAINGUNEAU, Dominique *Analyser les textes de communication*, Armand Colin, 2012.（石丸久美子、高馬京子訳『コミュニケーションテクスト分析——フランス学派による言説分析への招待』ひつじ書房、二〇一八年）

MAINGUENEAU, Dominique *Discours et analyse du discours-Introduction*, Armand Colin, 2014.

MAINGUENEAU, Dominique et CHARAUDEAU, Patrick *Dictionnaire de l'analyse du discours*, Seuil, 2002.

MAYNARD, Michael L. and TAYLOR, Charles R., "Girlish images across cultures: Analysing Japanese versus U.S. Seventeen magazine ads," *Journal of Advertising*, 28(1), 1999: 39-48.

MAYNARD, Margaret *Dress and Globalisation*, Manchester University Press, 2004.

MCCLEISH, Danielle Diversity, equity, and inclusion efforts of fashion retailers, University Research Symposium.389, 2022 (https://ir.library.illinoisstate.edu/rsp_urs/389, 二〇二四年八月二六日閲覧)

MONDEN, Masafumi *Being Alice in Japan: performing a cute, 'girlish' revolt*, Japan Forum Volume 26, Issue 2, May 2014: 265-285.

MURAI, Noriko "The genealogy of kawaii", In *Japan in the Heisei Era* (1989–2019), Routledge, 2022. (https://www.taylorfrancis.com/chapters/oa-edit/10.4324/9780429273575-26/genealogy-kawaii-noriko-murai?context=ubx&refId=65b76969-2c7c-4644-8884-28121015775, 二〇二四年九月二三日閲覧)

MURAKAMI, Takashi *Kawaii! Vacances d'été*, Fondation Cartier, 2002.

MURAKAMI, Takashi *Little Boy : The Arts of Japan's Exploding Subculture*, Yale Univ Pr; Bilingual 2005.

OLIVA, Alberto・ANGELETTI, Norberto *In Vogue: An Illustrated History of the World's Most Famous Fashion Magazine*, Rizzoli,2012.

OLLIVIER, Bruno *Les Identités collectives à l'heure de la mondialisation*, CNRS Editions, 2009.

PONS, Philippe・SOUYRI, Pierre-François *Le Japon des Japonais, Paris* : Liana Lévi, 2003: 69.

RAFONI, Béatrice Représentation et interculturalité. Les nouvelles images du Japon, dans *Questionner l'internationalisation, cultures, acteurs, organisations, machines : actes du XIVe congrès national des sciences de l'information et de la communication*, Université de Montpellier III (campus de Béziers) / Société française des sciences de l'information et de la communication (SFSIC), 2-4 juin 2004: 19-26.

REISEL, Marie-Louise "De fillettes en amazones : maturation et transformation des générations Shibuya", 2003, (https://www.persee.fr/doc/ebisu_1340-3656_2003_num_31_1_1359, 二〇一四年八月一四日閲覧)

ROYAL, Ségolène *Le Ras- le- bol des bébés zappeurs*, Robert Laffont, 1989.

SOLOMON, Michael R.・ASHMORE, Richard D., Longo, Laura C., "The beauty match-up hypothesis: Congruence between types of beauty and product images in advertising", *Journal of Advertising*, 21 (4), 1992: 23–34.

SABRE, Clothilde "Neojaponism and Pop Culture, New Japanese Exoticism in France", *Regionines studijos*(6)(ed.Kyoko Koma), 2012: 67-88.

SAID, Edward *Orientalism*, Vintage, 1979.

SIARY, Gérard “The image of Japan in European travelogues from 1853 to 1905”, *The transaction of the Asiatic Society of Japan*, 4e série, vol.2, 1987: 155-170.

SIMMEL, Georg Fashion, *the American Journal of Sociology*, LXII(6): 541-558. 1904, 1957.

STOREY, John *Cultural Theory and Popular Culture:An introduction 7th edition*, Routledge, 2015.

SULLEROT, Evelyne *La Presse Féminine*, Armand Colin,1963.

TAYLOR, Dabrina・JACOB, John “Chanel the bricoleur: Steal all the ideas you can”, *Fashion style and popular culture*, 2017: 167-178.

THOMAS, Mélody *La mode est politique Un bref lexique inclusif*, Hachette, 2022.

TODOROV, Tzvetan *Nous et les autres・la réflexion française sur la diversité humaine*, Seuil, 1989.（小野潮・江口修訳『われわれと他者〈新装版〉――フランス思想における他者像（叢書・ウニベルシタス７０７）』法政大学出版局、二〇一五年）

VANSKA, Annamari・GUROVA, Olga “The fashion scandal: social media, identity and the globalization of fashion in the twenty-first century”, *International Journal of Fashion Studies* 00(1), July 2021: 1-23.

VEILLON, Charlène *L’art contemporain japonais: une quête d’identité, de 1990 à nos jours*, L’harmattan, 2008.

WILLIAM, Rodney *L’appropriation culturelle*, Anacaona Editions, 2020.

YANO, Christine *Pink Globalization: Hello Kitty's Trek Across the Pacific*, Duke University Press, 2013.

ZIFF, Bruce・RAO, Pratima V. *Borrowed Power: Essays on cultural appropriation*, Rutgers University

Press,1997.

【外国語書籍、新聞記事、カタログ、アプリケーションなど】

Dictionnaire historique de la langue française, Paris, Robert, 1998.

Japonismes Japon, Sous la direction de Béatrice Quette, Paris, Mad, 2018, 228.

Kawaii trop mignon le livre 100 pourcent Japon, *Larousse*, 2010.

Le Monde, le 23 octobre 2006, *Le Figaroscope*,le 23 octobre 2002.

Vogue Runway Application.

【講演】

ニック・リーズ＝ロバーツ（Nick Rees-Roberts）『ファッションにおける失敗――ジェンダー、そしてデザインの否定芸術』明治大学情報コミュニケーション学部ジェンダーセンター、二〇二三年一一月九日（木）開催（https://www.meiji.ac.jp/infocom/gender/info/mkmht000000x37bl.html）（二〇二四年八月一五日閲覧）

【インターネットサイト】

・ELLE France https://www.elle.fr/

「カーブモデルが警鐘。「私たちは多様性ノルマ達成のためにいる訳じゃない！」」ELLE（https://www.elle.

com/jp/fashion/fashion-column/a44337073/curve-plus-size-model-representation2307/）（二〇二四年八月一五日閲覧）

●ウェブ版『東洋経済』（二〇一五年一月二四日）「フランス式「言論の自由」は、普遍的ではない：パリ政治学院教授に聞く「文化と歴史」」（http://toyokeizai.net/articles/print/58902）二〇一六年九月一三日／（二〇二四年九月一二日閲覧）

●麻生太郎オフィシャルサイト「日本の底力」「ＭＡＮＧＡは有能な外交官以上」『夕刊フジ』二〇〇七年（http://www.aso-taro.jp/lecture/talk/070711.html）（二〇二四年九月一二日閲覧）

●麻生太郎オフィシャルサイト「マンガ」『嘉麻の里』）二〇〇七年八月号（http://www.aso-taro.jp/lecture/kawa/2007_8.html　二〇一六年九月一三日（二〇二四年九月一二日閲覧）

●ジャパンエキスポ公式ページ　歴史紹介
https://www.japan-expo-france.jp/jp/menu_info/japan-expo_100676.htm（二〇二四年八月一四日閲覧）

政府関係（二〇一六年五月閲覧）

●二〇一〇年六月一八日「新成長戦略～「元気な日本」復活のシナリオ～」
https://www.kantei.go.jp/jp/sinseichousenryaku/（二〇二四年九月一二日閲覧）

●「二一世紀の日本の復活に向けた二一の国家戦略プロジェクト」
https://www.cas.go.jp/jp/seisaku/npu/policy04/pdf/21project.pdf（二〇二四年九月一二日閲覧）

●二〇一一年「「知的財産推進計画二〇一一」に盛り込むべき事項（案）」
https://www.kantei.go.jp/jp/singi/titeki2/tyousakai/contents_kyouka/2011/dai9/siryou2.pdf（二〇二四年

九月一二日閲覧）

・コンテンツ海外展開等促進事業　平成二年一二月　経済産業省　https://www.kantei.go.jp/jp/singi/titeki2/tyousakai/kensho_hyoka_kikaku/dai5/siryou6.pdf（二〇二五年一月一九日閲覧）

・二〇一三年には四回の第一期クールジャパン推進会議が開かれ、その中でとりまとめられた「クールジャパン発信力強化のためのアクションプラン」

https://www.cao.go.jp/cool_japan/kaigi/suishin/pdf/p2.pdf（二〇二五年一月一九日閲覧）

・「クールジャパン戦略についての基本的考え方――クールジャパン推進会議議長のメッセージ」

https://www.cao.go.jp/cool_japan/kaigi/suishin/pdf/p1.pdf（二〇二五年一月一九日閲覧）

・デザイニング・クール・ジャパン

https://www.cao.go.jp/cool_japan/kaigi/cj/1/pdf/siryou3.pdf（二〇二五年一月一九日閲覧）

・二〇一四年八月二六日に、クールジャパン戦略担当大臣名で出された「クールジャパンミッション宣言」

https://www.cao.go.jp/cool_japan/kaigi/cj/pdf/mission_sengen.pdf（二〇二五年一月一九日閲覧）

以下サイトは二〇一六年の時点で調査したものであるが、二〇二四年八月の時点では削除されているかアクセスすることができないものである。

・二〇〇六年の「「ポップカルチャーの文化外交における活用」に関する報告」

http://www.mofa.go.jp/mofaj/annai/shingikai/koryu/h18_sokai/05hokoku.html

・第一回産業競争力会議の議論を踏まえた当面の政策対応について

https://www.kantei.go.jp/jp/96_abe/discource/20130125siji.html

- 同会議ポップカルチャーに関する分科会資料「飛び出せ、日本ポップカルチャー」
http://www.kantei.go.jp/jp/singi/titeki2/cool_japan/bunka/dai2/gijiroku.pdf

- 「日本的再発見。みんなの『いいね』日本を世界へ」
http://www.kantei.go.jp/jp/singi/titeki2/cool_japan/pdf/p1.pdf

あとがき

本書『日本とフランスの　カワイイ文化論』の本の企画が進んだのは二〇一〇年頃であったと思う。当時まだリトアニアの大学に勤めていて、一時帰国するためにフィンランドのヘルシンキの空港で乗り換え便を待っていたときだったが、明石書店の小林洋幸さんからいただいたメールで諸般の経緯を経て何か提案したい本があればお聞かせください、と言っていただいたことがある。ちょうど二〇〇九年にフランスの新聞で使われた「kawaii」について発表していたこともあり、当時フランスやリトアニアの学生、若者もよく口にしていた「kawaii」や「kawaii」ファッション現象について論じたい、というお話をした。その根底には、私がフランス、リトアニアに住んでいたときに感じていた、海外の若者が言う「kawaii」も含む「日本」文化と、リトアニアに住んではいるが日本人である私が知っている「日本」文化に大きなずれに対する疑問があった。おりしも経済産業省を中心とするクールジャパン戦略も進んでいた頃で、それは面白そうだ、と言ってくださった。無事に通った企画を仕上げるべく、二〇一三年から二〇一四年に京都の国際日本文化研究センターの外国人研究員として同センターに滞在させていただいた。素晴らしい研究環境の中で、「kawaii」についても発表させていただく機会を得、二〇一四年には本書を仕上げ刊行するつもりでいた。

しかし、人生はなかなか予定通りにはいかないものである。

二〇一四年にあれやこれやと人生の転換期を迎え、一二年間のフランス、リトアニアの滞在に終止符を打ち、二〇一五年から現在の勤め先である明治大学情報コミュニケーション学部に着任することになった。

久しぶりの日本の生活、新しく着任した大学の教務、学務を進める中、本に取り組む時間をもてなくなっていた。そんな矢先、担当編集者である小林さんが帰らぬ人になったという連絡を受けることになる。大きな喪失感の中、その後、柴村登治さん、上田哲平さんと二人の素晴らしい編集者の方に担当していただき、いろいろお力添えいただきながらも、私のほうがなかなかまとまって本に向かい合うことができない状態が続いてはいた。しかし、明治大学に着任後、日本の大学で授業をしたこと、ゼミで学生と議論したこと、国内外のファッション研究者の方々と交流をもてたこと、科研プロジェクト、学会発表、論文執筆など教育、研究活動を行う問題意識の片隅には常に『日本とフランスの カワイイ文化論』があり、本そのものと向きあってはこなかったのだが、結果的には本務校でのさまざまな活動を通して『日本とフランスの カワイイ文化論』の構想は少しずつ準備できていたように思う。その中、デジタル社会の加速化、包括的かつ多様性という考えの広がりなど時代が動いていったこと、また、私が海外にいる日本人としてではなく、海外経験をしたが日本に住み、日本の大学で教育、研究を推進する一日本人としての視点をもつことで、海外に住む日本人の視点からみていたときとの「ずれ」という欧州における日本の異文化表象の課題や問いだけではない形で成熟・未熟、アプロプリエーション、ジェンダー、ルッキズムといった課題も念頭に置きつつ「kawaii／かわいい」について考えるようにもなっていった。本書でも論じたように二〇〇六年の『朝日新聞』で「kawaii」が海外で隆盛したと言われ始めた。その後、「kawaii」文化は二〇一四年には経産省によって短命文化として位置づけられ日本におけるブームは終わった感のあるテーマではあった。しかし、その後のフランスの動きや、社会の変化も踏まえたうえで、最初にスペイン・コルーニャ国際記号学会で「kawaii」について発表してから早一五年、「kawaii／かわいい」についていろいろ考えてきたことを総括的に一冊の本にまとめられることができたことは感慨深い。紙面の関係上お名前は割愛させていただくが、諸先生方、先輩方、インタビューに協力してくださった皆様、明治大学情報コミュニケーション学部で私のゼミでともに学んだ学生さんたち、などご指導、ご教示、ご協力いただき関わってくださったすべてのみなさまに感謝申し上げたい。現在、フランスを軸にファッションを通してジェンダー（アイデンティティ）と相互表象について考察している身としては、その時々に考えてきた「かわいい」に関する諸論考をつないで考えてみることで「kawaii／かわいい」とは何だったのか、私たちはなぜ「かわいくなければいけなかったのか」についてファッション、ジェンダー、表象を取り巻く問題として、未熟、アプロプリエーション、ジェンダー、ルッキズムについて、フランスを軸に考えたことをまとめ提言させていただいた。このように本の形にできたのは、仕上がりが一〇年も遅れてしまいつつも、結果的に時間をかけてよかったですね、と言ってくださりながら刊行に向けてご尽力くださった明石書店の神野斉編集部長と岩井峰人氏のおかげでもあり、心よりお礼を申し上げたい。

本書を執筆するにあたって、この一五年間、以下に挙げる研究助成をいただいたことでこの本をまとめることができた。

- サントリー文化財団人文科学・社会科学に関する学際的研究グループ助成（国際研究プロジェクト Reception of Japanese and Korean Popular Culture in Europe とその成果出版二〇一〇年、Comparative studies on Reception of Japanese and Korean Popular Culture in Europe とその成果出版二〇一一年）
- 国際交流基金研究プロジェクト助成（国際研究プロジェクト Representation of Japanese Popular Culture in Europe とその成果出版・リトアニア、ヴィータウタス・マグヌス大学、二〇一二〜二〇一三年）
- 国際日本文化研究センター外国人研究員（二〇一三〜二〇一四年）
- 明治大学人文科学研究所研究費採択「日本の女性雑誌におけるジェンダー表象――『anan』を事例に』（研究代表者田中洋美、分担者高馬京子）（二〇一七年四月〜二〇一九年三月）
- 科学研究費基盤研究C（16K02050、研究代表者高馬京子）フランスとリトアニアにおける社会規範としての女性性形成の比較研究（二〇一六〜二〇二〇年）
- 科学研究費基盤研究C（21K12512、研究代表者高馬京子、分担者田中洋美）ナショナル、トランスナショナルなデジタルメディア空間におけるジェンダー規範の構築（二〇二一〜二〇二四年）
- 科学研究費挑戦的研究萌芽（23K17532、研究代表者田中雅一、分担者澤野美智子、高馬京子）美容・ファッション業界と教育機関におけるルッキズムの文化人類学的研究（二〇二三〜二〇二

五年）
本研究を前進させていただけたのは、これらの研究助成のおかげである。心よりお礼申し上げたい。

かわいい論は、いろいろな時代に多くの論者のみなさまによって論じられてきたテーマである。結論にあえて二〇二〇年代現在、と書いたのはここで論じた「かわいい」が二〇二〇年代前半からみえる「かわいい」の地平を表していることを示すためである。本書が最後の「かわいい」論になるのか、また未来のいつか、このテーマについて論じることになるのか見守っていきたい。

高馬京子

初春の駿河台の研究室にて

高馬京子（こうま・きょうこ）
ファッション業界広報に従事後、パリエスト・クレテイユ大学DEA、大阪大学言語文化研究科修了（言語文化学博士）。リトアニアの大学での研究・教育活動、国際日本文化研究センター外国人研究員を経て、現在、明治大学情報コミュニケーション学部専任教授、国際交流担当副学長。研究分野は超域文化論、ファッション文化論、ジェンダー研究、メディア言説・表象分析、記号論。共編著に『越境するファッション・スタディーズ』（ナカニシヤ出版）、編著に『転生するモード：デジタルメディア時代のファッション』（日本記号学会編（高馬京子特別編集）、新曜社）などがある。

日本とフランスの　カワイイ文化論
なぜ私たちは「かわいく」なければならなかったのか

2025年2月20日　初版第1刷発行

著　者　　高　馬　京　子
発行者　　大　江　道　雅
発行所　　株式会社 明石書店

〒101-0021 東京都千代田区外神田6-9-5
電　話　03（5818）1171
FAX　03（5818）1174
振　替　00100-7-24505
https://www.akashi.co.jp/

装　丁　　金子　裕
印刷・製本　　モリモト印刷株式会社

（定価はカバーに表示してあります）　ISBN978-4-7503-5890-1

アイドル・スタディーズ

研究のための視点、問い、方法

田島悠来 編

■A5判／並製／224頁 ◎2400円

これまでの研究動向を整理しつつ、最新の研究事例や実践を紹介することで、アカデミックな領域でアイドル研究を行うことの意義と可能性を示す。アイドル研究／ファン研究に関心をもつ人すべてに、文化現象から社会を問いなおすための視点と問いの立て方、方法を提供。

内容構成

「BTS学」への招待
大学生と考えるBTSシンドローム
北九州市立大学 李東俊ゼミナール編著 ◎2400円

ブラック・ブリティッシュ・カルチャー
英国に挑んだ黒人表現者たちの声
臼井雅美著 ◎3600円

ジェンダーについて大学生が真剣に考えてみた
あなたがあなたらしくいられるための29問
佐藤文香監修 一橋大学社会学部佐藤文香ゼミ生一同著 ◎1500円

大学生がレイシズムに向き合って考えてみた【改訂版】
差別の「いま」を読み解くための入門書
貴堂嘉之監修 一橋大学社会学部貴堂ゼミ生＆院ゼミ生有志著 ◎1600円

ノンバイナリーがわかる本
heでもsheでもない、theyたちのこと
エリス・ヤング著 上田勢子訳 ◎2400円

見えない性的指向 アセクシュアルのすべて
誰にも性的魅力を感じない私たちについて
ジュリー・ソンドラ・デッカー著 上田勢子訳 ◎2300円

デジタル革命の社会学
AIがもたらす日常世界のユートピアとディストピア
アンソニー・エリオット著 遠藤英樹、須藤廣、高岡文章、濱野健訳 ◎2500円

テレビジョンの文化史
日米は「魔法の箱」にどんな夢を見たのか
小代有希子著 ◎6300円

〈価格は本体価格です〉